1000 Rituale

für die GrundSchule

Von

Astrid Kais

Schneider Verlag Hohengehren GmbH

Umschlagentwurf:

Wolfgang H. Ariwald, 59519 Möhnesee

Gedruckt auf umweltfreundlichem Papier (chlor- und säurefrei hergestellt).

Kaiser, Astrid:
1000 Rituale für die GrundSchule / von Astrid Kaiser. –
Baltmannsweiler : Schneider-Verl. Hohengehren, 3. unveränd. Aufl., 2003
  ISBN 3-89676-668-6

Alle Rechte, insbesondere das Recht der Vervielfältigung sowie der Übersetzung, vorbehalten. Kein Teil des Werkes darf in irgendeiner Form (durch Fotokopie, Mikrofilm oder ein anderes Verfahren) ohne schriftliche Genehmigung des Verlages reproduziert werden.
© Schneider Verlag Hohengehren, Baltmannsweiler 2003.
  Printed in Germany. Druck: Hofmann, Schorndorf

Für meine liebe Schwiegermutter

Ella Ihl de Kaiser

Inhaltsverzeichnis

Vorwort 1

1 Einleitung: Was sind Rituale? 3

    1.1 Rituale – erste Definitionsansätze 3
    1.2 Zeitstrukturen von Ritualen 6
    1.3 Inhaltliche Kontexte von Ritualen 7
    1.4 Verschiedene emotionale Funktionen von Ritualen 10
    1.5 Rituale im gesellschaftlichen Wandel 12

2 Rituale in einer globalen Welt der Veränderung 16

    2.1 Zum traditionalen Charakter von Ritualen 16
    2.2 Der Drang nach Ritualen in der Moderne 18

3 Rituale in der Schulpädagogik 21

    3.1 Rituale in der Schulpädagogik? 21
    3.2 Stellenwert von Ritualen in der Geschichte der
         Schulpädagogik 23
    3.3 Möglichkeiten und Grenzen von Ritualen 27
        3.3.1 Rituale im Diskurs 27
        3.3.2 Rituale im Spannungsfeld von Antinomien 37

4 Praxis Rituale 42

    4.1 Rituale im Schulleben 43
        4.1.1 Schulforum 43
        4.1.2 Schulfeste und –feiern 44
        4.1.3 Rituale in Schulprojekten 58
    4.2 Rituale im Leben einer Schulklasse 60
        4.2.1 Tagesbeginn / Wochenbeginn / Monatsbeginn 60
        4.2.2 Stundenbeginn besonderer Einzelstunden 73
        4.2.3 Tages- und/oder Wochenabschluss 74
        4.2.4 Rituale im Tagesverlauf 78
        4.2.5 Übergreifende Rituale einer Klasse 82
        4.2.6 Räumliche Rituale 100
        4.2.7 Verantwortungsrituale 111

4.3 Rituale in Fächern, Projekten, Lernbereichen und einzelnen
  Unterrichtsstunden 113
4.4 Rituale für die Freie Arbeit und differenzierte
  Gruppenarbeit 118
  4.4.1 Freie Arbeit 118
  4.4.2 Gruppenarbeit 122
  4.4.3 Projektrituale 124
4.5 Rituale in Gesprächskreisen 125
4.6 Rituale zum psycho-motorischen und emotionalen Lernen . . . 131
  4.6.1 Rituale des Gefühlsausdrucks 132
  4.6.2 Imaginative Entspannungsrituale: Vorstellungsbilder . . . 138
  4.6.3 Ruherituale 141
  4.6.4 Psycho-motorische Entspannungsrituale 143
  4.6.5 Sensorische Entspannungsrituale 147
4.7 Rituale, um das Lernen zu lernen 148
  4.7.1 Theoretische Vorbemerkungen 148
  4.7.2 Praktische Beispiele 151
4.8 Rituale: Kinder lernen von Kindern 154
  4.8.1 Theoretische Einführung 154
  4.8.2 Praktische Beispiele für Rituale „Kinder lernen von
    Kindern" 156

5 Rituale neu erfinden – Erfindungstools 160

6 Perspektiven: Rituale und zukünftige
  Schulentwicklung 164

7 Übersicht: Rituale in der Grundschule 167

8 Konkrete Praxisbeispiele 179

9 Literatur 194

Vorwort

Rituale in der Schule werden in den letzten Jahren fast ritualisiert immer wieder als wichtig gepredigt. Dabei werden Rituale in der Regel als Allheilmittel für den Umgang mit heutigen Kindern empfohlen. Wenn wir die Praxis an Schulen auf Rituale hin abklopfen, finden wir einige um sich greifende Formen von Ritualen immer wieder. Ein besonderer Hit aus der jüngsten Zeit ist der Sprechstein für den Morgenkreis. Maria Wigger nennt ihren Beitrag zu Ritualen in der Sekundarstufe treffend „Von Erzählstein und Co.", denn kaum ein Ritual hat sich derart breit durchgesetzt wie gerade der Sprechstein. Rituale sind allerdings mehr als diese eine Form – auch wenn auf den ersten Blick die schulische Praxis kaum mehr an Ritualen aufzubieten hat. Wenn wir nach umfassender Einführungsliteratur zur Thematik suchen, werden wir allerdings nicht fündig – und dies trotz des hohen Stellenwertes den die Frage „Rituale" in der aktuellen schulpädagogischen Debatte spielt.

Im Rahmen eines Seminars über die Reformschule Kassel (siehe z. B. Röhner u. a. 1998) habe ich mit Studierenden die Vorbereitung einer Seminarsitzung zum Thema Rituale – einem wichtigen Baustein des Kasseler Reformkonzeptes – geplant. Bei der ersten Recherche zur Thematik mussten wir feststellen, dass es dazu praktisch kaum Bücher gibt. Entweder „spucken" uns die Internet-Suchmaschinen Bücher zur Kulturanthropologie aus oder es gibt Fehlanzeige, wenn wir uns nach Literatur im Schnittfeld von Schule und Ritualen direkt erkundigen. Es scheint so zu sein, dass die Thematik Rituale zwar in der Praxis an Schulen immer mehr um sich greift, denn Bücher mit Mandala-Vorlagen genießen hohe und höchste Auflagen, aber die Schulpädagogik scheint sich bislang zu scheuen, diese Frage thematisch breiter und auch theoretisch anzugehen. Es scheint eher so zu sein, dass die gesellschaftlich vorhandene Esoterik-Welle kleine Objekte quasi als Strandgut an Land geschwemmt und in die Schulen Fantasiereisen, Mandala-Malen und Sprechsteine hineingespült hat. Über Sinn und Möglichkeiten fehlt bislang eine pädagogische Debatte. Diese Lücke soll dieser Band auffüllen. Er soll neben einer Begriffsklärung die Grenzen und Möglichkeiten des Transfers von Ritualen in der Schule aufzeigen. Im Hauptteil dieses Buches wird eine große Palette möglicher pädagogisch fruchtbarer Rituale nach Schulleben und Unterricht differenziert vorgestellt. Ein kleiner Kurs zum Erfinden neuer Rituale rundet die Vorstellung ab. Mit dieser breiten Palette an möglichen Ritualen soll gezeigt werden, dass sich die Ritualisierung an Schulen nicht in wenigen Formen versteinert, sondern lebendig weiter entwickelt werden kann. Denn erst auf der Grundlage differenzierter breiter Praxiserprobungen ist es möglich, Sinn, Reichweite und Probleme des Lernens in und mit Ritualen in der Schule zu ergründen.

Dieses Buch ist nicht am grünen Tisch entstanden, sondern auch das Ergebnis von zahllosen Praktikumsstunden. Immer wieder habe ich in der Beratung von Studierenden Vorschläge aus eigenen Schulpraxiserfahrungen gemacht, wie durch Ritualisierungen mehr Sinn in das Unterrichtsarrangement eingebracht werden kann. Gerade junge Lehramtsanwärterinnen und -anwärter neigen dazu, in ihrer Praxis oft sehr schematische Wenn-Dann-Schritte einzuplanen. Das ist gerade für Grundschulkinder, die nach Erfahrung und Sinn suchen, oft eine Überforderung. Kinder können besser lernen, wenn sie sich in einem vertrauten Kontext fühlen. Ein sicherheitsstiftender Rahmen kann gerade durch schulische Rituale wieder hergestellt werden.

Aus diesem in der Praxis angesammelten Fundus an Notizen zu Ideen für Rituale habe ich im Praxisteil dieses Buches die Beispiele entwickelt.

Beim Aufarbeiten des Materials war mir Julia Pattenhausen und bei der Literaturrecherche und –aufarbeitung Claudia Schomaker eine wichtige Hilfe, für die ich ihnen hier ausdrücklich danke. Weiterhin danke ich Thorsten Tiarks und Britta Schumacher, die den Text kritisch korrigiert haben und vor allem Maria Wigger. Sie hat mir in der jahrelangen Zusammenarbeit gezeigt, wie ästhetisch und kreativ gestaltet ein Unterricht sein kann, der Rituale einbindet und dabei zukunftsorientierten Unterricht mit vielen Diskussionen und Experimenten praktikabel macht. Einige ihrer praxiserprobten Beispiele, die in den vom NLI herausgegebenen Beispielsammlungen zur mädchen- und jungengerechte Grundschule[1] ausführlich dargestellt werden, sind auch in diesem Buch aufgenommen worden. Auch Eva Wieczorek von der Grundschule Achternmeer und Rainer Winkel von der Ev. Gesamtschule Gelsenkirchen haben mir wichtige Beispiele sinnvoll praktizierter Rituale gegeben.

Aber es ist auch möglich, diese Rituale immer wieder selbst neu zu erfinden. Dazu gibt es im 5. Kapitel eine kurze Anleitung. Denn Schule steht und fällt mit der Person der Lehrkraft. Wenn es ihre eigenen Rituale sind, dann ist es viel leichter, sie authentisch in die Praxis umzusetzen.

---

[1] Kaiser, Astrid / Wigger, Maria und andere: Beispiele für die Arbeit in einer mädchen- und jungengerechten Grundschule. Hildesheim: NLI 2000

1 Einleitung: Was sind Rituale?

1.1 Rituale – erste Definitionsansätze

Viele reden in der Pädagogik aber auch gesellschaftlich vom Wiedergewinnen von Ritualen. Rituale werden dabei in der Regel ausschließlich positiv betrachtet. Kaum jemand hat sich bislang wirklich systematisch um eine schulpädagogische Theorie von Ritualen bemüht.

Ganz allgemein betrachtet sind Rituale besondere, sozial gestaltete, situative und aktionale Ausdrucksformen von Kultur. Sie sind nicht zu verwechseln mit Riten, die eine Tendenz zum Mystizismus haben (Wimmer / Schäfer 1998, S. 10). Vielmehr sind Rituale geschlossene Erlebnisse, die durch wiederholende Handlungen, einen erkennbaren szenischen Aufwand und eine Aufmerksamkeit für Details im Ablaufgeschehen wie auch der räumlichen Kontextgestaltung eines Rituals zum Ausdruck kommen (vgl. Pfütze 1998, S. 96).

Im pädagogischen Kontext kursieren verschiedene Definitionen, die jeweils verschiedene Ebenen fokussieren. So betont Piper bei Ritualen die vereinheitlichende Wirkung: „Rituale sind für alle Teilnehmenden gleichartige Handlungsformen, durch deren Mitvollzug sie ihre Zugehörigkeit darstellen. Das Ritual stiftet einen gemeinsamen Bezugspunkt (vgl. etwa das Abendmahl), der die Teilnehmenden als Einheit zusammenfasst." (Piper 1996, S. 48). Meier betont demgegenüber den wiederholenden Charakter von Ritualen mit festgelegter Handlungsfolge: „Rituale sind wiederkehrende, gestaltete Handlungen, die in einer gewohnten Ausprägung und Reihenfolge der Bestandteile ablaufen. […] Unser Alltag ist in vielen Situationen von Handlungen geprägt, die Ritualen nahe kommen, wenn sie auch nicht den besonderen Charakter tragen, der von Ritualen erwartet wird" (Meier 1993, S. 28). Mit dieser Definitionsrichtung erscheint der qualitative Unterschied zwischen Ritualen und Alltag nur graduell, da Formen von Ritualen im alltäglichen Leben, wie insbesondere dem Kinderspiel (vgl. Erikson 1978), präsent sind.

Die Akzente der Definitionen von Ritualen werden in der Fachliteratur unterschiedlich gesetzt. Gleichzeitig wird durch diese Weite deutlich, dass Rituale im pädagogischen Feld eine große Breite an Definitionen umfassen. Diese können wir am ehesten eingrenzen, wenn wir uns zunächst den Begriff der Rituale im kulturanthropologischen Herkunftsgebiet näher anschauen.

„Ritual nennt die Ethnologie kulturelle Handlungen und Erscheinungen, die aus der Sicht der jeweiligen Ritualisten unverzichtbar sind, aus einer rational-technischen Perspektive aber auch als überflüssig gelten können" (Streck 1998, S. 49).

Neben diesem ersten Definitionsmerkmal „unverzichtbar" führen Wimmer / Schäfer (1998, S. 32) noch zwei weitere zentrale Definitionsmerkmale von Ritualen an: „Danach bezeichnen Rituale Handlungs- und Ereigniskomplexe, deren Verständnis sich nicht über eine zweckrationale Deutung erschließt, ... daß der Sinn sich selbst den Agierenden nicht vollständig zu erschließen scheint" (Wimmer / Schäfer 1998, S. 32). Neben dieser Definition über die Ebene der eigenen Sinnkonstitution durch den Ritualkontext führen die Autoren noch ein drittes Merkmal ein, nämlich „die Verkehrung des Alltäglichen ins Außergewöhnliche" (Wimmer / Schäfer 1998, S. 35).

Nach dieser Definition wäre nicht jede als Ritual bezeichnete pädagogische Form diesem Begriff zu subsummieren, sondern nur diejenigen, die auch im Kontext von Schulkultur einen festen, unverzichtbaren Bestandteil bekommen haben. Mit der ersten Einführung kann so gesehen eine pädagogische Form noch nicht als Ritual bezeichnet werden, sondern erst mit ihrer Integration ins schulische Leben – unabhängig von zielgerichteten pädagogischen Entscheidungen. Insofern trifft die schon fast drei Jahrzehnte bekannte Definition Wellendorfs (1973) auch die heutigen Probleme schulischer Rituale, kann sie eingrenzen, definieren, aber auch offen lassen für weitere Entwicklungen. Nach Wellendorf sind Rituale „typische Szenen, in denen der Zusammenhang einzelner Interaktionen und Handlungen mit dem szenischen Arrangement als ganzen symbolisch dargestellt sind. Die Darstellung bringt damit zugleich die generellen Bedingungen zum Ausdruck, unter denen die Individuen Mitglieder des Systems sind" (Wellendorf 1973, S. 70f.).

Die interaktive Dimension und der symbolische Charakter scheinen mir die gegenwärtige Frage von Ritualen in der Schule genau zu treffen und bieten gleichzeitig noch eine definitorische Verbindung zu gesellschaftlich-ethnologischen Ritualen.

Für die pädagogische Praxis ist neben dieser allgemeinen Charakterisierung aber noch ein weiterer Rahmen von Ritualen zu bedenken, wie sie in der folgenden sehr umfassenden Definition von Ritualen zum Ausdruck kommt:

„Wie können nun Rituale der Anpassung an und Bewältigung von Umweltanforderungen dienen, wie können sie also Lern- und Entwicklungsprozesse fördern? Zunächst wollen wir [...] 'Ritual' wie folgt definieren:

Ein Ritual ist eine (aufmerksam vollzogene) Sequenz von verbalen und/oder nonverbalen Äußerungen und Handlungen symbolischen Gehalts, was heißt, dass die vielschichtige Bedeutung eines Rituals nicht einfach und erschöpfend auf andere Weise wiedergegeben werden kann. Es wird in Entwurf und Ausführung bestimmt durch eine Leitidee. Es umfaßt sowohl festgelegte und unveränderliche als auch variable, jeweils konkret auszugestaltende Elemente.

Es gliedert sich in Phasen der Vorbereitung, des eigentlichen Vollzugs und der Rückführung.

Rituale setzen für alle Beteiligten sichtbare Zeichen und helfen ihnen mit gefühlswirksamen, agierten Bildern, ihre affektiv-kognitiven Bezugssysteme der veränderten Realität anzupassen.' Diese Aufgabe erfüllen Rituale überall auf

Einleitung: Was sind Rituale? 5

der Welt, in den unterschiedlichsten sozialen Kontexten und historischen Epochen. Rituale können unseres Erachtens Anpassungs- und Bewältigungsprozesse, Lernen und Entwicklung gerade bei komplexen Anforderungen unterstützen und fördern, weil sie ganzheitliche Lernprozesse initiieren können, indem sie eine Vielfalt von Aspekten des Person-Umwelt-Feldes einbeziehen:

- Die Ebene des subjektiven Erlebens, indem sie den Teilnehmern ein intensives Erleben ihrer selbst ermöglichen,
- somatische Prozesse, indem vor dem Hintergrund hirnphysiologische und endokrinologischer Bereitschaften durch die Einbeziehung möglichst aller Sinnesmodalitäten eine optimale Vernetzung des Gespeicherten erfolgen kann,
- materielle Gegebenheiten, indem Gegenstände der dinglichen Umwelt einbezogen und umgestaltet werden (z. B. im Sterbe- und Trauerritual Kirchenglokken, das Sterbezimmer, das Zerreißen der Kleidung durch die Trauernden usw.),
- das Geflecht der sozialen Beziehungen, die genutzt bzw. umgestaltet werden,
- die 'spirituelle' bzw. ideelle Ebene, indem durch die Leitidee des Rituals explizit oder implizit Beziehungen zu überpersönlich gültigen Bemerkungen zu Normen, Werten usw. bestätigt oder gestiftet werden" (Kampmann / Gerunde 1996, S. 6/7).

Für pädagogische Kontexte engt Hinz die Ritualdefinition deutlich ein, wenn er fordert: „Das Ritual lebt von der Wirklichkeit, der Wiederholbarkeit und von Formen der Partizipation. Es muß sichtbar, hörbar, erfahrbar, also auch sinnlich sein. Es benötigt besondere Arrangements oder sogar eigene Räume (Schulkapelle)" (Hinz 1999, S. 22).

Im Sinne der vorangegangenen Definitionen werde ich in den folgenden Ausführungen Rituale fassen und an diesen Kriterien festmachen:

- Rituale werden interaktiv von mehreren Personen (der Klasse, dem Jahrgang, der Schule) hergestellt und gemeinsam getragen
- Rituale bestehen aus festen, sich wiederholenden Handlungsmustern
- Rituale bilden ein bestimmtes soziales System
- In Ritualen kommt eine gemeinsame Leitidee zum Ausdruck
- Rituale haben einen besonderen Charakter, der sie von Alltagsformen abhebt
- Rituale sind immer ganzheitlich angelegt und umschließen emotionale Dimensionen
- Rituale bekommen für die beteiligten Personen einen hohen Stellenwert und entwickeln sich zu unverzichtbaren Formen
- Rituale sind an ein bestimmtes szenisches Arrangement gebunden
- Rituale sind an bestimmte gegenständliche Elemente gebunden, die zum Teil festgelegt, zum Teil variabel sind

- Rituale vollziehen sich immer auch auf einer emotional-symbolischen Ebene und sind in ihrer Bedeutung wie Wirkung nicht vollständig erklärbar

Über diesen definitorischen Rahmen hinausgehend können wir aber auch bestimmte konkrete Strukturelemente von Ritualen erkennen, die im folgenden Absatz aufgeschlossen werden sollen.

1.2 Zeitstrukturen von Ritualen

Das Leben in traditionalen Gesellschaften ist durch Rituale stark geregelt. Sowohl im Verlaufe eines individuellen Lebens finden Rituale zur Markierung und zur Feier von Übergängen statt. Besonders auffällig für unseren Kulturraum ist das weit gehende Fehlen von in anderen Kulturräumen deutlich ausgeprägten Reiferitualen (vgl. Müller 1989), dagegen haben andere lebensgeschichtliche Ereignisse eine hohe Variabilität an Ritualen, so besonders bei Geburt und Tod eines Menschen. Rituale regeln aber auch den Jahreslauf, wie etwa an Sonnwendfeiern, Frühlingsfesten, Erntefeiern und anderen Formen zu belegen ist. Rituale haben aber auch – je nach Kultur unterschiedlich auffällig ausgeprägt – ihren Stellenwert im Tagesablauf. Verneigungen gegenüber der aufgehenden Sonne, das Glockengeläut zu Feierabend in christlichen Dorfkirchen oder feststehend wiederholte Mitternachtsriten in spirituellen Kreisen sind nur einige Beispiele.

Viele dieser Rituale haben sich im Alltag integriert und verselbstständigt. Ob das Schlummertuch beim Einschlafen von Kindern oder Geburtstagsrituale, Rituale bei der Kontaktaufnahme zwischen Männern und Frauen – auch in unserem Kulturkreis ist – oft wenig als solche beachtet – das Spektrum an vorhandenen Ritualen beachtlich.

Zeitstrukturen von Ritualen:

Individuelle Dimensionen:	Geburt	Schuleintritt	Reife	Partnerschaft	Tod
Kalendarische Dimensionen:	Jahreslauf der Jahreszeiten	Tageslauf	Festfolge eines Jahres	Wochenverlauf	

Zeitliche Variationen:

Repetitive Rituale	Rituale mit einmaligem Charakter
Rituale mit fester Gestalt	Rituale mit Variationsspektrum

Einleitung: Was sind Rituale?

Neben diesen strukturellen, zeitlichen Formen sind auch auf bestimmte Personen- und Altersgruppen beschränkte Rituale beobachtbar. Häufige Formen sind dabei:

Rituale bei Kindern

★ Spontan entwickelte individuelle Kinderrituale (so lange benutzt, wie zur Situationsbewältigung brauchbar, bestimmte Formen des Gehens über einen Gehsteig mit Pflastersteinen)

★ Pädagogisch eingeführte individuelle Rituale (zur Herausbildung von festen Verhaltensweisen wie beim Zu-Bett-Gehen)

★ erfundene Gruppenrituale (im Kindergarten und im Grundschulalltag: „Wir sind die Schmetterlingsgruppe und flattern mit den Flügeln vor dem Frühstückskreis")

Rituale bei Erwachsenen

★ selbst geschaffene bedürfnisorientierte Rituale (Zigaretten- und Kaffeepause, Mittagsnickerchen, Stück Schokolade nach dem Mittagessen …)

★ Gruppenrituale (s. o., meist zur eigenen Sicherheit oder Entspannung entwickelt, sie können entlastend wirken und für die eigentlichen Aufgaben den Blick frei machen)

Rituale bei Senioren

In dieser Altersstufe nehmen in der Regel rituell-statische Handlungen zu. Sie geben nicht nur besondere Sicherheit, sondern bieten auch quasi-automatische Abläufe. Dadurch kann Senilität „übertüncht" werden. Aber Rituale im Alter stoßen auch generell auf höhere Akzeptanz, da neuartige Situationen von älteren Menschen eher gemieden werden. Rituale im Alter haben auch die Funktion der Identitätsstützung, denn je größer das Repertoire an Handlungsmustern ist, desto später fällt Senilität auf.

Auch wenn eine zeitstrukturelle Begriffsfassung von Ritualen sehr weit verbreitet ist, wie es auch in literarischen Deutungen wie „ein fester Brauch ist das, was einen Tag vom anderen unterscheidet, eine Stunde von anderen Stunden." (de Saint-Exupéry 1990, S. 51) zum Ausdruck kommt, haben Rituale auch inhaltliche Dimensionen.

1.3 Inhaltliche Kontexte von Ritualen

Jackel versucht sich einer Begriffsklärung von Ritualen anzunähern, indem sie diese mit verwandten Begriffen in Verbindung setzt. Danach sieht sie das Ritual im Feld zwischen Nischen, also räumlich begrenzten Bereichen mit voraussehbaren Ablaufstrukturen, Spielen mit ihrem Wiederholungscharakter, Automatismen wegen der beruhigenden und befriedigenden Wirkung sowie rituellen

Zwangshandlungen, „die zwar der Angstabwehr dienen, aber keine Weiterentwicklung der Person zulassen und keine echte Situationsbewältigung darstellen" (Jackel 1999, S. 13). Sie schreibt Ritualen neben dem Schutz vor Überforderung vor allem entwicklungsförderliche Bedeutung zu und verbindet sie mit den religiösen und archetypischen Ursprüngen (Jackel 1999, S. 14). Die Formen von Ritualen im schulischen Rahmen unterscheidet sie nach einem zweidimensionalen Schema, einerseits nennt sie inhaltlich rituelle Unterrichtssequenzen, worunter sie vor allem Gruppenspiele zählt, als Gegenpol dazu unterscheidet sie andererseits organisatorisch rituelle pädagogische Mittel, die nur in der äußeren Organisationsform gleich ablaufen, aber inhaltlich immer wieder andere Verlaufsstrukturen annehmen können wie Morgenkreise, tägliche Bewegungszeiten oder Entspannungsspiele.

Ich halte die Inhalte nicht von der Organisationsform trennbar und will hier eine formale Aufteilung nach den folgenden Dimensionen vornehmen, nämlich nach:

- Zeit
- Kultureller Bedeutung
- Institutioneller Weite
- Räumlicher Verortung

Neben der primären zeitlichen Orientierung entwickeln Rituale auch ein spezifisch räumliches Aussehen, wie etwa typisch bayerische oder norddeutsche. Da Rituale Kulturausdruck sind, müssen sie immer auch für einen bestimmten Kulturraum spezifische Ausprägung entwickeln. Sprüche, die bei Fußballspielen eines bestimmten Vereins skandiert werden, sind ebenso Ausdruck regionaler Rituale wie der Schuhplattler oder andere an Räume gebundene Tanzformen. So gab es 1999 gerichtliche Entscheidungen über die erlaubte Hosenlänge beim Schuhplattler. Ob diese lang oder kurz sein dürfen, war Gegenstand jahrelanger Auseinandersetzungen. Manche räumliche Rituale sind allerdings nicht an geografische Räume gebunden, sondern an enge Räume, die in einem weiteren geografischen Kontext stehen und sich in Variationen wiederholen. Hier seien Gedenkstätten, Kirchen oder Fußballstadien genannt.

Rituale spielen aber auch im Rahmen verschiedener gesellschaftlicher Subsysteme eine bedeutsame Rolle. So sind religiöse Rituale beim Gebet besonders ausgeprägte Formen, die eine Kultur charakterisieren, das stille Gebet vor dem Altar in der katholischen Kirche ist von Form und Inhalt nicht zu verwechseln mit dem Berühren der Gebetsmühlen im Vorbeigehen an buddhistischen religiösen Stätten. Neben der Präsenz von Ritualen im Religiösen können wir in unserem Kulturraum aber auch noch zwei weitere Formen von Ritualen unterscheiden, nämlich politische und Mutproben in bestimmten Subkulturen.

Einleitung: Was sind Rituale?

Subkulturelle Gestaltung von Ritualen u. a. durch folgende Dimensionen:

Religiöse Kontexte	Nationale Herkunft	Spezifische Alterskulturen z. B. Jugend	Sozio-kultureller Kontext
Regionaler Kultureinfluss	Generelle kulturelle Muster	Lokale Kontextbedingungen	

Aber nicht nur hinsichtlich ihres Kontextes und damit auch Inhalts unterscheiden sich vorhandene gesellschaftliche Rituale, sie sind auch variabel hinsichtlich der institutionellen Reichweite. Manche Rituale sind ausschließlich auf einen engen familiären Kontext beschränkt, andere beginnen sich global zu verallgemeinern, wie das ursprünglich auf Winston Churchill zurückzuführende Victory-Zeichen mit zwei gespreizten mittleren Fingern als Siegessymbol, das mittlerweile weltweit als Ausdruck von gewonnenen Wahlen oder auch des Beschwörens von Siegen Verbreitung gefunden hat.

Institutionelle Weite

In engen personalen Gruppen, Familie, peer group	In größeren Sozialverbänden	In anonymen gesellschaftlichen Subsystemen (Rituale bestimmter Berufsgruppen oder in Gerichten, Schulen, Behörden oder Krankenhäusern)
In kulturellen Verbünden	In politischen Organisationen	Global

Politische Rituale fallen uns relativ selten als solche auf. Wenn wir genau im Fernsehen Parteitage, Wahlveranstaltungen, Parlamentsdebatten, Pressekonferenzen u. a. Ereignisse im politischen Leben betrachten, werden wir allerdings auf eine Fülle an Ritualen stoßen. So gibt es Formen der Standing Ovations, um Parteivorsitzenden den Rückhalt der Delegierten zu signalisieren, Redewendungen auf Pressekonferenzen, die zeigen, dass nichts zur Sache gesagt werden soll oder Formeln bei Parlamentsdebatten, die ankündigen, dass die redende Person sich an die Regeln des Hohen Hauses halten kann.

Eng verwandt mit den politischen Ritualen sind weitere an Institutionen gebundene Rituale. Hier seien nur das Gericht mit seinen festen Regeln oder die Behörde mit ihrem Verordnungscharakter genannt. Viele dieser institutionellen Rituale sind oft nicht als solche zu erkennen, weil sie auf einer untergründigen Ebene ablaufen. Dabei kann sich auch eine kollektive pathologische Struktur herausbilden. Ein besonders drastisches Beispiel für derartige Ritualisierungen hat sich in der jüngsten Vergangenheit im Rahmen einer großen Partei vollzogen. Solange die Führungsperson mächtig und einflussreich war, folgten alle seinen Anweisungen und zeigten sich ehrerbietig. Als durch die Aufdeckung eines weit reichenden Spendenskandals allerdings die Kräfteverhältnisse ins Wanken gerieten, verloren auch vordem als unerschütterlich angesehene Formen an Durchsetzungskraft. Derartige institutionelle Rituale müssen nicht hierarchisiert verlaufen, sondern können auch innerhalb eines institutionellen Systems verschränkt sein: „Konflikte im Kollegium folgen oft dem Muster von Ritualen" (Altrichter / Messner 1999, S. 29). Derartige unbewusst bzw. neben den bewusst lenkenden Möglichkeiten wirkende rituelle Mechanismen können allerdings auch destruktive Wirkungen oder zumindest pathogene Züge haben.

Neben diesen an Institutionen gebundenen Ritualen gibt es diese Form auch in informellen Kontexten. So sind Mutproben nicht nur in Gruppen von Jugendlichen, sondern auch in studentischen Verbindungen zu finden. An der Technischen Universität Hannover wurde noch zu Zeiten der Studentenbewegung in der Fachschaft Schiffbau eine recht auffällige Form der Mutprobe ritualisiert. Die Fachschaft, die sich selbst als „Heylige Frau Latte" bezeichnete, verlangte ein Trink- Ritual von allen Studienanfängern: Damals musste ein mit Senf versetztes Biergetränk mit dem in einer bestimmten Melodie gesungenen Trinkspruch „Und auf das Wohl der heyligen Frau La-ha-te!" getrunken werden. Diesem Ritual konnte sich niemand so ohne weiteres entziehen, wenn nicht die Zugehörigkeit zur sozialen Gruppierung der Fachstudenten aufs Spiel gesetzt werden sollte.

1.4 Verschiedene emotionale Funktionen von Ritualen

Neben den zeitlichen und räumlichen Dimensionen lassen sich Rituale aber auch hinsichtlich ihres emotionalen Bedeutungsgehaltes unterscheiden, also auf der inhaltlichen Ebene. So betrachtet ließe sich eine unendliche Palette an Emotionen aufgliedern, die in Ritualen zum Tragen kommen. Hier seien nur einige Beispiele genannt:

- Rituale der Macht (Victory-Zeichen vom Parteipräsidiumstisch ans Parteivolk weitergegeben als Aufforderung zum Applaus)

- Rituale der Trauer (als Trauerzug in schwarzer Kleidung gehen)

- Rituale der Angstbewältigung (Beten; wiederholendes Murmeln beschwörender Formeln)

Einleitung: Was sind Rituale? 11

- Rituale der Unterwerfung (Hofknicks, Waffen niederlegen bei Ritterturnieren)
- Rituale der Solidarisierung (gemeinsames Skandieren mit Handzeichen bei politischen Kundgebungen)
- Rituale des Andenkens (in sowjetdeutschen Familien angenommene Form des Andenkens an verstorbene Familienmitglieder an einem besonderen Tisch, Bild oder Schrein mit Erinnerungsstücken an die Person und einem Sitzplatz für die Andenkenden)

Formal betrachtet gibt es also auch in unserer Kultur verschiedene Gruppenrituale, die nicht immer als solche erkannt werden. Ehe wir uns allerdings einer weiteren Aufschlüsselung von Ritualen zuwenden, sollte zunächst eine Grenzziehung zwischen Regeln und Ritualen vorgenommen werden. Zwischen Regeln und Ritualen gibt es fließende Übergänge. In allen Ritualen stecken Regeln, aber Rituale sind mehr als Regeln, sie schaffen einen kulturellen Kontext des Regeleinhaltens, sind also nicht nur regelhafte Norm, sondern zugleich auch Kontext.

Rituale lassen sich formalisiert nach drei Dimensionen unterscheiden. Sie können

- Inhaltlich rituell
- Organisatorisch ritualisiert oder
- Räumlich ritualisiert sein.

Inhaltliche Rituale sind nach Jackel (1999) diejenigen, bei denen durch klare Texte, Melodien oder Bilder ein ständig wiederkehrender inhaltlicher Kontext hergestellt wird. Die Liturgie in den Kirchen wie auch das Abspielen von Nationalhymnen vor sportlichen Ländervergleichen sind nur zwei besonders weit verbreitete Beispiele für inhaltlich festgelegte Rituale. Die Inhalte von Ritualen sind nicht nur positiv gesellschaftlich sanktioniert, sondern können auch verschiedene Funktionen – je nach subkulturellem Bezug – haben. Rituelle Unduldsamkeit etwa bei Bilderstürmerei drücken Hass auf Fremdes aus (vgl. Pfütze 1998, S. 207) und entsprechen nicht der allgemein positiv harmonisierenden Zuschreibung von Ritualen.

Organisatorische Rituale dagegen haben keine festen inhaltlichen Vorgaben, sondern sind offen für verschiedene Inhalte wie Morgenkreise, Schulforum oder freie Bewegungszeit.

Beide Varianten lassen sich in der Praxis nicht so leicht voneinander unterscheiden (s. o.).

Räumliche Rituale sind mehr szenische oder örtliche Ritualisierungen. Sie fangen an mit einem Plakat an der Klassentür, auf dem die Namen aller Kinder der Klasse verzeichnet sind, setzten sich in bestimmten Sitzordnungen fort und enden in bestimmten Gestaltungselementen von Raum, Ecken und Sitzkreis.

Wesentlich sind bei allen Formen von Ritualen die folgenden Kennzeichen:

- Rituale enthalten archetypische Verhaltensweisen, die aus vergangenen Kulturen stammen wie Unterwerfungsrituale, Anerkennungsrituale oder Machtkampfrituale.
- Rituale haben eine starke emotionale Färbung und vollziehen sich nicht über das Bewusstsein.
- Ritualen werden immer besondere Wirkungen zugeschrieben, insbesondere positive Kräfte.
- Rituale sind immer kontextgebunden, sie finden in bestimmten räumlichen oder zeitlich strukturierten Nischen statt.
- Rituale sind besondere feierliche Veranstaltungen.

Neben diesen Strukturmerkmalen von Ritualen sind auch verschiedene Funktionen zu unterscheiden. Rituale können dabei u. a. sein:

- eine Quelle der Geborgenheit
- eine Möglichkeit, Sicherheit zu gewinnen
- Vorhersagbarkeit in komplexen gesellschaftlichen Strukturen zu erhalten
- ein Gegengewicht zu rapiden gesellschaftlichen Veränderungen
- eine Chance, überschaubare konkrete Sozialräume zu schaffen.

Diese Kriterien können zwar nicht alle im Einzelnen überprüft werden. Gerade bei kulturellen Objekten bedarf es einer subjektiven Außensicht. Aber dennoch sollte die Definition von Ritualen an die Erfüllung mehrerer Kriterien gebunden sein.

1.5 Rituale im gesellschaftlichen Wandel

Vorläufig lassen sich Rituale als feststehende Handlungsmuster charakterisieren, die über längere Zeit tradiert worden sind. Insofern sind Rituale vorhersagbare Formen. Allerdings sind nicht alle Formen von Ritualen und Ritualisierungen als produktiv und entwicklungsförderlich zu charakterisieren. So gibt es in der Tat auch pathogene oder neurotische Formen wie rituelle Zwangshandlungen, die zwar der Angstabwehr dienen, aber die Persönlichkeit auch in ihrer Entwicklung einschränken. Tradierte Regeln können also die historische Entwicklung hemmen („Entwicklungshemmer"), aber auch Verlässlichkeit und Stabilität für die Individuen bieten, gerade um die Kraft für Veränderungen zu entwickeln. „Rituale sind erfundene Wirklichkeiten. Sie schöpfen – wenn sie sich nicht reglementieren oder schematisieren – aus dem Nichts Verläßlichkeit, Zuversicht, Zusammengehörigkeitsgefühl und sogar Trost" (Winkler 1994, S. 10).

Rituale wirken, wenn sie sich als solche in einem kulturellen Kontext herausgebildet haben, als seien sie schon seit je her vorhanden. Ihre historische Herausbildung geht in der rituellen Praxis verloren. Ein Beispiel ist etwa die Praxis der

Einleitung: Was sind Rituale?

Jakuten, die bei der Überquerung des mit Eis bedeckten Baikal-Sees einige Tropfen Wodka auf den See träufeln, um sich seiner Dauerhaftigkeit und Stabilität zu versichern. Im Bewusstsein dieser sibirischen Ureinwohner erscheint dieses als ein schon immer in dieser Kultur vorhandener Ritus. Tatsächlich ist die Ausbreitung des Wodkas nicht auf Jahrhunderte Tradition zurückzuführen, sondern eine relativ junge Handlungsmöglichkeit. Dieses Beispiel zeigt, dass Rituale einem starkem historischen Wandel unterliegen, aber von den praktizierenden Menschen als überdauernd wahrgenommen werden.

Auch Spiele haben rituellen Charakter. Sie finden in bestimmten Kontexten statt, haben eine feste Ablaufstruktur und werden nach diesem Muster wiederholt. Der therapeutische Wert von Spielen ist in der Literatur häufig belegt. „Wenn Spielen Perspektivenwechsel und Umstrukturierung des Vertrauten ist, Entdecken und Erproben, Entlastung und Spaß am neuen Einfall, dann gehört Spiel immer schon zum Lernen in jedem Fach dazu. Spielen ist nicht die Gegenwelt des Lernens, sondern ein Teil, eine Erscheinungsform von Lernen. Spiele sind ein Acker für Kreativität, für Intuition, aber auch für Konzentration und Ausdauer, für Phantasie und Intensität" (Baer / Dietrich / Otto 1995, S. 1).

Rituale sind zwar einerseits weit in unser kulturelles Leben integriert, andererseits sind sie nicht von Dauer. Denn die Verfallsprozesse von Ritualen sind augenfällig. Dies heißt aber nicht, dass dadurch Rituale prinzipiell verloren gehen, sondern nur, dass diese speziellen Rituale in ihrer zeitlich-räumlichen Gebundenheit und spezieller Form an Bedeutung verlieren und sich eventuell in anderen Formen neu konstituieren. Auch diese neuen Rituale laufen nach tradierten Regeln und mit großer Regelmäßigkeit ab. Sie können durch räumliche, zeitliche und/oder soziale Veränderungen der Gesellschaft sinnentleert werden. Diese gerade in der Moderne zu beobachtende Entleerung von Ritualen ist nicht gleichzusetzen mit völligem Verschwinden. Pfütze betont (1998, S. 96), dass leere Rituale als Erinnerungsstütze für Vergangenes fungieren.

Auf die Schule bezogen sind Rituale Teil von Schulkultur und beziehen sich in Anlehnung an die Unterscheidungen Fends in Symbolisierungen, Ereignisse und Sprache (Fend 1996). Im Zusammenhang mit der sich entwickelnden Schulkultur-Debatte (Bäuml-Roßnagl 1996) haben Rituale einen besonderen Stellenwert bekommen. In den letzten Jahren häufen sich Themenhefte von Zeitschriften zu dieser Frage, u. a. die Zeitschriften: Praxis Schule 5-10, Theorie und Praxis der Sozialpädagogik 1999, Pädagogik 1999, Grundschulmagazin 1998.

M. E. ist diese Debatte bereits weit in das pädagogische Denken eingegangen, so dass strenge formale Begriffsdefinitionen nicht mehr mit dem Alltagsverständnis in Einklang zu bringen sind. So ist es durchaus wichtig, den Begriff des Rituals von dem der Riten abzugrenzen wie es Bühler vorschlägt:

„Riten oder Kulte sind symbolische Handlungen, die weit über den Kontext, in dem sie vollzogen werden, hinaus weisen. Sie haben eine positive, soziale Funktion, insbesondere zur Steigerung der Kohärenz einer sozialen Gruppe. Sie haben mit Ritualen gemeinsam, daß die Szene, in der sie vollzogen werden, vom Arrangement der Elemente bis hin zur unterlegten Ideologie unveränderlich, manchmal sogar sakrosankt ist. Riten unterscheiden sich von Ritualen dadurch, daß letztere im Verlauf ihrer oft sehr alten Geschichte sinnentleert wurden, zumeist aber (als) Residuen zur Verschleierung von Machtausübung (und) dadurch ... (als) sinnentleert ... gekennzeichnet werden ... (können). Der Sinn der jeweiligen symbolischen Handlung ist nicht ein für alle mal festgelegt, sondern verändert sich ständig als Ergebnis des Kampfes um kulturelle Hegemonie" (Bühler 1996, S. 2/3). In Bühlers Verständnis ist also der Ritus mehr der strukturierende Rahmen, während er unter Ritual das konkrete situative Handlungsgebilde zur Durchführung von Riten versteht, das allerdings einer Verflachung wie auch Inhaltsentleerung unterliegen kann. Diese Unterscheidung als analytische Kategorie für gesellschaftlich-kulturelle Riten und Rituale halte ich für sinnvoll und zutreffend. Sie kann aber nicht nahtlos auf die nicht organisch gewachsenen schulischen Rituale und Riten übertragen werden, wie es bei Bühler geschieht, der für die pädagogische Diskussion die Empfehlung ausgesprochen hat, den sich immer mehr abflachenden Ritualbegriff durch den Ritus-Begriff zu ersetzen:

„Ich plädiere dafür, die klassische Unterscheidung aus der Ethnologie zwischen 'Ritus' und 'Ritual' wieder aufzunehmen, um der Gestaltung des immer komplexer werdenden schulischen Alltags auch konzeptionell eher gerecht zu werden. Riten als 'Treppengeländer' können in unseren Schulen mit ihrem gesteigerten Aggressionspotential Orientierungshilfen und Routinen für alle zur Entlastung des Schulalltags bieten. Dazu gehört auch, daß die Syntax von Riten als ein Element der 'interkulturellen Tiefenstruktur' (Bühler) in multikulturellen Klassen schneller und überzeugender für eine kulturübergreifende Verständigung sorgen wird als herkömmlicher Unterricht. Riten bleiben als Treppengeländer solange hilfreich, wie ihre Machart allen Beteiligten transparent ist und so weit ihre Syntax allen Beteiligten notfalls zur Disposition gestellt werden kann. Riten degenerieren zu Ritualen, wenn sie als 'eherne Gesetze' auftreten. Dann sind sie zu Gitterstäben umgeschmiedet worden und haben deshalb jegliche Berechtigung, auch und gerade in den der Demokratie verpflichteten Schulen verloren" (Bühler 1996, S. 4f.). Diese sehr formale strenge Definition und Abgrenzung halte ich für wenig praktikabel im pädagogischen Kontext, denn Lehrkräfte entwickeln und praktizieren Rituale oder Riten nicht nach Definitionen, sondern nach alltäglichen Möglichkeiten in der Interaktion mit Kindern. So wird dort von Ritualen gesprochen, auch wenn sie mehr den orientierenden Charakter von Riten haben. Deshalb wird hier wegen der im pädagogischen Diskurs vorgenommenen Begriffsfassung am Begriff des Rituals festgehalten. Die Gefahr der Sinnentleerung schulischer Rituale ist dann ohnehin nicht gegeben, wenn sie weiterhin der bewussten gemeinsamen Gestaltung von Lehrkräften, Schülerinnen und Schü-

Einleitung: Was sind Rituale?   15

lern unterliegen. Sie werden aber, wenn sie von den Beteiligten als unabdingbare Rituale wahrgenommen werden – ähnlich wie die Wodka-Rituale der Baikalsee-Anrainer – zu einer Selbstverständlichkeit und gewinnen so trotz des künstlichen Charakters ihrer Einführung einen generellen Charakter.

Ich selbst halte aber auch für schulische Rituale die Bezeichnung etwas zu „hoch gegriffen". Präzise würde ich eher von Ritualorientierung des Unterrichts und Schullebens sprechen. Allerdings trifft diese genauere Bezeichnung ebenfalls nicht wie die Bühlers die alltägliche schulpädagogische Sprache, so dass ich hiermit den Begriff Ritual aufnehme, allerdings hinzufüge, dass es sich dabei eigentlich um eine Ritualorientierung handelt.

2 Rituale in einer globalen Welt der Veränderung

Ein wesentliches Kennzeichen der heutigen Zeit ist die Abkehr von tradierten Strukturen und hin zu stärkerer Verwissenschaftlichung, zur Globalisierung, zur Wissensexplosion und generell zur Veränderung. Diese Tendenzen bedeuten eine deutliche Abkehr von tradionalen Gesellschaften. In diesen kulturellen Vorzeiten war es üblich, dass der Alltag durch feste Regeln und Rituale geregelt wurde. Ende der 60er Jahre wurde in Deutschland im Zuge eines besonderen Modernisierungsschubes von vielen Ritualen des Alltags Distanz geübt.

Wenn wir uns fragen, warum Japan so viel ökonomischen Erfolg aufzuweisen hat, können wir auch einige Hypothesen aufstellen zur Frage der Wirksamkeit von Ritualen. Mir scheint es so, dass es Japan als einer der wenigen Nationen gelungen ist, zwar äußerlich gesehen in die globale Moderne der hoch entwickelten Industrialisierung und Kommunikationsmedien einzutreten, aber dabei nicht die eigene Kultur aufzugeben. Wenn wir japanische Börsianer, Aktionäre oder Industrievertreter in großen Versammlungen auf Filmen sehen, wirkt das rituelle Applaudieren, Aufstehen oder gar geschlossene Ausrufen bestimmter Worte auf unsere Erfahrungen befremdend. Näher betrachtet scheint darin aber auch ein sehr produktives Element zu liegen, nämlich das Festhalten an tradierten Strukturen, was sicherlich auch produktive Funktionen durch die Spannung zur Moderne hervorbringt.

2.1 Zum traditionalen Charakter von Ritualen

Rituale sind schon von ihrem wiederholenden Charakter her etwas typisch Traditionales. Sie sind in traditionalen Kulturen entstanden. In ihrer weiteren historischen Entwicklung haben sie immer mehr generellen lebensregulierenden Charakter verloren und sind in speziellen gesellschaftlichen Nischen geblieben. Steinig (1995) beschreibt die Entwicklung an markanten Punkten: „Man kann eine Entwicklungslinie ziehen

- von Stammesgesellschaften ohne institutionalisiertes Lernen mit rigide festgelegten Ritualen
- über industrielle Gesellschaften mit Schulpflicht und ritualisierter Kommunikation im Unterricht sowie Eintritts- und Abschlußritualen (Qualifikation, Abitur)
- zu Informationsgesellschaften, in denen ein nahezu lebenslanges Lernen in mehr oder weniger institutionalisierten Formen notwendig wird, wobei die Kommunikation im Unterricht zunehmend weniger ritualisiert ist, sich immer mehr der alltäglichen Kommunikation annähert und rituelle Eingangs- und Abschlußrituale an Bedeutung verlieren" (Steinig 1995, S. 30).

Rituale in einer globalen Welt der Veränderung 17

Im Rahmen meiner Feldforschungsstudie bei den matrilinearen Minangkabau auf Sumatra (Kaiser 1996) habe ich verschiedene Rituale kennen gelernt, die in unserem Kulturkreis nicht denkbar wären, aber dort zur Stabilisierung des gesellschaftlichen Gleichgewichts deutlich beigetragen haben.

Auch heute noch werden viele traditionelle Hochzeitsrituale – insbesondere im ländlichen Hochland – ernst genommen und praktiziert. So ist es bei Hochzeiten üblich, dass die Männer beider Verwandtschaftszweige mit dem Bräutigam und die Frauen beider Verwandtschaftszweige mit der Braut die Hochzeit an verschiedenen Tagen feiern. Erst am zweiten Tag ziehen Braut und Bräutigam gemeinsam mit der weiblichen Verwandtschaft der Braut vom Mutterhaus der Braut zum Mutterhaus des Bräutigams. In anderen Regionen ist die Reihenfolge dieser Rituale unterschiedlich (Beobachtungen von Ute Metje 1995). Auch die zu reichenden Speisen werden je nach Sozialstatus der Familien selbst heute noch nach strengen Ritualen gereicht.

Besonders stark verbreitet ist auch heute noch ein zur Regelung wichtiger öffentlicher Angelegenheiten eingesetztes rituelles Sprachritual. Ob Landnutzung, Verhandlungen mit der indonesischen Zentralregierung, Reaktionen auf das Bräutigamgeschenk oder Entscheidungen bei Hochzeiten, immer wieder tritt eine Art Ältestenrat in Aktion und tauscht in stundenlangen Ritualen die traditional erforderlichen sprachlichen Formeln aus. Die „Adat"-Sprache wird durch einen stark traditionalen Rekurs auf das gemeinsame Normensystem beschrieben (Doormann 1990), bei der die Sprechakte nicht hierarchische Verhältnisse zwischen den Beteiligten herstellen oder betonen, sondern das Gemeinsame rituell bestärken.

Der Übergang von Ritual zu Kultur ist dort vor allem im Tanztheater Randai zu beobachten. Die Kampfkunst Pencak Silat und die auch bei Feiern erforderliche Adat-Sprache gehen nahtlos auch in kulturelle Formen über.

Die dreitägigen Hochzeitsfeiern – mit abwechselnd nur männlichen und nur weiblichen Gästen und in den beiden verschiedenen Mutterhäusern - bringen aber für viele Familien heutzutage eine hohe Verschuldung ein (vgl. Metje 1995, S. 239). Auch in dieser Kultur ist die Auflösung traditionaler Kulturen sichtbar. Teilweise geschieht dies direkt über Interventionen des Weltmarktes:

So bleibt fraglich, ob und inwieweit die animistischen Reisrituale der Minangkabau noch erhalten geblieben sind. Zu diesen Ritualen gehörte früher, dass mit der Aussaat die „indua padi", die Reismutter (in manchen Gegenden der weibliche Geist Saring Sari als Beschützerin), in der Mitte des Pflanzbeetes zuerst – umgeben von einem Kreis unterstützender früh gekeimter Pflanzen – gesteckt wurde (van der Weijden 1981, S. 23). Zumindest bei der Ernte, die jetzt vor allem von Männern ausgeführt wird, ist das Ritual, dass die Reismutter in Festkleidern abgeschnitten wird und dass die älteste Familienangehörige vor der Ernte nach einer neuen Reismutter sucht (van der Weijden 1981, S. 22), wohl spätestens mit der Einführung der neuen gekauften Saatgutsorten ab Mitte der 70er Jahre, die zwei Ernten im Jahr ermöglichen, obsolet geworden (vgl. Kaiser 1996).

Während in traditionalen Kulturen also der Niedergang vieler gesellschaftlich-kultureller Rituale zu beobachten ist, werden in den der Moderne zugerechneten Ländern quasi retrospektiv Rituale wieder neu entdeckt. Es scheint, als würden die rapiden technologischen, ökonomischen und gesellschaftlich-kulturellen Veränderungsprozesse das Bedürfnis nach sicherheitsspendenden stabilisierenden Ritualen geradezu hervorrufen.

2.2 Der Drang nach Ritualen in der Moderne

So erstaunt es nicht, dass gerade in den letzten Jahren der verstärkten Globalisierung und Veränderung in ökonomisch-politischer Hinsicht das Interesse an Ritualen gewachsen ist. Ein Indikator für Trends ist der Buchmarkt. Viele neuere Bücher zu Ritualen sind erst in den letzten Jahren erschienen und stellen eine neue Thematik von Ratgeberliteratur dar. Neben esoterischen Schriften wird vor allem im therapeutischen Bereich wie auch im Kontext von Lebenshilfen die Bedeutung von Ritualen hervorgehoben. Dazu seien nur einige Buchtitel erwähnt:

■ Basle, Brigitte / Maar, Nele: Alte Rituale, neue Rituale. Geborgenheit und Halt im Familienalltag. Freiburg: Herder 1999

■ Scheiblich, Wolfgang: Bilder – Symbole – Rituale. Dimensionen der Behandlung Suchtkranker. Freiburg: Lambertus 1999

■ Schinder, Margarethe: Heute schon geküßt? Paare brauchen Rituale. Freiburg: Herder 1998

Aber auch im gesellschaftlichen Alltag – besonders in religiösen und parareligiösen Subkulturen – nimmt die Bedeutung von Ritualen zu. Deutlich zu vermerken ist, dass subkulturell auch eine irrationalistische Okkupation des Ritus durch parareligiösen Mystizismus (Wimmer / Schäfer 1998, S. 10) zu erkennen ist. Hier seien nur exorzistische Gruppen, Geistheiler, Sekten und andere Formen erwähnt, die zwar nicht öffentlich auftreten, aber zuweilen bei Grenzüberschreitungen auch öffentlich thematisiert werden. Auf dem Büchermarkt wird deutlich, dass solche Ansätze durchaus Resonanz in der Bevölkerung finden. So werden Bücher der Church of Satan[2], die in den USA steuerrechtlich betrachtet eine anerkannte religiöse Gemeinschaft ist, auch in Deutschland mit hohen Auflagen verkauft. Aber auch in weniger dramatischer inhaltlicher Ausgestaltung finden esoterische und sektenartige Heils- oder Unheilslehren deutlich Gehör.

Auf den ersten Blick erscheint eine derartige Entwicklung in einer zunehmend technisierten und individualisierenden Gesellschaft, in der Selbstständigkeit bei

---

[2] Ein Beispiel für diese sektenartigen Tendenzen ist das Buch: LaVey, Anton Szandor: Die satanische Bibel. Berlin: Second Sight BOOKS 1999.

den Erziehungszielen immer stärker an Boden gewinnt, fast widersinnig zu sein. Und doch bringen gerade die nüchternen anonymisierenden und verwissenschaftlichten Strukturen von Gesellschaft gerade in besonderem Maße eine Nachfrage nach Ritualen – auch solcher, die für eine demokratische Gesellschaft durchaus kontraproduktiv sind – hervor.

„Der Rekurs auf den Ritualbegriff findet seine Legitimation vielmehr gerade darin, diese Alternative zwischen einer forcierten Autonomisierung der Subjekte und der Restitution einer rituell abgesicherten Kommunität zu verlassen" (Wimmer / Schäfer 1998, S. 11). Mit anderen Worten: Rituale sind gerade dann besonders bedeutsam, wenn alte gemeinsame Sicherheiten auf dem Weg zur Autonomie verlassen werden. Wimmer / Schäfer gehen sogar so weit, „Rituale als Bedingung der Autonomie" (1998, S. 25) zu bezeichnen und vollziehen damit eine deutliche Trendwende zu den Diskursen der frühen 70er Jahre, in denen Riten, Rituale und Traditionen prinzipiell unter Ideologieverdacht gestellt wurden. „Die vor allem im Umkreis der kritischen Theorie der Gesellschaft entstandene Kritik an hohlen Konventionen, an leeren Ritualen, an einer zur bloßen Form erstarrten Höflichkeit im Umgang formulierte einen forcierten Autonomie- und Authentizitätsanspruch der Individuen gegenüber gesellschaftlichen Herrschaftsverhältnissen" (Wimmer / Schäfer 1998, S. 17 f.). Diese für die damalige Zeit mit dem Ziel, eine Autonomieentwicklung zu forcieren, wichtige Kritik an Ritualen galt aber auch nicht widerspruchsfrei im Rahmen der kritischen Theorie. So verwies Adorno schon sehr früh etwa auf die kulturelle Schutzfunktion von Höflichkeitsritualen hin (Adorno 1971).

„In Ritualen vollzieht sich eine konnektive Synthese zwischen den heterogenen einzelnen und etwas ihnen allen jeweils Heteronomem, Fremdem, wodurch erst eine homogene Sozialität, Gruppenidentiät oder Gemeinschaft entsteht. Rituale haben also eine rätselhafte Zwischenstellung: Sie werden einerseits geplant, initiiert, inszeniert und ausgeübt, andererseits vollziehen sie sich quasi von selbst, schreiben den Beteiligten ihre Handlungen weitgehend vor, und sie entfalten ihre Kraft umso effizienter, je undurchschauter ihre Wirkungsweise für die an ihnen Beteiligten bleibt" (Wimmer / Schäfer 1998, S. 12). Neben dieser sozialerzieherischen Funktion ist allerdings auch zu betonen, dass Rituale sowohl in ethischer wie auch in ästhetischer Hinsicht Potenziale menschlicher Entwicklungsförderung enthalten. So betonen Wimmer und Schäfer: „Die Aktualität des Ritualbegriffs, die er sowohl gegen seine Mystifizierung wie auch gegen die Kritik an ihm behaupten kann, gewinnt er aus dem lebensweltlichen Überschuß ethisch-sittlicher und ästhetischer Orientierungen" (Wimmer / Schäfer 1998, S. 11).

Hier knüpft die gesellschaftstheoretische und ethnologische Debatte um Rituale vor allem an die aktuelle Wertediskussion in der Erziehungswissenschaft an.

Werte-Vermittlung wird angesichts rapider gesellschaftlicher Veränderungen zunehmend wichtig (Bennack 1999, S. 4). Die ethische Beurteilungsfähigkeit zählt Klafki (1992) zu einer der zentralen Fähigkeitsdimensionen.

Gleichwohl wäre eine Begründung von Ritualen verkürzt, sie als Ersatz für fehlende gesellschaftliche Werte zu stellen. Als virtuelle Wertewelt – ohne Anknüpfung an tatsächlich vorhandene Werte bzw. Ansätze von Werten – wäre Wertevermittlung in pädagogisch geschaffenen Wertewelten ohnehin unwirksam.

Neuere sozialwissenschaftliche Diskussionen verweisen vielmehr darauf, dass wir es „nicht mit einem Werteverfall, sondern mit einem Wertewandel oder Wertekonflikt zu tun" (Wimmer / Schäfer 1998, S. 21) haben. Auch die Möglichkeit, Sinn zu finden, ist prinzipiell gesellschaftlich möglich. An Beck (1997) angelehnt können wir sagen: „Politische Freiheit wird als die zentrale eigenständige Sinnquelle der Moderne verstanden" (Wimmer / Schäfer 1998, S. 21). Sinn und Werte sind prinzipiell gesellschaftlich zu finden, aber sie widerstreiten sich, es gibt keine klare und eindeutige gesellschaftliche Definition gemeinsamer Werte. Erst in diesem Kontext ist es sinnvoll und möglich, Rituale auch aktiv pädagogisch zu planen und zu gestalten und bei der gemeinsamen Gestaltung und Planung von Ritualen die Auseinandersetzung um zu Grunde zu legende Werte zu führen, die Wertefrage also bewusst zu gestalten. So betrachtet unterscheiden sich heutige pädagogisch gestaltete Rituale grundlegend von traditionalen.

Auch Rituale gewinnen eine besondere Aktualität als Kompensation zu einer gesellschaftlich immer stärker zu instrumenteller Zweckrationalität (vgl. Pfütz 1998, S. 10f.) neigenden Kultur. Dies scheint mir der zentrale Grund für den Bedeutungszuwachs der Rituale auch in der schulpädagogischen Debatte zu sein. Gleichwohl ist diese kompensatorische Funktion noch nicht hinreichende Legitimation für die Verwendung von Ritualen. Hier muss neben den allgemeinen Funktionen von Ritualen, etwa dass diese auch sozial und ethisch sinnstiftend sind (s. o.) auch der Bildungswert konkreter herausgearbeitet werden. Ein wichtiges Argument für die Einführung von Ritualen ist m. E. neben der emotionalen Seite auch die Bedeutung der Sprache. Denn über die Sprache wird Gemeinsamkeit hergestellt. „Was dem Atomismus entgegenwirkt, ist die Sprache" (Wimmer / Schäfer 1998, S. 22). Deshalb ist es erforderlich, dass auch in Ritualen kommunikative Formen entwickelt werden. So ist eine Verbindung zwischen der emotionalen Form von Ritualen, ihrem symbolischen Sinngehalt und ihren sozial verbindenden Seiten herstellbar.

Wenn Rituale in ihrer pädagogischen Funktion als Medien der emotionalen Entwicklungsförderung, der kompensatorischen Schaffung von Sicherheitsräumen eingesetzt werden und nicht zum Selbstzweck einer neuen subkulturellen Macht, dann stoßen sie nicht nur angesichts der risikohaften gesellschaftlichen Veränderungen auf Bedarf, sondern können auch zur Stärkung der Persönlichkeit gerade in einer sich ständig wandelnden Gesellschaft beitragen.

3 Rituale in der Schulpädagogik

3.1 Rituale in der Schulpädagogik?

„Schafft die erstarrten Rituale ab, ab mit den verstaubten, herrschaftsausüben-
den Zöpfen! So oder ähnlich lautete in den Siebzigerjahren die Kampfparole zur
Entritualisierung der Schule. Rituale im familiären und institutionalisierten
Raum wurden als Symbol gesellschaftlicher Zwänge gesehen. Als Konsequenz
entwickelte sich ein ritueller Kahlschlag der 70er Jahre" (Wigger 2000, Typoskriptfassung). Es fällt auf, dass in den letzten Jahren in vielen Bereichen des Bildungswesens alte Rituale reaktiviert worden sind bzw. neue ins Leben gerufen
wurden. So werden in Hochschulen zunehmend die Examenszeugnisse nicht
mehr anonym durch das Prüfungsamt den Adressaten ausgehändigt oder gar per
Post zugeschickt, sondern in feierlichen Examensveranstaltungen oft unter Ein-
bezug der Eltern und anderen Angehörigen ausgehändigt. Auch Einschulungs-
feiern bekommen einen immer größeren Rahmen. Hausmeister und Hausmei-
sterinnen klagen, dass sie von Jahr zu Jahr mehr Stühle aufzustellen haben, weil
immer mehr begleitende Personen die kleinen Schulanfängerinnen und Schulanfänger auf ihrem ersten Weg ins selektive Schulsystem begleiten wollen. Die Frage der Rituale in der Schulpädagogik hängt eng mit der Frage der Schulerziehung zusammen, die mittlerweile wieder im Mittelpunkt von Diskussionen steht
(vgl. Bennack 1999). Gerade angesichts der Erkenntnisse, dass Belehrung ohne
Erziehung nicht weit führt (Bennack 1999, S. 4), gewinnt die Frage der Rituale,
die prinzipiell auf Emotionen bezogen sind und immer auch eine erzieherische
Seite haben, an Bedeutung.

Wenn wir Rituale in die Schulpädagogik einführen, müssen wir uns zunächst ihrer generellen gesellschaftlichen Bedeutung vergegenwärtigen. Auf der allgemeinen Ebene sind Rituale feststehende Handlungssequenzen, mit

- sprachlicher Dimension, weil sie nach bestimmten Sprachmustern ablaufen
- emotionaler Dimension, weil sie in verlässlicher Weise ablaufen und damit
  emotionale Sicherheit geben
- kognitiver Dimension, weil sie Strukturierungshilfen darstellen bei der Organisation von Abläufen
- sozialer Dimension, weil sie durch automatisierte Abläufe für alle eine feste
  soziale Platzierung erlauben
- motorischer Dimension, weil sie Verhaltens- und Handlungsmuster wiederholend praktizieren lassen.

Eine grundlegende Kritik an die Transformation des Ritualbegriffs in die Schulpädagogik wird von Schäfer / Wimmer (1998) vollzogen. Wimmer und Schäfer
kritisieren die „Unbekümmertheit" bei der „Pädagogisierung des Rituals"
(1998, S. 31) und sprechen sich „gegen eine Instrumentalisierung des Rituals"

(Wimmer / Schäfer 1998, S. 32) aus. Sie knüpfen mit ihrer Argumentation an Prengels Vorstellung einer „guten Ordnung" (Prengel 1999) an und kritisieren zu Recht, das einfache ordnungsstiftende Begrüßungsverhalten in der Schule sei nicht mit dem fachlichen Standard ethnologischer Ritualforschung zu vereinbaren. In ihrer Kritik knüpfen sie vor allem an die aufgestellten drei Definitionsmerkmale von Ritualen (s. o.) an und folgern, dass das erste Definitionsmerkmal, nämlich die Unverzichtbarkeit für die Beteiligten, bei pädagogisch inszenierten Ritualen nicht zuträfe. Für manche als Rituale ausgegebene szenische pädagogische Formen trifft diese Kritik tatsächlich zu. So ist beiden Autoren auch beizupflichten, dass eine Grußformel besser als Ritualisierung und nicht als Ritual zu bezeichnen sei (Wimmer / Schäfer 1998, S. 33). Gleichzeitig verkennt die grundlegende Kritik an schulpädagogisch initiierten Ritualen die Bedeutung des Schullebens, das sich durchaus zur Qualität einer festen Schulkultur entwikkeln kann, wenn das Schulleben als gemeinsames lebendiges soziales Gefüge funktioniert. Auch Prüfungs- oder Einschulungsrituale, die auch Wimmer und Schäfer als solche klassifizieren, sind ursprünglich funktional-zielgerichtet gemeint gewesen und als solche eingerichtet worden. Dabei werden ihnen wichtige subkulturelle Funktionen zugeordnet: „So drücken Rituale, die den Ein- oder Austritt aus der Schule markieren oder der Krisenbewältigung dienen, die widersprüchliche Einheit von interner Solidarität und Differenzproduktion aus; andere Rituale wie etwa Prüfungen betonen die Einheit von institutioneller Solidarität und Leistung" (Wimmer / Schäfer 1998, S. 33). Gleichzeitig ist allerdings anzumerken, dass auch diese erst pädagogisch geschaffen worden sind und erst in der wiederholenden Praxis zu Bestandteilen des pädagogischen Alltags und letztlich zu Ritualen geworden sind.

Im Kontext der schulpädagogischen Begründungen für Rituale wird eher auf die moralerzieherische Funktion Bezug genommen. So argumentiert Combe für Rituale, indem er ausführt: „Meine These ist, daß der Rekurs auf Rituale zunächst auf Konfliktzonen der moralischen Sozialisation verweist, für die die Schule offensichtlich nicht schlicht eine Unzuständigkeitserklärung abgeben kann. Dabei verleitet der Rückgriff auf Rituale der Frage nach der Verankerung von Kooperationsmoral, Wert- und Gemeinschaftsbindungen allerdings einen besonderen Akzent. Wird dabei doch gegenüber einem extrem kognitivistischen Moralbegriff (Habermas) eine gleichsam vorreflexive und affektgeladene Grundlage der Moralentwicklung bewahrt." (Combe 1994, S. 23). Hier wird bereits deutlich, dass der schulpädagogische Diskurs mit dem des erziehenden Unterrichts eng verknüpft ist, wie es in der folgenden historischen Skizze noch einmal aufgezeigt werden soll.

3.2 Stellenwert von Ritualen in der Geschichte der Schulpädagogik

Rituale hatten in den Jahrhunderten der Entstehungsgeschichte von Schule einen hohen Stellenwert. Wir finden noch an historischen Abbildungen (vgl. Kaiser 1999c) deutliche Indikatoren für Ritualisierungen. Da wurden bestimmte Kinder in einer bestimmten Ecke zum Bestraftwerden gestellt, es gab Eselskappen[3] als Zeichen für negative Bewertung von bestimmtem Verhalten der Schülerinnen und Schüler, aber auch Sitzordnungen, bei denen Leistungsstarken ein besonders privilegierter Platz – meist vorn beim Lehrerpult – zugewiesen wurde. Aber auch Habitus, Kleidung und räumliche Anordnung (Pult, teilweise auf erhöhtem Podest) zeigen, dass Rituale und Ritualisierungen die Schule der frühen Neuzeit und des Mittelalters bis hin ins 19. Jahrhundert noch stark geprägt hatten. Damals waren allerdings Rituale nicht Gegenstand pädagogischer Reflexionen, sondern selbstverständlicher kultureller Ausdruck.

Der Klassenraum mit seinen festen Bankreihen, Pult und Tafel vorn prägte Jahrhunderte lang das Bild von Schule.

Auch eine zeitliche und handlungsbezogene Strukturierung von Schule nach ritualisierten Mustern ist vielfältig überliefert, wir wissen aus der Literatur (Kiper 1998) von einer Vielzahl ritualisierter Muster, sei es das Antreten in Reihen vor Schulbeginn, der Fahnenappell zur NS-Zeit, die Prüfungs- und Abfragerituale zu Beginn von Unterrichtsstunden etc.

Aber nicht nur kulturell herausgebildete Formen in der Schule können als schulpädagogische Vorläufer der Ritualfrage gelten. Auch aus der schulpädagogischen Diskussion sind Wurzeln – besonders beim Diskurs zum erziehenden Unterricht – der neueren Ritual-Debatte zu finden. So stellt Sustek eine lineare Verbindung der Ritualdebatte zu Herbart her: „Zu einem erziehenden Unterricht Herbartscher Prägung, der die Schüler nicht nur mit Fähigkeiten und Fertigkeiten ausstatten, sondern auch ethisch verbessern will, gehört die Vereinbarung von Regeln, die bei Bewährung zu Ritualen gerinnen können" (Sustek 1995, S. 4).

Allerdings unterliegen Rituale wie alle kulturellen Erscheinungen auch dem historisch-gesellschaftlichen Wandel. Auf dem Wege zur stärkeren Selbstbestimmung der Menschen gerieten Rituale zeitweilig in negative Bewertungen. Dies gilt zumindest für den Westen des Landes. In der DDR waren Rituale im Schulleben durchgängig positiv angesehen und häufig praktiziert (vgl. Eckstein 1999; Geiling / Heinzel 2000a, Geiling / Heinzel 2000b), sie wurden auf Grund der ihnen zugeschriebenen erzieherischen Bedeutung bis zur Wende weder abgeflacht noch kritisch hinterfragt.

---

[3] Diese Eselskappen wurden mit langen aufgenähten Ohren den Kindern mit abweichendem Verhalten auf den Kopf gesetzt.

Die Entwicklung der Rituale in der Schulpädagogik im Westen verlief dagegen sehr widersprüchlich. Besonders seit der 68er Studentenbewegung, die einen symbolischen Höhepunkt in der Störung eines klassischen akademischen Rituals, der feierlichen Immatrikulationsfeier, an der Universität Hamburg fand, als das Transparent mit der Aufschrift „Unter den Talaren – Muff von 1000 Jahren" demonstrativ gezeigt wurde, sind Rituale hier zu Lande stark in Verruf geraten. Besonders stark ist die Entritualisierung an Universitäten erfolgt. Die Benennung von Dekanen und Rektoren mit Spektabilität oder Magnifizenz, das Tragen von Talaren bei akademischen Feiern haben im akademischen Leben nur noch eine Randstellung – auch wenn es hier und dort Versuche zur Wiederbelebung gibt.

Doch dies heißt nicht, dass Rituale im Bildungswesen nun gänzlich am Verschwinden sind. Gerade die Prüfungsrituale an Schulen und Hochschulen (Wimmer / Schäfer 1998) haben sich besonders fest gehalten. Hier können Rituale emotional durchaus beeinträchtigende Wirkungen zeigen.

So ist bekannt, dass Prüfungsrituale, wenn sie rigide und hierarchisch praktiziert werden, auch Lern- und Leistungshemmungen hervorrufen (Viehöfer 1980). Rituale sind also nicht per se lernförderlich, sondern nur insoweit sie die Bedingungen und Voraussetzungen der Lernenden in Verbindung mit schulischer Institutionsentwicklung produktiv voranbringen.

Aber auch auf der darunter liegenden Ebene gab und gibt es vielfältige schulische Rituale, die eher der Leistungsselektion dienen, Röbe (1990) nennt sie explizit Leistungsrituale. Diese „veröffentlichen individuelle Schülerleistungen und geben ihnen den Charakter 'symbolischer Gratifikation', deren Übergabe sie in eine theatralische wirkende Szene setzen. Da werden die Empfänger in eine Rangfolge gebracht: z. B. Rückgabe von benoteten Arbeiten im Leistungsgefälle" (Röbe 1990, S. 7). So betrachtet sind Rituale in der Schule keine Neuigkeit, sondern gerade auf der Ebene selektiven schulischen Handelns weitgehend unidentifiziert als Rituale ständig in Schulen bis heute präsent.

Überhaupt war der Ritualbegriff in den 70er Jahren in der schulpädagogischen Debatte eher negativ besetzt. In Ansätzen wurde allerdings schon auf die sozialpsychologischen Dimensionen hingedeutet, wenn in Kapitelüberschriften zu sozialsystemischen Gedanken „Schule als Ritual" (Terhart 1978, S. 217 ff.) thematisiert wurde.

Mitte der 80er Jahre tauchte aus reformpädagogischer Richtung der Begriff Ritual wieder auf. Sein erster Ursprung scheint in der Laborschule auffindbar zu sein, einer Schule, die die Prinzipien der Offenheit so weit entwickelt hatte, dass sie Anfang der 70er Jahre sogar weitgehend ohne geschlossene Klassenräume, sondern als Großraum gebaut wurde. Innerhalb dieses offenen Systems wurden allerdings immer stärker innere Strukturierungen aufgebaut, beginnend mit den ohnehin im Konzept geforderten Zeitritualen wie „kleiner Versammlung" oder

„großer Versammlung". Der Gründer der Laborschule, Hartmut von Hentig (1993), gebrauchte in Vorträgen schon früh den Begriff der Rituale. Dies wurde unter anderem von Gerold Becker, ehemaliger Leiter der Odenwaldschule, zu der es von der Laborschule aus enge personelle Kontakte gab, aufgegriffen. Gerold Becker, der damals als wichtiger Repräsentant der neueren Reformpädagogik galt, schlug den Begriff Rituale als neuzeitlich schon 1987 vor. „Um besonders wichtige Kennzeichen einer Schule zu beschreiben, die Jugendlichen beim Aufwachsen und Erwachsenwerden hilft, anstatt sie nur mit abfragbaren Kenntnissen anzufüllen, hat Hartmut von Hentig seine Version der '3 R' erfunden: Reviere, Regeln, Rituale" (Becker 1987, S. 18). Winkel modifiziert diese 3 R als Regeln, Rituale, Referees (1997, S. 151) und führt damit eine gerade wegen der symbolischen Ebene von Ritualen bedeutsame kommunikative Dimension ein.

Auffällig ist, dass die schulpädagogische Öffnung für den Ritualbegriff parallel mit der Öffnung für den Begriff „Schulkultur" einhergeht. In Schriften zur Schulkultur wird das Schlagwort „Ritual" häufig verwendet, in Schriften zu Ritualen wird mit dem Begriff Schulkultur operiert. Dies ist kein zufälliges Zusammentreffen, sondern ein systematisches. Denn Schulkultur und Rituale sind beide Ausdruck von Entwicklungen in Richtung integrativer Konzepte, die emotionale, ästhetische und prozessbezogene Dimensionen vereinen.

Einem breiteren Kreis von Lehrerinnen und Lehrern wurde die Frage der Rituale mit Argumenten der veränderten Kindheit aufgeschlossen: „Im Verlauf der letzten zehn Jahre führte die rapide Veränderung der Lebenswelt der Schüler außerhalb der Schule zu Vereinzelung, Unsicherheit und Orientierungslosigkeit, was sich zum Teil auch in der Schule in destruktivem und aggressivem Verhalten äußerte. Wir reagierten darauf, indem wir bewußt und überlegt Rituale setzten, um

- die Arbeit im Unterricht zu strukturieren,
- dem Zusammenleben eine verläßliche Orientierung zu geben,
- die Schulzeit zu gliedern und mit Spannung zu erfüllen und
- jedem/jeder einzelnen psychischen Halt zu geben" (Riegel 1994, S. 6).

Erika Risse formuliert sehr pointiert, dass es sich bei Ritualen nicht um eine bloße methodische Aufgabe oder Beiwerk handelt, sondern dass in diesem Fokus schulischer Erneuerung gesellschaftliche Entwicklungen einmünden wie auch kulturelle Bedeutungen für die Gesellschaft herausfließen. Rituale stehen also – so betrachtet – an der Nahtstelle von Pädagogik und Gesellschaft: „Sollen Rituale im Alltag helfen, so haben sie in der Schule eine Aufgabe, die sich vom Auftrag der Schule in der heutigen Gesellschaft nicht trennen lassen darf:

- Schule muß heute immer stärker diffuses Wissen strukturieren helfen, das Kinder aus den verschiedenen Informationsquellen mitbringen. Deshalb sollten sich Lehrerinnen und Lehrer bemühen, Handlungsmuster und Vorgehensweisen einzuüben, auf die Schülerinnen und Schüler zurückgreifen können, wenn sie außerhalb der Schule sich Wissen aneignen bzw. verarbeiten müssen. Solche Strukturen sollten den Kindern transparent gemacht werden, aber-einmal beschlossen- nicht immer wieder zur Disposition gestellt werden.

- Soziale Kompetenzen müssen entwickelt werden. Gerade im Umgang miteinander gilt es, bestimmte Regeln einzuhalten, um sein Gegenüber nicht zu verletzen. Nicht zuletzt erscheinen deshalb Rituale gerade zu Beginn des schulischen Lernens (Kindergarten und Grundschule) besonders wichtig zu sein. Das heißt nicht, dass Höflichkeitsformeln und bestimmtes Verhalten mit Rücksicht auf den andern auch in späteren Jahren nicht noch eingeübt werden müssen. Rücksichtnahme kann nicht in jedem Fall diskutiert werden, sie ist auch nicht immer argumentativ begründbar, sondern im Zusammenhang vieler Menschen einfach erforderlich. Dabei spielt auch eine Rolle, dass Erwachsene mit einem größeren Erfahrungshorizont Anforderungen stellen, die erfüllt werden müssen.

- Im Zeitalter eines auch bei Kindern immer größer werdenden Medienkonsums wird das Einüben kreativen Handelns immer mehr zu einer Aufgabe für die Schule. Kreativität und Rituale widersprechen einander auch nur scheinbar. Vielmehr kann es bestimmte Impulse geben, die immer wieder zu eigenem Handeln auffordern. Eine Schule sollte in ihrem Schulprogramm solche Impulse verändern, sollte Ergebnisse kreativen Handelns grundsätzlich zeigen und zum Teil des Schullebens und damit des Schulprofils machen, z. B. durch regelmäßige Ausstellungen, Schulfeste, usw.

- Eine offene Gesellschaft verlangt eine Offenheit für flexible Lernformen. Auch hier scheint ein Widerspruch zu bestehen, denn offenere Lernformen können doch eigentlich nicht ritualisiert sein. Aber auch hier kommt es wieder auf den Impulscharakter von Ritualen an: Bevor ein Kind sich auf unterschiedliche Lernformen einläßt, muß der Zugang dazu ritualisiert sein. Ein Beispiel aus der Freiarbeit: Die Lehrperson tritt zurück, das bedeutet für das Kind, wesentlich mehr Entscheidungen selbst treffen zu müssen als im normalen Unterricht. Dies heißt aber auch, sichere äußere Strukturen vorzufinden, die ihm helfen, für die Entwicklung inhaltlicher Entscheidungskompetenz Zeit und Raum zu haben. Nicht die Auswahl einer Aufgabe steht im Vordergrund, sondern die anschließende Durchführung. Es ist also wichtig, daß der Auswahlprozeß eines Themas, daß der Umgang mit Schreibgerät und die ersten Arbeitsschritte ritualisiert sind, damit die eigentliche inhaltliche Arbeit im Vordergrund einer kreativen Leistung stehen kann und nicht hinter immer wieder neu zu konstruierenden formalen Prozessen zurückstehen muß.

- In der Schule muß Entscheidungskompetenz entwickelt werden. Kinder sind heute quantitativ und qualitativ in den im Alltag zu treffenden Entscheidungen häufig überfordert, hier können Rituale helfen, das Erlernen einer solchen Kompetenz in langsamen Schritten zu einem Prozeß werden zu lassen, in dem ein Teil von Entscheidungen durch rituelles Handeln ersetzt werden kann" (Risse 1995, S. 11–12).

Neben dieser soziologisch-schulpädagogischen Argumentation für Rituale, die nur den allgemeinen Begründungsrahmen zu umreißen vermag, bedarf es allerdings auch noch genauerer Überlegungen für eine Entwicklung eines schulpädagogischen Konzeptes von/für und mit Ritualen.

Um der mit der Ritualpädagogik einhergehenden Euphorie eine differenzierte Argumentation zu Grunde zu legen, werde ich im folgenden Abschnitt aus der Diskussion von Argumenten und Gegenargumenten Ansätze für eine differenzierte Argumentation beitragen.

3.3 Möglichkeiten und Grenzen von Ritualen

3.3.1 Rituale im Diskurs

In der gegenwärtigen schulpädagogischen Diskussion genießen Rituale einen hohen Stellenwert. Bönsch gibt ihnen sogar einen zentralen Stellenwert bei der Definition einer guten Schule: „Die Regeln und Rituale, die Ereignisse und Ergebnisse beinhalten einen dritten Kriteriensatz" (Bönsch 1997). Sie haben einerseits durch ihre starke Symbolhaftigkeit sowohl emotionale Dimensionen wie gleichzeitig auch Kontextbezug. Insofern sind Rituale Lernanregungen, die die klassischen Input-Output Muster des Lernens überwinden.

Erika Risse charakterisiert die kontroversen Hauptargumentationslinien im schulischen Alltag: „Diskutiert man in der Schule selbst über Rituale und Ritualisierungen, so gibt es immer wieder drei Auffassungen dazu:

- Es gibt diejenigen, die Rituale in der Schule als einen Eckpfeiler der organisatorischen und vor allem pädagogischen Stabilität sehen,

- es gibt die anderen, die, anknüpfend an die 68er, Rituale für unüberlegtes 'Teufelszeug' halten

- und es gibt schließlich diejenigen, hier vor allem die Schülerinnen und Schüler selbst, die sich unter Ritualen in der Schule überhaupt nichts vorstellen können und

- deshalb kein Bedürfnis danach artikulieren" (Risse 1995, S. 9).

Ritualen werden darüber hinausgehend vielfältige positive Funktionen zugeschrieben, aber sie sind und bleiben auch nicht unumstritten. Maria Wigger weist darauf hin, dass Rituale des Schullebens nur einen formalen Rahmen für das soziale Miteinander sowie Orientierungs- und Stukturierungshilfe in offenen Lernsituationen darstellen, aber sie „müssen ständig neu überdacht werden, um der Gefahr des unreflektierten Gebrauchs- und der Erstarrung entgegenzuwirken" (Wigger 1997).

Argument 1: Strukturierungs- und Orientierungshilfe

So wird einerseits erwartet, dass durch Rituale nicht nur undurchsichtige Abläufe strukturiert werden und eine präventive Krisenvorbeugung oder zumindest Lernförderung geschieht. „Sie [die Rituale] entlasten durch Gewohnheiten, ermöglichen die Identifikation mit der sozialen Gruppe, unterstützen den Aufbau sozialer und persönlicher Identität und stabilisieren soziale Gemeinschaften. Sie stellen insbesondere im offenen Unterricht Lernhilfen dar" (Schultheis 1998, S. 4). Dieses Verständnis von Ritualen als Orientierungshilfe ist weit verbreitet. Maschwitz drückt diesen Zusammenhang sehr plastisch mit einer Metapher aus: „Rituale sind verinnerlichte Abläufe, die wie ein Geländer, das zur eigenen Sicherheit da ist, Stütze, Orientierung und auch mal Halt gibt" (Maschwitz 1998, S. 47). In dieser Metapher ist vor allem eine räumliche, aber auch eine ablaufstrukturierende zeitliche Dimension angesprochen. Diese Funktion der Strukturierung gilt allerdings auch für die Inhalte.

Der in erster Linie immer wieder genannten Argumentation für Rituale mit der Zeitstrukturierung werden zuweilen auch weitreichende Wirkungen zugesprochen. So vermutet Becker, dass von den Ritualen ausgehend ein subjektives Zeitbewusstsein und biografische Reflexion eröffnet wird: „Und ich vermute ferner, daß hier noch etwas Allgemeineres geschieht, zum Beispiel im Zusammenhang mit der Bildung eines subjektiven Zeitbewußtseins, mit dem Entstehen der Fähigkeit, die 'eigene Zeit', und damit die eigene 'Biographie', als eine Folge von mehr oder weniger deutlich abgrenzbaren 'Schritten' oder 'Stufen' wahrzunehmen oder, wie es neudeutsch heißt, zu 'rekonstruieren' " (Becker 1987, S. 18).

Gegenargument 1: Rituale fixieren Lernende auf die Lehrkräfte

Rituale brauchen notwendig eine lehrkraftzentrierte Strukturierung und ein einheitliches Procedere. Dies widerspricht individualisierenden Konzepten. Deshalb wird Ritualen oft vorgeworfen, damit sei die alte Untertanenschule neu entstanden. Von der Form her ist dieser Eindruck auch deutlich. Rituale wirken sehr lehrkraftzentriert. „Die meisten Rituale gehen auf Anregungen der Lehrer zurück, doch ob sie gelten, bestimmen die Schüler, indem sie sie immer wieder neu einfordern oder zunehmend mißachten. Rituale können die Orientierungsbojen sein, die den Kindern und Jugendlichen psychischen Halt geben, die ihnen Spannung und Vertrauen schenken, das erhebende Gefühl des Dazugehörens" (Sustek 1995, S. 5).

Argument 2: Soziales Miteinander wird geregelt

„Kinder brauchen heute auf Grund der Reizüberflutung durch eine mediatisierte Umwelt verlässliche Vereinbarungen und sich wiederholende Übungen, um zur Ruhe zu kommen, sich zu konzentrieren und sich im Klassenraum geborgen

Rituale in der Schulpädagogik

zu fühlen. Für die Lehrkräfte wiederum sind Rituale unverzichtbar, um den Unterricht störungsfreier gestalten zu können und gewünschte Verhaltensänderungen anzubahnen" (Gerdes 1997, S. 55).

Gegenargument 2: Esoterisch abgehoben und anti-aufklärerisch

Die Gefahr der esoterischen Vereinseitigung und Verlust der motivierenden Spannung bei häufig verwendeten Ritualen ist zweifellos gegeben. Gerade diejenigen, die die esoterische Seite des Lernens mit und durch Rituale betonen, verschließen sich oft einer Überprüfung des pädagogischen Sinns einer bestimmten ritualisierten schulischen Handlung. Sie sehen zu sehr den Sinn in der Maßnahme selbst und nicht in den dadurch möglicherweise zu erreichenden Schritten. Aber auch therapeutische Effekte werden bei Ritualen oft ohne Überprüfung als gegeben angenommen (vgl. Weich 1998). Diese Dogmatisierung von Ritualen kann dazu führen, dass Rituale demokratischer bzw. pädagogischer Legitimierung entzogen werden.

Dagegen muss eine Gratwanderung zwischen Extremen erreicht werden, bei der einerseits die beruhigenden Elemente meditativer Art (vgl. Bichler 1997) nicht verloren gehen, die auf eine stärkere Betonung der Lehrkraftzentrierung hinauslaufen. Andererseits darf die Übertragung meditativer Schritte nicht eine neue antiaufklärerische Variante schulischer Interaktionen hervorrufen. Denn „Rituale gibt's viele, und nicht alle lassen sich empfehlen. Das Ritual entfaltet eben nur eine Symbolkraft, und dies bedeutet, daß seine Wirkung nicht rational ist. Nur Rituale, deren Zwecke auch vor der Vernunft Bestand haben, verdienen der Förderung" (Rauschenberger 1987, S. 21).

Argument 3: Rituale machen das Unterrichtsgeschehen durchschaubar

Rituale sind immer da, die Aufgabe ist es, sie bewusster zu gestalten. „Die Schule ... muss Erziehung aktiv wahrnehmen, will sie nicht zufällig oder gar beliebig und unreflektiert erziehen" (Bennack 1999, S. 5). Dies gilt nicht nur für die Lehrkräfte, sondern auch für die Kinder. Gerade durch die Wiederholung und klare Regelstruktur werden für Kinder die Unterrichtssituationen und ihre Gestaltung besser durchschaubar, denn „je mehr die Schülerinnen und Schüler an der Verabredung von 'Zeichen' und Verhaltensweisen beteiligt werden, desto mehr werden sie auf die Einhaltung achten und sich daran orientieren ohne es als Zwang zu betrachten" (Gerdes 1997, S. 56).

Gegenargument 3: Rituale disziplinieren

Maria Wigger weist zu Recht darauf hin, dass Rituale keineswegs im Selbstlauf persönlichkeitsfördernde Funktionen haben. Nach ihrer Einschätzung „ziehen mit der neu definierten Bedeutung schon wieder dunkle Wolken im praktizierten pädagogischen Alltag auf. Das Ritual wird geradezu allgegenwärtig und instrumentalisiert zur Disziplinierung" (Wigger 1999). Derlei Rituale sind durchaus sehr verbreitet im schulischen Alltag. „Ordnungsrituale zielen in den Beispielen 'Ein Sitzplatz zu wenig' und 'Eins, zwei, drei, fertig' auf Einpassung, auf äußeren Zwang und äußere Unterwerfung. Im strikten Befolgen des Lehrerbefehls 'einen Platz einzunehmen' oder im angeschlagenen Zeittakt zu arbeiten, gibt es keinen Interpretationsspielraum, der mit Imponderabilien im individuellen Vermögen und in den angenommen Bedingungen rechnet" (Röbe 1990, S. 8). Die Wirkungsweise von Disziplinierungsritualen kann sogar soweit gehen, dass sie eng mit Bestrafungspraktiken bei Unaufmerksamkeit und Unkonzentriertheit oder Beleidigungen (vgl. Beispiel 'Schlafmütze') einhergehen, wenn eine „Differenz zwischen gezeigtem Verhalten und schulischen Erwartungsnormen" (Röbe 1990, S. 8) sichtbar wird.

Zuweilen werden Rituale dazu verwendet, den ohnehin Konkurrenz schürenden Bewertungsdruck von Schule auch noch symbolisch zu vertiefen. Ein Beispiel in dieser Richtung ist das Ritual „Der goldene Schal" von Butters / Gerhardinger (1996). Sie schlagen vor: „In einer Lesestunde bekommen zwei oder drei Schüler die Möglichkeit, einen kurzen Text vorzulesen. Der goldene Leseschal wird dem Schüler verliehen, der seinen Text fehlerfrei und flüssig vorgetragen hat. Er darf ihn den ganzen Tag behalten und als Schiedsrichter beim nächsten Vorlesen dem Schüler übergeben, der die vorgegebenen Kriterien erfüllt" (Butters / Gerhardinger 1996). Derartige Rituale lassen sich viele im Schulalltag finden. Sie beginnen mit der Eselskappe im Mittelalter und enden heute mit einem lauten Sound im Computer, wenn ein Kind eine Lernaufgabe aus dem Computerprogramm „richtig" gelöst hat. Ein bekanntes klassisches Ritual dieser Art ist das Vier-Ekken-Raten im Rechenunterricht.

So betrachtet wären Rituale nur Verstärkungsmechanismen von Konkurrenzerziehung und würden die identitätsstiftende und fördernde Funktion verlieren.

Argument 4: Rituale erleichtern den Ablauf von Unterricht

Rituale haben eine zeitliche und eine räumliche Struktur und erleichtern es für Kinder, den Unterricht in seiner Ablaufstruktur klarer zu sehen. Kinder gehen nicht in einer diffusen Vielfalt unter, sondern haben die Chance, sich bewusst in einer strukturierten schulischen Umgebung zu erleben. „Die selbstverständliche Verankerung von Ritualen in den Ablauf des Schuljahres bedeutet – und auch dies ist typisch – eine Erleichterung, was die Vorbereitung in der praktischen Organisation anbelangt" (Müller-Bardoff 1997, S. 53).

Gegenargument 4: Rituale vernebeln

Rituale haben eine zentrale emotionale Komponente. Von daher wird ihnen in Diskussionen an Schulen oft der Vorwurf gemacht, Rituale seien anti-aufkläre-

Rituale in der Schulpädagogik 31

risch und würden die Kinder in die Abhängigkeit von ihren Lehrkräften bringen, statt sie zu selbstständigen kritisch-reflektierenden Menschen zu erziehen. „Rituale stehen also in dem Verdacht, den Kindern eine distanzierte, reflektierende Einschätzung der Situation zu verhindern indem sie sie an sich binden. So müssen die Schüler, die die in der rituellen Handlung an sie herangetragenen Aussagen nicht akzeptieren, den rituellen Zusammenhang durchbrechen oder sich aus ihm zurückziehen, d. h. sie werden zu 'Störern' oder 'Träumern'" (Piper 1996, S. 49). Gerade die Seite der Kritik des Vereinnahmens aller Kinder ist angesichts unseres Wissens über die Heterogenität an (Grund)schulen sehr ernst zu nehmen. Wenn die Möglichkeit zur kritischer Distanz nicht gegeben ist, sondern alle Kinder quasi über einen Kamm geschoren werden und sich einem Einheitsritual quasi unterwerfen müssen, ist dies mit einer demokratischen Schule nicht vereinbar. Denn „es ist wichtig, den Schülern und auch sich selbst als Lehrer Gelegenheiten zu verschaffen, die es ermöglichen, genau das zu tun, was das Ritual selbst nicht bietet: Aus dem rituellen Zusammenhang herauszutreten und auf einer Meta-Ebene sich über das Ritual zu verständigen" (Piper 1996, S. 49).

Gerade dieses Problemfeld zeigt, dass es bei Ritualen keine einfachen Lösungen gibt, sondern dass es darauf ankommt, immer wieder zwischen verschiedenen Polaritäten einen pädagogisch verantwortbaren Weg zu finden. In diesem Fall heißt dies, die einheitsstiftende Seite von Ritualen zwar aufgreifen, aber dies nicht soweit zu führen, dass keine kritische Distanz mehr möglich ist. Diese gilt es, wie auch Schultheis (1998, S. 7) fordert, durch aktives Zur-Diskussion-Stellen von Sinn und Funktion der Rituale herzustellen.

Argument 5: Rituale entsprechen den Ordnungsbedürfnissen der Kinder

Auch wenn Rituale oft als Einengung kritisiert werden, kommen wir nicht umhin zu konstatieren, dass Kinder geradezu nach Ritualen verlangen. „Kinder haben ein natürliches Bedürfnis nach Ordnungen und gleich bleibenden Abläufen. Sie erfinden selbst Rituale und Regeln, beispielsweise in Zusammenhang mit dem Einschlafen. Auch im Spiel zeigt das Kind eine Neigung zu Disziplin, Formalismus und Regeltreue. Das Einhalten der Regeln und das Praktizieren von Ritualen (z. B. Abzählreime) ermöglicht es, konfliktfrei miteinander zu spielen" (Schultheis 1998, S. 6).

Gegenargument 5: Rituale stereotypisieren

Butters / Gerhardinger (1996) formulieren Vorbehalte gegen Rituale durch Hinweis auf eine lexikalische Definition: „Im Brockhaus ist eine weitere Definition des Begriffs 'Ritual' zu finden, die auf solche hinweist: Das Ritual ist ein 'stereotypes Verhalten' das meist an bestimmte Anlässe gebunden ist, aber auch situationsangepaßt und sinnentleert sein kann; auch Bezeichnung für neurotisches Zwangsverhalten" (Butters / Gerhardinger 1996). In der Tat deutet die einförmige Struktur von Ritualen auf die Möglichkeit der Stereotypisierung hin. Dies verkennt allerdings, dass Strukturmerkmale nicht notwendig deckungsgleich mit den darin vermittelten Inhalten sein müssen.

Argument 6: Rituale fördern den Weg zu Selbstständigkeit

Gerade weil Rituale so eine feste Struktur bieten, geben sie Kindern Sicherheit und eröffnen ihnen die Möglichkeit, sich vielfältigen schulischen Inhalten zuzuwenden. Rituale ersparen den Kindern die Mühen der Orientierung und erleichtern im komplexen schulischen Feld die Orientierung auf die Inhalte. Insofern eröffnen zumindest die Rituale zur Strukturierung der Arbeitsprozesse die Konzentration auf die inhaltliche Arbeit.

Gegenargument 6: Rituale unterwerfen

„Je mehr Einzelheiten des Zusammenlebens in Schulordnungen geregelt sind, je stärker das Verhalten der Schüler in feste Bräuche eingebunden und kontrolliert wird, um so deutlicher nähert sich die Schule den Merkmalen einer totalen Institution', bei der die individuelle Freiheit auf der Strecke bleibt. Dabei sollte sich eine Kollegium der Tatsache bewußt sein, daß Reglementierung den Prozeß der Verselbstständigung verzögert, vielleicht gar verhindert, Fremdkontrolle die Atmosphäre vergiften und zum Betrug verleiten kann; insofern ist sie aus pädagogischem Blickwinkel eine schrittweise Überleitung zur Selbstkontrolle. Rituale sollen dazu dienen, die Heranwachsenden stark zu machen, nicht aber, sie zu uniformieren und von der Außenwelt abzugrenzen. Fanatismus ist die einzige Stärke, zu der auch der Schwache gebracht werden kann. Jedes Ritual ist auf die damit verbundenen Zielsetzungen zu hinterfragen. Entpuppen sich Rituale als Unterwerfungs- und Demutsgebärden einer autoritären Schule, die nicht die Individualität und die prinzipielle Ebenbürtigkeit von Schülern und Lehrern respektieren, müssen sie zurückgewiesen werden" (Sustek 1996, S. 38).

Gerade weil Rituale die Gefahr der Hierarchisierung in sich bergen, stellt Sustek als Kriterium der Praktizierung von Ritualen auf:

„Bei Ritualen ist zu hinterfragen, ob sie Unterwerfungs- und Demutsgebärden der 'alten' Schule verkörpern oder die prinzipielle menschliche Gleichwertigkeit von Schülern und Lehrern berücksichtigen. Nur wenn sie die letzte Bedingung erfüllen, verdienen sie, weiterhin praktiziert zu werden" (Sustek 1995, S. 5).

Argument 7: Menschen brauchen Verlässlichkeit

Allgemeindidaktisch ist es gerade in einer Risikogesellschaft (Beck 1986) wichtig, Verlässlichkeit zu schaffen. Dazu gehören klare Strukturen und regelmäßig wiederkehrende Rituale des Schullebens (vgl. Kaiser 1995). „Wesentlich für Rituale ist ihre konservierende Funktion, die im Sinne Gehlens als institutionelle

Rituale in der Schulpädagogik 33

Entlastungs- und Stützfunktion interpretiert werden kann: Ein Instinktverlust, der mit der Menschwerdung einherging, läßt sich durch Ritualisierungen und Institutionen kompensieren. Rituale ermöglichen, daß wichtige und häufige Handlungssequenzen nicht immer wieder neu ausgehandelt werden müssen, sondern als verläßlich Konstanten im 'Strom des Alltags' menschlichen Gruppen Halt geben können. Rituale stabilisieren, schematisieren und konservieren nicht nur Handlungssequenzen, sondern auch die Sprache, die integraler Bestandteil von Ritualen ist" (Steinig 1995, S. 22).

Rituale haben auch ihren Sinn, wenn dadurch ein immer wiederkehrendes Verhalten eingeübt wird. „Doch ist die Einprägung solcher ritualisierter Verhaltensweisen notwendig und sinnvoll, wenn ein Mensch über ein sicher vorhandenes und wirkendes Verhaltensrepertoire verfügen soll. Unmittelbar einsichtig ist dies Notwendigkeit zu Beispiel für 'richtiges' Verkehrsverhalten. Von noch elementarerer Bedeutung sind Routine und Rituale für Körperhaltung und -pflege, für gesunde Ernährung und für Verhaltensweisen, die gesunde Lebensführung in der Einheit von Körper und Seele fördern" (Meier 1993, S. 28).

Gegenargument 7: Rituale sind überholt

Dieses Gegenargument wurde vor allem in der Zeit um 1970 formuliert als die Hoffnung an kognitiv-kritische Aufklärung hoch war. Es hatte zur Folge, dass viele noch überlieferte Rituale im Bildungswesen verschwunden sind. Offensichtlich gab es aber auch massive Bedürfnisse, die diese strukturellen Reformen wieder modifizierten und Abschiedsfeiern, Schulanfangsfeiern, Morgenkreise und Meditationen wieder integrierten.

Argument 8: Rituale überwinden die heutige Zeithetze

Gertrud Beck versucht schon seit Jahren davon zu überzeugen, dass Kinder nichts mehr brauchen als Zeit. Zeit zum Leben und Zeit zum Lernen. Dies wird allerdings nur selten so angenommen. Schule ist geradezu panisch darauf versessen, soviel wie möglich Stoff adminstrativ durchzunehmen (Carle 2000).

Auch wenn viele Lehrkräfte sich und den Kindern Zeit geben wollen, gelingt ihnen dies nur selten. Zur Unterstützung der eigenen Intentionen und gegen den inneren Zwang zur Stoffabhakerei ist es besonders produktiv, Rituale einzuführen, weil diese allein von der Sprachstruktur her Zeit lassen. „Während das Sprachverhalten im privaten Alltag, in der Face-to-face-Kommunikation, als spontan, planlos und oft als rasch charakterisiert werden kann, die Themen häufig gewechselt werden und die Sprecherwechsel frei auszuhandeln sind, kann man in Ritualen ein tendenziell langsameres, sorgfältig betontes, vorgeplantes und erwartbares, bedachtsames und bewußtes, rhythmisiertes und stilisiertes und an den Normen einer Prestigevarietät ausgerichtetes Sprachverhalten beobachten. Durch ein langsames, sorgfältig artikuliertes Sprechen, aber auch durch

Sprechgesang und Lieder werden Texte gewissermaßen gedehnt: Sie benötigen weitaus mehr Zeit, als wenn sie in 'alltäglicher' Weise gesprochen würden. Die zeitliche Dehnung verleiht den Klanggestalten mehr Ausdruckskraft und ermöglicht Sprechern wie Hörern müheloser, neben einer referentiellen Bedeutung, zusätzliche, meist symbolische oder ästhetische Bedeutungen zu erkennen. Je ritualisierter die soziale Situation ist, desto größer werden Vorsicht und Bemühen, eine Wortfolge und auch die damit verbundenen Handlungen in angemessener Weise vorzutragen bzw. auszuführen" (Steinig 1995, S. 24).

Gegenargument 8: Zeitverschwendung

Andererseits werden Rituale abgelehnt, weil sie vom „eigentlichen" Unterricht ablenken. Maria Wigger nimmt zu diesen in der Praxis häufig vorgebrachten Argumenten Stellung: „Nehmen diese Rituale nicht viel zu viel Zeit in Anspruch, die besser für intensive Stoffvermittlung zur Vorbereitung des Überganges Grundschule zur weiterführenden Schule genutzt werden sollte? Oder können uns diese emotionalen Äußerungen der Schülerinnen wichtige Hinweise zur Gestaltung eines lebendigen, alle Sinne ansprechenden Unterrichtes in allen Schulformen geben. Nehmen wir Kinder und Jugendliche in ihren Äußerungen ernst und suchen nach Möglichkeiten, Rituale des Schullebens, die als formaler Rahmen das soziale Miteinander regeln, Orientierung, Geborgenheit und Kommunikation stiften, in unseren Unterricht zu integrieren" (Wigger 1999).

Argument 9: Rituale befriedigen ästhetische Menschenwünsche

„Rituale haben ästhetische Qualitäten: Eine Taufe, eine Konfirmation oder eine Prüfung sollten 'schön' gelingen, d. h. sie sollten bestimmten ästhetischen Anforderungen genügen. Die Teilnehmer sind festlich gekleidet, bemühen sich, die verschiedenen Sprachhandlungen und Aktionen korrekt und mit einer 'inneren' Beteiligung auszuführen und tragen in harmonischer Weise zur Gestaltung des Rituals und damit zu seiner Gestalt bei. In der Schule ist es ähnlich: Es wird von den Schülern erwartet, daß sie sich besser als in außerschulisch alltäglichen Situationen kleiden und daß ihr Sprachverhalten nicht nur einer bestimmten Norm entspricht, sondern auch ästhetischen Ansprüchen genügt" (Steinig 1995, S. 22). Rituale haben immer auch eine symbolische Ebene und schaffen so ein besonderes situatives Gebilde, das in seiner künstlichen Herstellung auch so etwas wie Theater inmitten der nüchternen schulischen Institution inszeniert. Auf diese auf Menschen wirkende kulturelle Seite von Ritualen spricht Combe an, wenn er in dieser Funktion positive Effekte von Ritualen sieht: „Ein klares 'Ja' also zu Ritualen dann, wenn sie anknüpfen an solche Momente ästhetischer Erfahrung, an die unstillbar kindliche Lust des Menschen an gespielten Handlungen, an künstlichen Spiegelbildern und symbolischen Ausdrucksgestalten des Lebens, in denen die Wirklichkeit neu gezeigt wird und die immer aufs neue eine Wiederbe-

Rituale in der Schulpädagogik 35

gegnung mit dem ermöglichen, was wir schon kennen, aber nie so sahen" (Combe 1994, S. 25).

Abschließend stelle ich die verschiedene Argumente pro und contra zusammenfassend gegenüber:

Argumente	Gegenargumente
Strukturierungs- und Orientierungshilfe	Rituale fixieren Lernende auf die Lehrkräfte
Soziales Miteinander wird geregelt	Esoterisch abgehoben und anti-aufklärerisch
Rituale machen das Unterrichtsgeschehen durchschaubar	Rituale disziplinieren
Rituale erleichtern den Ablauf von Unterricht	Rituale vernebeln
Rituale entsprechen den Ordnungsbedürfnissen der Kinder	Rituale stereotypisieren
Rituale fördern den Weg zu Selbstständigkeit	Rituale unterwerfen
Menschen brauchen Verlässlichkeit	Rituale sind überholt
Rituale überwinden die heutige Zeithetze	Zeitverschwendung
Rituale befriedigen ästhetische Menschenwünsche	

Aus dieser Gegenüberstellung wird besonders deutlich, dass Rituale in sich sehr widersprüchlich sind, Unterwerfung und Selbstständigkeit, Zeithetze und Zeitverschwendung sind jeweils in Ritualen vorhandene Dimensionen. Die Gegenseite ist gleichzeitig mit der positiven Funktion enthalten. Es kommt also vor allem auf ein ausgewogenes und angemessenes Austarieren zwischen beiden Polen an.

Conclusio: Rituale müssen ein ausgewogenes Verhältnis von Bewahren und Entwickeln enthalten

Butters / Gerhardinger 1996 fassen noch eine weitere Vielzahl an Argumenten für und wider Rituale zusammen. Lehrkräfte, die Rituale im Unterricht ablehnen, führen folgende Argumente an:

Rituale

- sind Äußerlichkeiten, die blind sind und blind machen können.
- sind ein Pseudo- Ordnungssystem.
- sind andressierte Gewohnheiten.
- können vom Unterricht ablenken.
- manipulieren und versklaven den Menschen.
- können in Schlag-, Gewalt und Bandenritualen ausarten.
- sind als Rückschritt zu einer konservativen Pädagogik zu sehen, da sie in autoritärer Weise unkritische Schülerhaltungen wieder eintrainieren.
- sind ein Disziplinierungsmittel.
  (Butters / Gerhardinger 1996)

Den oben genannten negativen Assoziationen stehen zahlreiche positive Argumente gegenüber:

Rituale

- vermitteln das Gefühl der Zuverlässigkeit, Geborgenheit, Ruhe, Spannung, Überschaubarkeit und Zusammengehörigkeit.
- können den grauen Schulalltag aufhellen.
- schaffen einen dramaturgisch gegliederten Ablauf des Unterricht und der Schulzeit.
- strukturieren die Situation der Arbeit und des täglichen Zusammenlebens.
- vermitteln eine symbolische Ordnung und damit psychischen Halt.
- sind bedeutsam bei der Inszenierung von Festen und Feiern.
- vergegenwärtigen den Jetzt-Zustand durch ein gemeinsames Erleben eines Ereignisses.
- können Konflikte regeln.
- gestatten das Mitmachen und reizen zum Nachmachen.
- entlasten, weil sie nach ihrer Einführung nicht jedesmal neu erarbeitet werden müssen.
- helfen, viele Worte zu vermeiden.
- lassen durch ständiges Überlernen und Training des Ablaufs das Ritual selbst in den Hintergrund treten und damit eine intensive Beschäftigung mit den Unterrichtsinhalten zu" (Butters / Gerhardinger 1996, S. 34).

Weder die Argumente noch die Gegenargumente sind gänzlich von der Hand zu weisen, sie haben jeweils für sich eine gewisse Plausibilität, denn sie beziehen sich auf die Ambivalenz und Zweischneidigkeit anthropologischer Voraussetzungen. Denn „es gibt ein elementares menschliches Bedürfnis nach Orientierung in der Welt. [...] Und es gibt wohl ein ebenso elementares Bedürfnis nach symbolischem Ausdruck für Erfahrungen, Einsichten, Bedürfnisse, Stimmun-

Rituale in der Schulpädagogik   37

gen, von der Kleidung mit der die Zugehörigkeit zu einer bestimmten Gruppe
(oder auch der angestrebte Individualismus) verdeutlicht werden soll, bis zu dem
Handschlag, mit dem vielleicht das Ende einer Feindschaft 'besiegelt' wird. […]
Rituale dienen diesen beiden Bedürfnissen. Sie tun es umso erfolgreicher, je
selbstverständlicher ihre Bedeutung und Bedeutsamkeit für alle, die an ihnen
teilnehmen, sind" (Becker 1987, S. 18).

Gerade weil Rituale von der äußeren Form auf stabilisierende und beharrende
anthropologische Bedürfnisse stoßen, darf die anregende und entwickelnde
Funktion von Schule darüber hinaus nicht vernachlässigt werden. Es muss also
eine begründete pädagogische Entscheidung zwischen beiden Seiten versucht
werden, die in der jeweiligen pädagogischen Situation fruchtbar sein kann.

Rituale greifen also die Sicherheitsbedürfnisse auf und müssen so praktiziert
werden, dass sie zu Freiheit führen.

Rituale orientieren von oben durch die Lehrkraft und müssen so angelegt werden, dass sie von unten als gemeinsame Entscheidung getragen werden.

Rituale knüpfen an emotional-diffuse Wahrnehmungen an, müssen aber dazu
beitragen, die Kinder für kritische Weltorientierung aufzuschließen.

Rituale haben eine emotionale Bedeutung und sind doch nur sinnvoll, wenn sie
über die emotionale Situationserfahrung hinausgehend zu weitergehendem bewussten Sozialverhalten und zu kritischer Weltanalyse hinführen.

3.3.2 Rituale im Spannungsfeld von Antinomien

In der Pädagogik gibt es keinen eindeutig richtigen Weg. Wir müssen immer wieder zwischen Antinomien entscheiden (vgl. Winkel 1986). Da diese prinzipielle
Antinomie oft übersehen wird, geraten pädagogische Debatten oft in Glaubens-
kriege und nicht differenziertes situatives Abwägen zweier Seiten. Die Lösung
liegt weder auf der einen, noch auf der anderen Seite, aber auch nicht in der Mitte. Vielmehr muss die Spannung ausgehalten werden und produktiv eine neue
praxis- und situationsadäquate Kombination aus Elementen beider Seiten zusammengetragen werden.

Der unerbittliche Kampf zwischen jeweils zwei Begründungslagern gilt gegenwärtig besonders für die Frage der Rituale. Denn diese stehen häufig im Span-
nungsfeld kontroverser Einschätzungen und im pädagogischen Feld vorhandener Antinomien.

Annemarie von der Groeben betont, dass gerade innerhalb der Praxis von Ritualen in der Schule eine tiefe Ambivalenz zwischen ordnender Struktur und not-
wendiger pädagogischer Freiheit zu finden ist und formuliert daraus die päda-
gische Aufgabe, „die schwierige Balance zwischen vorgegebener Ordnung und
Freiheit immer wieder zu prüfen" (von der Groeben 1999, S. 8 f.). Aus dieser
realen Spannung zwischen verschiedenen Polen der pädagogischen Entschei-

dung formuliert sie differenzierende Kriterien für Rituale. Diese hält sie für legitim,

- „wenn sie durch festgelegte Handlungsrahmen Ordnung und Orientierung stiften, die gleichwohl Raum für individuelle Entfaltung zuläßt
- wenn in ihnen gemeinschaftliche Werte und Orientierungen zum Ausdruck kommen, in denen die Individuen sich wiedererkennen und denen sie zustimmen
- wenn sie innerhalb eines vorgegebenen Rahmens zugleich einen Kern von Veränderbarkeit in sich tragen, der die Individuen zum Mitdenken und eigenem verantwortlichen Handeln auffordert
- wenn sie prinzipiell einsehbar und kritisierbar sind, sich insbesondere unterschiedlichen Altersstufen je anders präsentieren und begründen
- wenn sie gemeinschaftsstiftende Erlebnisse darstellen, die die einzelnen von sich aus nicht herstellen könnten oder würden" (von der Groeben 1999, S. 9).

Rituale sind – ethnologisch definierte Szenen der Interaktion – und keiner pädagogischen Zweck-Mittel-Relation zu unterwerfen. Dies heißt allerdings im Umkehrschluss, dass sämtliche pädagogischen Interventionen dem einfachen Zweck-Mittel-Schema zuzuordnen sind, auch wenn dies für viele pädagogische Maßnahmen zutrifft. Doch es gibt auch eine Eigendynamik im pädagogischen Feld, die nicht nach simplen Input-Output-Schemata zu bewerten ist. Dies gilt für sämtliche strukturell definierte Bereiche, die Eigendynamik entfalten können wie im schulkulturellen Kontext zu ersehen. Insbesondere das Schulleben enthält keine bloß lineare Ablaufstruktur von Inputs und Outputs, auch wenn viele Lehrkräfte Schule gern so definieren.

Meines Erachtens liegen die produktivsten Momente von Ritualen darin, dass die Möglichkeit der Vergangenheitsintegration durch Aufgreifen archaischer oder kulturell-tradierter Formen für Inhalte und Orientierungen zur Bewältigung der Zukunft geleistet wird. Gerade wenn Rituale genutzt werden, um mit risikohaften gesellschaftlichen Bedingungen die Auseinandersetzung zu initiieren, dann sind Zukunfts- und Vergangenheitsdimension verbunden. Wenn Rituale dazu dienen, die Vielfalt der Kinder ernst zu nehmen und doch die Gemeinsamkeit trotz Verschiedenheit nicht aufzugeben, dann sind auch zur Gegenwartsbewältigung produktive Möglichkeiten eröffnet.

In den letzten Jahren sind Rituale allerdings unter dem Etikett der Kuschelpädagogik, das durch eine viel beachtete Rede des ehemaligen Bundespräsidenten Roman Herzog noch stark betont wurde, verunglimpft worden. Auch hier gilt es, Maßstäbe, die generell für Schulpädagogik gelten, auch an die Frage der Rituale anzulegen. Sie haben nur dann einen Sinn, wenn sie gleichzeitig dazu beitragen, Entwicklung in Richtung der allgemeinen pädagogischen Ziele auf Demokratisierung, Welterkenntnis, kritischer Aufklärung und Förderung der Lebenskompetenzen anzuleiten.

Rituale in der Schulpädagogik   39

Wenn allerdings nur eine nach rückwärts gerichtete Ritualisierung erfolgt, kann sie nicht dynamisierend wirken. Wenn nur auf die aktuelle Befindlichkeit des Individuums im Hier und Jetzt mit esoterischer Orientierung Rücksicht genommen wird, verliert Unterricht die vorwärts treibende Dynamik. Aber gerade in der dynamisierenden Widerspruchsbeziehung liegen die wichtigsten Bedingungen für Lernen (vgl. Hempel Hg. 1999).

Eine zweite Kritikrichtung an Ritualen verläuft auf der Ebene der Wertung. Vertreterinnen und Vertreter der Rituale sehen darin per se positive Auswirkungen, während andere antiaufklärerischen Stillstand sehen (s.o.). Gegen diese Richtung lässt sich einwenden, dass hier ein Mittel bereits zum Ziel erklärt wird. Denn „Rituale sind jedoch nicht als solche gut oder böse, gut oder böse sind (vielmehr) die Ideen und Werte, ... von denen sie bestimmt sind. Zur kritischen Bewertung von Ritualen ist nach der dahinter liegenden Leitidee zu fragen: Ist sie human oder inhuman, soll das Ritual der Menschlichkeit oder der Unmenschlichkeit dienen?" (Kampmann / Gerunde 1996, S. 10).

Ein drittes Kriterium für die Legitimität von Ritualen nennt Combe, indem er auch auf die Seite der humoristischen Distanz von schulischen Ritualen hinweist: „Rituale reklamieren den körperlich-praktischen, sinnlich-handelnden Bezug zur Welt, und sie sind dem kulturdominanten Habitus, des rationalen Akteurs entgegengesetzt. Aber nur wenn ihre ästhetische Leichtigkeit gewahrt bleibt und ein Moment antiautoritärer Ironie im Spiele ist, sind Rituale ein Intermezzo und Schritt auf grundsätzlich neuen Wegen der Schulerziehung" (Combe 1994, S. 25). So betrachtet ist es wichtig, die Distanzierungsfähigkeit von Ritualen bewusst zu fördern. Ein wichtiger struktureller Ansatz dazu ist es, wenn die Schülerinnen und Schüler selbst bei der Entwicklung von Ritualen beteiligt werden und somit ihr Gewordensein wie auch ihre Veränderbarkeit erfahren können. So eingeordnet sind Rituale integraler Bestandteil einer demokratisch legitimierten Schulentwicklung, bei der alle Akteure zielgerichtet im Feld tätig sind, was Ursula Carle (2000) als das zentrale Kriterium gelingender Schulentwicklung bezeichnet.

Die demokratische Legitimation der Rituale hängt eng mit einem vierten Merkmal zusammen, nämlicher ihrer subjektiven Bedeutsamkeit. Nur wenn sie nicht äußerlich aufgesetzt sind, sondern auch subjektiv getragen werden, gibt es schulpädagogisch Grund für Rituale. Ilse Lichtenstein-Rother stellte diesen Zusammenhang in einer ihrer letzten Schriften sehr ausführlich dar: „Inzwischen ist uns jedoch sehr deutlich, daß äußere und innere Ordnung einen entscheidenden Halt für Kinder bedeuten. In der Formulierung: Die Schule sollte die Kinder in einer inneren und äußeren Ordnung bergen' verweist 'bergen' auf das Grundbedürfnis aller Kinder, auch noch des Erwachsenen, nach Geborgenheit. Geborgenheit aber erwächst aus der verläßlichen Zuwendung, aus dem Angenommensein durch den anderen und aus der Gemeinsamkeit der Lebensformen. [...] Solche

Ordnungen werden oft als beengend, autoritär gängelnd interpretiert. Dies aber sind sie nur dort, wo sie von den Erwachsenen den Kindern auferlegt werden und wenn sie der Gemeinsamkeit der Orientierung, der Gültigkeit für Kinder und Erwachsene und des Umgangs entbehren. Der Zusammenhang des Gewinnens einer inneren Ordnung über gemeinsame, verbindende Lebensformen und Lebensregeln gewinnt heute angesichts der Tatsache ein besonderes Gewicht, daß fast die Hälfte der jetzt geborenen Kinder nicht in der Familie aufwachsen, in die sie hineingeboren wurden. Der Wechsel der Bezugspersonen, die Veränderung der familialen Zugehörigkeit und Zuständigkeit bedeutet v. a. für die jungen Kinder einen Verlust an Geborgenheit, der ihr Vertrauen und ihre innere Sicherheit gefährdet, der ihre explorierende Kraft ebenso beeinträchtigt wie ihr offenes, spontanes Zugehen auf den anderen und ihr eigenes Geöffnetsein auf die Zukunft hin. Hierin liegt der entscheidende Unterschied zu den Ritualen, die von außen, in der Regel vom Lehrer oder von der Schulordnung, vorgegeben und durchgesetzt werden: Die hier als innere Ordnung bezeichneten Formen der Regelungen werden entweder vorgelebt oder im Miteinander situationsadäquat entwickelt; sie stellen einen inneren stimmigen Zusammenhang dar" (Lichtenstein-Rother 1990, S. 33).

Gleichzeitig sind Rituale keine generellen Strukturen, sondern bedürfen einer genauen Verortung in der jeweiligen schulischen Situation. Sustek nennt dafür vier situative Kriterien zur Überprüfung des konkreten Sinns von Ritualen:

■ Rituale sind jeweils auf die mit ihnen verknüpften Ziele zu befragen. Sie sind nur annehmbar, wenn sie nicht im Widerspruch zu den Grundgedanken der Verfassung stehen.

■ Rituale müssen für die Schüler verstehbar sein. Wie auch immer ihr Verbalteil lautet, er sollte, den Entwicklungsstand und das Vorwissen der Klassenmitglieder berücksichtigend, ihnen einsichtig sein.

■ Rituale sind zahlenmäßig zu begrenzen. Sie sollten nur vereinbart und praktiziert werden, wenn ein Bedürfnis danach besteht und sie sich nach Auffassung der Schüler bewährt haben.

■ Rituale sind von Zeit zu Zeit in der Klasse daraufhin zu untersuchen, ob ihre ursprüngliche Bedeutung noch gilt oder ob sie zum Selbstzweck degenerierten" (Sustek 1996, S. 38).

■ Last not least: Die Lehrkraft muss hinter ihren Ritualen stehen. Sie muss sie für sinnvoll erachten, den Bedeutungskontext (religiös oder ordnend oder interkulturell orientierend oder ...) für sich als Person für wichtig erachten. Denn die wichtigsten Kräfte für gelingende Pädagogik liegen in der Person der Lehrkraft verborgen.

So gesehen müssen Rituale auch immer wieder in der konkreten Situation auf Ziele und Verständlichkeit befragt werden, sollten dosiert verwendet und immer wieder überprüft werden, ob ihr Sinn noch gegeben ist. In diesem Sinne sind die folgenden Praxisvorschläge zu verstehen, die allerdings noch nicht in jedem Einzelfall voll den Kriterien gemäß entwickelt sind. Wir können uns diese Entwicklung eher als Weg hin zu diesen mehrdimensionalen Zielen vorstellen, bei dem im Einzelfall ein Ritual noch rudimentär erprobt wird.

4 Praxis Rituale

Rituale sind ambivalente Formen, sie können Lebendigkeit und Kreativität, entdeckendes Lernen und Fröhlichkeit von Kindern eindämmen und eine künstliche traditionale Welt in die heutige Schule importieren. Deshalb müssen für Praxisvorschläge zumindest zwei Dosierungshinweise nach dem Motto „lesen Sie die Packungsbeilage oder fragen Sie Ihren Arzt oder Apotheker" bedacht werden. Zunächst sind Rituale keine isoliert und unbedenklich zu verabreichenden Drogen, sondern müssen in den Kontext pädagogischen Handelns gestellt werden. Die Frage nach dem aktuellen pädagogischen Sinn und den pädagogischen Zielen für zukünftiges gesellschaftliches Handeln muss deutlich beantwortet werden. Gleichzeitig muss die Dosierung so geschehen, dass keine Nebenwirkungen zu erwarten sind, d. h. dass die übrigen pädagogischen Ziele wie Kreativität oder Selbstständigkeit davon nicht negativ tangiert werden, sondern in einem ausgewogenen Verhältnis zueinander stehen.

„Rituale beziehen sich auf verschiedene Dimensionen des Unterrichts und des Schullebens: Sie markieren Zeitpunkte und strukturieren Zeitabläufe. […] Sie sind an Räume und bestimmte Orte gebunden wie beim 'thinking chair'" (s. u. Schultheis 1998, S. 4). Riegel (1994) dagegen unterscheidet die Rituale in der Praxis nach zwei anderen Dimensionen, ebenfalls in die zeitlichen, nämlich diejenigen, „die die Lebenszeit gliedern". Dazu nennt sie als Beispiele:

● Aufnahmefeier für den neuen Jahrgang
● Weihnachtsfeier
● Sommerfest
● Verabschiedung der Klassen 10
● Geburtstage (Riegel 1994)

Als zweite Dimension dazu unterscheidet sie die arbeitsprozessbezogene. Darunter versteht sie Rituale, die die Arbeit strukturieren, z. B.:

● Freie Texte, Buchvorstellung, Freie Vorträge: Situationen, in denen einzelne Schülerinnen / Schüler sich in besonderer Weise exponieren und ihre Bemühungen der Klasse vortragen, sind eingebettet in feste Rituale (Riegel 1994).

● Projektbeginn und Projektende: Anfang und Ende eines Projekts werden in besonderer Weise hervorgehoben und einer Öffentlichkeit präsentiert (ebd.).

Alle diese Einteilungskriterien schulischer Rituale sind sinnvoll und können sich ergänzen. Deshalb werden in diesem Buch mögliche schulische Rituale sowohl nach den zeitlichen, räumlichen, arbeitsstrukturellen und situativen Bedingungen aufgeschlüsselt vorgestellt.

4.1 Rituale im Schulleben

„Das Schulleben mit seinen Lebensformen gibt nicht nur der Schule Form und Gehalt- auch darauf hat v. a. W. Flitner hingewiesen –, sondern es vermittelt in seinen selbstverständlich gewordenen Ordnungen, schon im Mittun, grundlegende Verständigung mit anderen, des Umgangs mit Gehalten, noch bevor in vollem Umfang eine bewußte Eingliederung in außerschulische, kulturbestimmte Gruppen erfolgen kann. Im 'Schulanfang' wurde dies besonders dargestellt für die Rituale der Begrüßung, für die Andacht, für den Umgang mit Büchern, für festliche Stunden im Jahreslauf und für den freien geistigen Verkehr im Gespräch und Berichten. Sicherlich ändern die vorgegebenen und einbezogenen Formen ihr Gewicht und ihre Erscheinungsweise angesichts der veränderten Lebenssituation" (Lichtenstein-Rother 1990, S. 33).

Die Abgrenzung von Ritualen und Schulleben ist nicht leicht vorzunehmen. Bichler (1997) definiert es funktional: „Wenn meditative Formen ein Bestandteil des Schulalltags sind, dann sind sie auch zu Ritualen geworden" (Bichler 1997, S. 90). M. E. muss diese einfache operationale Definition auch durch inhaltliche Kriterien gefüllt werden. Dazu ist es etwa wichtig, dass zumindest bestimmte szenische Arrangements, bestimmte verbale Regelmäßigkeiten und feste interaktive Folgen eingehalten werden.

4.1.1 Schulforum

An vielen Schulen hat sich das Ritual des wöchentlichen Schulforums mittlerweile herausgebildet. An der Laborschule (vgl. Bambach 1992) in Bielefeld wurde diese Form als „große Versammlung" mehrerer Lerngruppen schon früh entwickelt. Für die inhaltliche Gestaltung gibt es viele verschiedene Modelle:

- Schulforum als Präsentation der Lernergebnisse der Klassen
- Schulforum als abwechselnde Präsentation der Lernergebnisse einer Klasse
- Schulforum als Ort von Kunstvorführungen aller Klassen
- Schulforum als Ort von Musikvorführungen aller Klassen
- Schulforum als Ort von Theatervorführungen aller Klassen
- Schulforum als Ort von Literaturvorführungen aller Klassen
- Schulforum als Ort der Präsentation selbst erstellter Kunstwerke der Klassen
- Schulforum als Ort der Präsentation selbst erstellter musikalischer Werke der Klassen
- Schulforum als Ort der Präsentation selbst erstellter technischer Werke der Klassen
- Schulforum als Ort der Präsentation selbst erstellter literarischer Kunstwerke der Klassen

44   Praxis Rituale

- Schulforum als Ort der Präsentation selbst erstellter theatralischer Kunstwerke der Klassen

- Schulforum als Ort der übergreifenden Konfliktregelung in Form der „großen Versammlung" wie sie an der Laborschule in Bielefeld praktiziert wird (Thurn 1997)

- Schulforum als fester Programmablauf:
  z. B. 1. Gemeinsames Lied, 2. Gemeinsame Körperübung, 3. Geschichte der Woche aus den Freien Texten der Klassen wird vorgelesen, 4. Bericht über den Stand eines schuleigenen Projektes durch Kinder (z. B. Projekt Energiesparen in der Schule und Bekanntgabe der Messergebnisse der Woche oder neuer Sparvorschläge, die in einer Projektgruppe erarbeitet wurden), 5. Musikvorführung im Turnus durch eine Klasse, 6. Verabschiedung in das Wochenende durch die jeweilige Sprecherin / den jeweiligen Sprecher der Schülerinnen und Schüler

Wichtig ist für jede Variante des Schulforums, dass dabei eine feste Ablaufstruktur vereinbart wird, um den ritualisierten Charakter auch für jüngere Kinder erfahrbar zu machen.

4.1.2 Schulfeste und –feiern

Feste und Feiern sind keine neuen Erfindungen. Vielmehr differenziert die Festkultur deutlicher von Schule zu Schule. Sie können ein Indikator dafür sein, ob in einer Schule das Unterricht-Halten oder eine Einheit von Erziehung und Unterricht bevorzugt wird. Denn „Festrituale durchbrechen den schulischen Alltag und lagern 'grüne' Inseln in die Gleichförmigkeit von Zeitverläufen und Aktivitätsfolgen ein. Sie heben sich ab in ihrer Grundstimmung und Sinnstruktur, wodurch sie ein Innehalten, besinnliches Verweilen und Verlebendigen überkommener Sitten und Bräuche ermöglichen" (Röbe 1990, S. 8).

Im folgenden Abschnitt werden einige wesentliche Fest- und Feierformen für heutige GrundSchulen vorgeschlagen.

R 4.1.2.1 Wochenfeier / Monatsfeier

Für Feiern gibt es genug Anlass. Das gemeinsame Leben allein wäre schon genug Anlass. Aber es gibt auch kalendarische Anlässe für Feiern. Müller-Bardorff nennt eine große – längst nicht erschöpfende – Zahl an Möglichkeiten: Schulanfang im Herbst, Erntedank, Adventszeit, Sternsinger, Fastnacht, Osterzeit, Begrüßung der Schulanfänger bei der Schulanmeldung, interkulturelle Feste im Sommer, Verabschiedung der Viertklässler am Schulende, jahreszeitlich Schule liebevoll schmücken („entsprechende Interessentische und Schaukästen zu gestalten und damit die Sensibilität der Kinder für Zeitrhythmen und Sinnzusammenhänge, für Schönheit und Symbole zu wecken, ist eine Form des Rituals") (Müller-Bardoff 1997, S. 54).

Praxis Rituale   45

Kosieck beschreibt konkret die Durchführung von Monatsfeiern, die von einer
Schulgemeinde alle vier Wochen während einer Unterrichtsstunde begangen
werden kann: „Für die SchülerInnen wird die Monatsfeier auch dadurch wichtig,
daß Eltern, Großeltern, Freunde und andere Interessierte sie auf der Bühne sehen können. Sie zeigen ihren MitschülerInnen und Angehörigen, was sie erarbeitet haben und sind stolz auf das Erreichte" (Kosieck 1999, S. 24). Für derartige Monatsfeiern sind allerdings nicht notwendig große Aufführungen mit hohem
Vorbereitungsaufwand erforderlich. Vielmehr lassen sich auch viele einzelne
Elemente aus den Klassen zusammentragen: „Das Programm ist vielfältig: Der
Chor singt, es wird ein Sketch oder ein Dialog aus dem englischen Lehrbuch vor-
gespielt, es sind Matherätsel zu lösen oder es werden Ergebnisse aus dem Tech-
nikunterricht präsentiert. [...] Feste Programmpunkte sind die Verteilung von
Urkunden und Pokalen, die bei inner- und außerschulischen Sporttunieren ge-
wonnen wurden, sowie von Geburtstags-Schokoladenherzen. Die Namen der
Kinder, die zwischen zwei Monatsfeiern Geburtstag hatten, werden verlesen und
sie kommen auf die Bühne, um sich die Süßigkeit abzuholen. Sie genießen es,
zeigt es ihnen doch, daß sie den Erwachsenen wichtig sind" (Kosieck 1999,
S. 25).

R 4.1.2.2 Weltweite und nationale historische Feste [4]

Im Jahreslauf gibt es etliche Feste, Feiertage oder Gedenktage, die für einige
oder auch alle Kinder einer Schulklasse von Belang sind – zumindest mehr oder
weniger im öffentlichen Bewusstsein Bedeutung erlangen. Nicht alle diese Tage
können hier aufgezählt werden. Aber bereits diese kleine Auswahl zeigt, welches
Spektrum an Möglichkeiten gegeben ist, die gesellschaftlich entwickelte Ge-
denkfeier-Kultur auch in den Unterricht zu integrieren:

---

[4] Nähere Informationen vgl. Microsoft: Encarta 99.

Datum	Gedenktag/wo	Anlass	Art des Gedenkens
15. Januar	Seijin-no-hi = Tag der Reife in Japan	Alljährlich wird an diesem Tag für alle 20jährigen der Übergang ins Erwachsenenleben gefeiert	Seit 1948 nationaler Feiertag, junge Frauen tragen dazu lange Kimonos
27. Januar	Holocaust-Gedenktag / Deutschland und weltweit	Massenhafte Vernichtung von Menschen – Judenverfolgung während des Nazi-Regimes	Öffentliche Gedenkfeiern
3. März	Hinamatsuri, Puppenfest, (auch Mädchenfest übersetzt) in Japan[5]	Anknüpfend an traditionelle chinesische rituelle Praktiken, um Sünden und Unglück aus dem menschlichen Körper in eine Puppe zu übertragen und im Fluss abfließen zu lassen; ursprünglich gab es Reinigungsrituale im Fluss, später wurde dies mit einer Papierpuppe symbolisch praktiziert	Flurschmuck mit Puppen (O-China-Sama); Mädchen erhalten süßen Reistee und bunten Reiskuchen mit roter, weißer und grüner Farbe, die Blumen, Schnee und Boden symbolisieren; Gebete für Gesundheit, Glück und Wachstum des Mädchens
8. März	Internationaler Frauentag	Beginnende Frauenbewegung um gleiche Rechte um die Jahrhundertwende	Feiern, Kunst, Theater, Demonstrationen und andere Organisationsformen

---

[5] die japanischen Feste wurden von Herrn Prof. Shin-ichi Terao, Erziehungswissenschaftliche Universität in Fukuoka beschrieben, weitere Quelle: Gillespie 1999; gerade bei diesem Puppenfest muss darauf geachtet werden, dass dabei nicht eine Verfestigung tradierter Geschlechterstereotype erfolgt.

5. Mai	Kodomo-no-hi = Kindertag ursprünglich, mittlerweile vorwiegend als Jungenfest[6] in Japan begangen	Symbolisch wird an die Kraft des Karpfens erinnert, sogar Wasserfälle aufwärts zu schwimmen und soll Lebenserfolg symbolisieren; dieser Feiertag wurde nach dem 2. Weltkrieg zum gesetzlichen Tag; ursprünglich geht dieses Fest auf ein chinesisches Ritual zurück, bei dem die Menschen Anfang Mai mit Heilkräutern und Wein mit Irisblättern sich vor Unreinheit reinigten	Familie mit Jungen hisst einen Monat vorher 5 fischförmige Fahnen im Hof, die nach Kriegern oder Helden gestaltet werden; Speise: gekochte Reis-Mochi; Irisblätter als Talisman in Badewasser der Jungen
8. Mai	Tag der Befreiung (Ende des 2. Weltkrieges) / Deutschland und andere am 2. Weltkrieg beteiligte Länder	Endgültige Kapitulation des Nazi-Regimes vor den Alliierten	Öffentliche Kundgebungen, politische Festakte, Demonstrationen
2. Sonntag im Mai	Muttertag / Deutschland / USA	Ursprünglich aus den USA von einer Tochter zu Ehren ihrer Mutter erfunden, zur „Nazi-Zeit" wurde dieser Tag zur Ehrung von Müttern im Rahmen des Mutterkultes verbreitet und bis heute beibehalten	Geschenke für die Mutter, Entlastung bei der Hausarbeit oder sonstiges freundliches Handeln
4. Juli	Independence Day / USA	Tag der Unabhängigkeit der Vereinigten Staaten von der englischen Kolonialmacht	Umzüge, Feste, Ansprachen

---

[6] Bei Festen aus anderen Kulturen werden aber auch die spezifischen Stereotypien mittransportiert. Es bedarf auch einer bewussten Reflexion der damit verbundenen Inhalte, um nicht mit anderen Zielen, wie der Gleichberechtigung der Geschlechter in Konflikt zu geraten.

14. Juli	Sturm auf die Bastille / Tag der französischen Revolution	Beginn der bürgerlichen Befreiungsbewegung in Europa	Umzüge, Feste, Ansprachen
6. August	Hiroshima-Gedenktag / Japan und weltweit	Abwurf der ersten amerikanischen Atombombe auf die japanische Stadt Hiroshima	Gedenkfeiern, Kinder falten Kraniche des Friedens
20. September	Weltkindertag / weltweit	Von den Vereinten Nationen deklariert, um an die Kinderrechte zu erinnern	Kinderfeste, Festvorträge
3. Oktober	Tag der deutschen Einheit / Deutschland	Feiern anlässlich der Wiedervereinigung von West- und Ostdeutschland	Öffentliche Feiern
31. Oktober	Halloween (Großbritannien und USA, ursprünglich keltisch)	Vertreibung des Gottes der Toten vor Allerheiligen	Erleuchtete Kürbisse als Geisterköpfe, verkleidete Personen als Hexen und Geister, Feuer werden entfacht
15. November	Shichi-go-san = Fest für Kinder mit drei, fünf und sieben Jahren	Wünsche für der Kinder Gesundheit und Entwicklung	Gebete für das Gedeihen der Kinder; Gang mit Eltern in festlicher Kleidung zum Shinto-Schrein; Kinder bekommen bestimmtes langes, rot-weißes, dünnes Zuckerwerk in Taschen mit Illustrationen von den Symbolen für langes Leben (Kraniche und Schildkröten)

Praxis Rituale 49

31. Dezember	Silvester	Jahresende nach dem julianischen Kalender	Leuchtraketen und Feste
Neujahr 1.–3. Januar; Gesamtdauer bis 15. Januar	Japanisches Neujahrsfest	Jahresanfang	Gebete und Geldopfer in Tempel oder Schrein (bis 5 mal) Neujahrssuppe Zou-Ni zum Frühstück; Geldgeschenke für Kinder
Neujahrsfeste Diverse Termine	Chinesisches Neujahrsfest (zwischen 21. Januar und 19. Februar)		Zwei Wochen lang Feiern mit Lampions, Straßenumzügen

R 4.1.2.3 Feste aus den Weltreligionen[7]

Durch weltweite Migration kommen immer mehr Kinder aus anderen religiösen Kontexten in unsere Schulen. Ein wichtiger Schritt des wechselseitigen Verstehens ist es, auch die Feste und Feiern dieser anderen Kulturen zu beachten und ihnen in der Schule einen angemessenen Raum zu eröffnen.

Datum[8]	Name des Festes	Vorkommen / Anlass	Art des Festes
ca. Mitte Januar	Pongal	Tamilisches Erntedankfest aus Anlass der Beendigung der Reisernte	Traditionelle Reissuppe „Pongal" wird gegessen
1. oder 2. Tag des jüdischen Monats Tischri, i. a. September	Rosch Haschana	Jüdisches Neujahrsfest	„Fest der Trompeten"

---

[7] Nähere Informationen vgl. Microsoft: Encarta 99.

[8] Die meisten Feste aus Religionen wie Judaismus, Buddhismus, Hinduismus und Islam sind nicht durch einen festen Termin mit unserem Kalender in Übereinstimmung zu bringen, da sie das Jahr nach einem anderen kalendarischen System zählen, wie etwa dem chinesischen Mondkalender.

Frühjahr, 14. und 15. Tag des jüdischen Monats Adar	Purimfest	Errettung der Juden vor der persischen Verfolgung	Masken, Wein, Aufführungen
9. Monat, von Jahr zu Jahr wechselnd, im Jahr 2000 ab Ende November	Ramadan	Fastenphase im Islam	Fastenzeit, Enthaltsamkeit bis Sonnenuntergang Verzicht auf weltliche Freuden
sechs Wochen vor Ostern beginnend mit der Fastnacht	Fastenwochen	Römisch-katholische Vorbereitung auf die Osterfeiertage	Enthaltsamkeit bei Speisen und Festen; im Rheinland durch Rosenmontag und besonders ausgelassene Feste eingeleitet
Febr./März	Holifest Vollmond	Zweitägiges hinduistisches Frühlingsfest und Erntefest, Feier der Weizenernte	Am 1. Tag Freudenfeuer, Verbrennen von Bildern vom bösen Dämon; Am 2. Tag besprühen sich die Menschen mit gefärbtem Wasser und buntem Puder
1. Sonntag nach Frühlingsvollmond	Ostern	Feier der Auferstehung Christi	Ostersträuße, Ostereier suchen

Zeitlich mit dem beweglichen Osterfest parallel	Passah	Feier des jüdischen Auszuges aus Ägypten	6–7 (in der Diaspora) Tage ungesäuertes Brot
April bis Mai	Wesak	Buddhistisches Neujahrsfest bei Vollmond	Gefangene Vögel werden freigelassen, den Mönchen werden reichlich Almosen gespendet, Papierlaternen an den Straßen, festliche Umzüge
Mai/Juni 50 Tage nach Pessah	Schawuot	Erntedank, später Bedeutungswechsel: Gesetzgebung auf Berg Sinai	Lesungen, Ausschmückung des Heimes, symbolisches Mahl mit Milch und Honig
10 Tage vor Pfingsten	Christi Himmelfahrt	Christliches Fest zur Feier von Christi Himmelfahrt	Christlicher kirchlicher Feiertag
7 Wochen nach Ostern	Pfingsten	Christliches Fest zur Feier des Niederganges des Heiligen Geistes	Christlicher kirchlicher Feiertag

13.–15. August	O-BON Fest in Japan	Buddhistische Tradition: Glaube an Rückkehr der Geister der Vorfahren	Schmücken selbstgebauter Altäre im Flur, Blumen, Obst und fleischlose Gerichte als Opfergabe; Mönche kommen ins Haus und beten für Vorfahren
Sept./Okt.	Rosch Haschana	1. Tag der jüdischen Neujahrsfeier und der 10 Bußtage	
Sept./Okt.	Jom Kippur	Höchster jüdischer Feiertag und letzter Tag der jüdischen Neujahrsfeier und der 10 Bußtage	Sünden des Volkes werden symbolisch auf einen Bock übertragen
Ende September, Vollmondabend	Mundshau Fest O-TUKI-MI	Erntedankfest	Altar im Hof mit Stielblütengras, selbst hergestellte Tiere aus Früchten, Reisklöße oder Mochi als Opfergabe
Herbst	Laubhüttenfest, 8-tägig	Jüdisches Erntedankfest, Erinnerung an die Mahlzeiten in Hütten nach Auszug aus Ägypten	Mahlzeiten werden in Hütten eingenommen, verschiedene Zweige werden in die Synagoge gebracht und geschwenkt

Okt.-Nov.	Divali	Hinduistisches Lichterfest, Neujahr; Ehrung der Göttin des Wohlstandes, Lakshmi	Gottesdienste, Zeremonien, Aufstellen von Lichtern, Feuerwerk zum Vertreiben der Geister der Verstorbenen, Schulden begleichen und Geschenke geben
Dez.	Chanukka-Fest, 8-tägig	Jüdisches Weihefest des Tempels in Jerusalem	Entzünden von Kerzen am achtarmigen Leuchter
13. Dez.	Christlich-schwedisches Lucia-Fest	Gedenken an eine christliche Märtyrerin aus Syrakus	Weiß gekleidetes Mädchen mit brennendem Kerzenkranz auf dem Kopf verteilt von Haus zu Haus Geschenke
24. Dez.– 26. Dez.	Heiligabend und Weihnachten	Christliches Fest zur Feier der Geburt Christi	z. Zt. Feier mit Weihnachtsbaum o. a. Schmuck; Geschenkvergabe durch bestimmte Figuren (Weihnachtsmann, Schneemädchen, Christkind etc.)

R 4.1.2.4 Feiern im Jahreslauf – Überblick

Hinz schlägt vor, neben den kalendarischen Monatsfeiern Feste im Kontext mit kulturellen Ereignissen über das gesamte Schuljahr hinweg zu begehen. Dabei empfiehlt er:

- Rituale, die das Schuljahr gliedern: – Feier der Geburtstage und Namenstage in den Klassen

54   Praxis Rituale

■ Aufnahmefeier der neuen Erst- und Fünftklässler

■ Feiern durch das Kirchenjahr (Feste großer Heiliger; St. Martin; St. Nikolaus; Marienfeste)

■ Ernte- Dank- Fest, Advent, Palmgottesdienst

■ freiwillige österliche und adventliche Meditationen für Hauptschüler in der Schulkapelle

■ monatliche Gottesdienste auf Klassenstufenebene, die Themen entstammen den Unterrichtsepochen

■ großes „vorweihnachtliches Schulfest"

■ Schüler- Fastnacht, Schülerkultur- und Spielefest am letzten Schultag vor den Sommerferien

■ Eröffnung der Jahresarbeiten – Ausstellung

■ Verabschiedung der Viert-, Neunt- und Zehnt-Klässler am Ende des Schuljahres (Hinz 1999, S. 22).

Sicherlich ist diese Fülle an Vorschlägen für Feste eine Überforderung, aber sie gibt ein großes Spektrum an Anregungen für die Auswahl an der eigenen Schule, wobei deutlich darauf geachtet werden muss, dass nicht nur christlich beeinflusste, sondern auch aus anderen Kulturkreisen stammende Festanlässe (s.o.) gewählt werden.

Besondere Rituale im Jahresverlauf

R 4.1.2.5 Frühlingsfest

Die Jahreszeiten bringen veränderte Temperaturen und Stimmungen. Ein ritualisiertes Sich-Einstellen auf diese Veränderungen kann durchaus produktiv sein, wenn es nicht in kritiklose Naturmystik führt.

Besonders wenn es einen Schulgarten gibt oder auch nur die Möglichkeiten Beete aus auf dem Schulasphalt aufeinander gestapelten alten Autoreifen mit Erdfüllung im Inneren zu pflegen, dann ist das Frühlingsfest ein wichtiger Anlass, die Saat zu feiern, die Entwicklung der Pflanzen zu fantasieren und gemeinsam Hoffnungen und Erwartungen zu pflegen. Wie ein derartiges Frühlingsfest im einzelnen ausgestaltet wird, bleibt den organisatorischen und personellen Möglichkeiten einer Schule überlassen.

R 4.1.2.6 Herbstfest

Ähnlich wie das Frühlingsfest Möglichkeiten des gemeinsamen Stimmungserlebens bietet, kann auch im Herbstfest Dankbarkeit für die Ernte, Stolz über das Erreichte und gemeinsames Festhalten am Erreichten erfahren werden.

Praxis Rituale   55

Hier sind Erntecollagen, Stillleben mit geernteten Früchten und viele andere
Dinge zu gestalten.

R 4.1.2.7 Advent und Weihnachten

Gerade angesichts der vielen religiös beeinflussten Kulturen in unseren Schulen
wäre es außerordentlich problematisch, wenn unhinterfragt christliche Feste für
alle Kinder verbindlich erklärt werden. Die Multikulturalität an unseren Schulen
ist aber auch eine Chance, Rituale zu diskutieren. Am Anfang müsste also gemeinsam geklärt werden, welche Bräuche die Klasse als Rituale umsetzen will
(aus: Kaiser Hg. 2000). Dabei ist es sinnvoll, bereits in der Vorbereitung anders-
kulturelle Möglichkeiten einzubeziehen.

Snegurotschka

So ist etwa das russische Snegurotschka-Ritual (Kaiser 1993) in einer Klasse mit
vielen Aussiedlerkindern aus Osteuropa oder Mittelasien eine sinnvolle Ergänzung des Schulalltags. Dabei geht es darum, dass ein mit einer Neujahrsmütze
geschmücktes weiß gekleidetes Schneemädchen die Geschenke verteilt. Dazu
werden passende Gedichte aufgesagt.

vorweihnachtlicher Musikabend

Eine andere Variante, die Weihnachtszeit in ihrem hohen gesellschaftlichen Stellenwert zu beachten, aber die Kinder anderer kultureller Herkunft doch mit einzubeziehen, ist es, die erwartungsvolle feierliche Stimmung ohne die speziellen
Bedeutungen und Symbole der christlichen Weihnachtsfeier und Adventszeit
aufzugreifen. So ist es in diesem Sinne gut möglich, einen vorweihnachtlichen
Musikabend (Kosieck 1999) in der Schule für die Parallelklassen oder die gesamte Schulgemeinde zu veranstalten.

Kreativer Umgang mit Beiwerk des Weihnachtsrituals

Stefanie Zierke (2000) wiederum empfiehlt, kreativen Umgang mit dem „Beiwerk" des Weihnachtsrituals zu praktizieren und Varianten z. B. zu Licht, Feuer,
Adventskranz, Äpfeln, Nüssen und Adventskalendern zu erproben. Am Beispiel
des Adventskalenders und der Thematik Nüsse konkretisiert sie ihre Intentionen.

Zum Thema des Adventskalenders, der Schokolade oder Spielzeug als Geschenk für die Kinder beinhaltet, schlägt sie kontrastierend vor:

„Sammeln unterschiedlicher Ideen für die Herstellung eines anders konzipierten
Klassen- oder Schuladventskalenders, z. B. ein Adventskalender,

- der … Aufgaben für die Kinder beinhaltet. Z. B. wir gehen in dieser Woche
  nachmittags zu unseren Großeltern oder ins Altenheim und lesen eine Weih-

nachtsgeschichte vor. Wir backen Kekse, verkaufen diese und spenden das Geld. Wir sammeln Müll auf. Wir überlegen, wie wir behinderten Menschen helfen können. Wir singen der Parallelklasse unser Weihnachtslied vor.

- (ein Adventskalender, der) aus 24 Bildern besteht, über die gesprochen wird und die nacheinander zu einem großen Bild zusammengelegt und aufgehängt werden

- (ein Adventskalender, der) anstelle mit Schokolade oder Spielzeug mit Geschichten, Gedichten, Liedern, Rezepten, Bastelanleitungen, Spielbeschreibungen und Bildern gefüllt ist

- (ein Adventskalender, der) aus Aktionskarten besteht z. B. „Wir lernen ein neues Weihnachtslied", „Wir basteln Baumschmuck", „Wir gehen zum Weihnachtstheaterstück", „Wir backen Kekse" (Zierke 2000).

Zur Thematik Nussvariationen schlägt sie u. a. folgende Aufgabe vor:

- Nussschalenkerzen herstellen

Dabei werden aus Walnüssen mit Nussknackern, Schraubendrehern o. ä. Werkzeugen sorgfältig die beiden Hälften ohne Beschädigung auseinandergenommen, Kerzenreste geschmolzen und in die Nussschalen hinein geträufelt, Dochte o. Baumwollfaden bzw. kleine Kerzenreste mit Docht in der Mitte befestigt. Diese Kerzenboote werden in ein Gefäß mit Wasser gestellt und bei verdunkeltem Raum angezündet (Zierke 2000). So kann eine sehr stimmungsvolle vorweihnachtliche Feier im Klassenraum gestaltet werden.

R 4.1.2.8 Feste im besonderen Leben einer Schule

Nicht erst seit dem Wissen darüber, wie wichtig für eine Institution eine Corporate Identity ist, fangen Schulen hierzulande an, auch die eigene Schule als etwas besonderes wahrzunehmen und zu pflegen. In anderen Ländern – z. B. den englischen Privatschulen der Founder's Day – ist der Kult um Schulgründer und Schuluniformen besonders ausgeprägt. Auch wenn wir uns nicht an diesen – oft überzogenen Auswüchsen – orientieren müssen, so bedeutet doch die Beachtung des besonderen Charakters einer Schule sehr viel für die Identitätsentwicklung jedes einzelnen Kindes.

Schulgeburtstagsfeier

Deshalb ist es durchaus sinnvoll, die Feier des Schulgeburtstages jährlich mit einem großen Fest für alle SchülerInnen, LehrerInnen, Eltern, Geschwister … (Kosieck 1999) zu begehen – sofern es dafür eine terminliche Konvention überhaupt gibt.

Praxis Rituale   57

Jahreskunstausstellung

In einer Schule kommen viele gute künstlerische Arbeiten im Laufe eines Jahres zusammen. Kosieck (1999) schlägt vor, jährlich Eröffnung einer Kunstausstellung mit Schülerarbeiten im Rathaus zu veranstalten. Diese Jahreskunstausstellung ist an verschiedenen öffentlichen Orten möglich. Sie wäre auch wie eine „richtige" Kunstausstellung mit Reden, Führungen und besonderen Präsentationen zu gestalten.

Schnupperabend

Ein Schnupperabend für Eltern und zukünftige KlassenlehrerInnen der neuen SchülerInnen ist ein wichtiges Ereignis, das für Schule und Umfeld gute Kontaktmöglichkeiten bietet. Kosieck (1999) schlägt vor, dass ein solcher Abend von Eltern aus der abgehenden Klasse moderiert wird. Für einen derartigen Schnupperabend sind Aufführungen älterer Schülerinnen und Schüler, das Anbieten selbsterstellter Kekse oder anderer Speisen durch die dritten Schulklassen oder eine Ausstellung von selbst erstellten Projekt- bzw. Themenbüchern der Klassen der Schule denkbar.

Kennenlernnachmittag

Ein eher informeller Kennenlernnachmittag für neue Schülerinnen mit Eltern und zukünftigen LehrerInnen mit Spielen, Kuchen … (Kosieck 1999) würde mit weniger Aufwand die Gelegenheit bieten, die Verbindung von Elternhaus und Schule zu festigen.

R 4.1.2.9 Initiationsrituale

Traditionale Kulturen haben viele Formen an Initiationsritualen. Damit werden individuelle Übergänge, besonders der von der Kindheit ins Erwachsenenalter, leichter gemacht – egal welche Formen die jeweilige Kultur herausgebildet hat, ob rituelle Tänze, besondere Kleidungen, schmerzhafte Erlebnisse oder schwere Aufgaben[9]. Bei jungen Menschen aus der DDR sind die Erinnerungen an die Initiationsrituale noch heute sehr stark positiv besetzt (Geiling / Heinzel 2000b, S. 29).

Auch im Westen gibt es einen Trend in Richtung Beachtung von Ritualen. Besonders diverse Formen der Einschulung haben an Bedeutung gewonnen, während der Übergang in die nächste Klasse und sogar der Übergang zur weiterführenden Schule noch ein Schattendasein im schulischen Alltag führten. Lediglich der Fahrradführerschein in der 4. Klasse bekommt durch die dabei ausgehändigten

---

[9] Bei den Yanomami im brasilianischen Regenwald müssen die Jungen auf der Schwelle zum Erwachsensein erst einmal mehrere Termitenhäuser von hohen Regenwaldbäumen herunterschlagen.

Wimpel für besondere Leistungen und Aufkleber für bestandene Prüfungen einen Hauch von Initiationsritual – zumal an vielen Grundschulen des Landes mit dem bestandenen Fahrradführerschein auch die praktische Erlaubnis, allein mit dem Fahrrad zur Schule zu fahren, verknüpft ist.

Abgesehen davon, dass dieser Fahrradführerschein von den konkreten Leistungsanforderungen her betrachtet, besonders im theoretischen Teil, didaktisch sehr fragwürdig ist (vgl. Spitta 1999), gibt es gerade für die Stufung von Kompetenzerwerb eine Vielzahl an möglichen Ritualisierungen, z. B. die Lesenkönnenplakette, mit der die Berechtigung verbunden ist, in der größeren Schulbibliothek Bücher auszuleihen, der Zweisprachenausweis für Kinder, die neben deutschen auch türkische, englische oder russische Dialoge sprechen können. An der Laborschule Bielefeld wird der Haushaltspass (Biermann 1997) vergeben, wenn ein Kind in der Lage ist, ein breites Spektrum an praktischen Aufgaben erfüllen zu können wie zu bügeln, einen Knopf anzunähen oder einen Fahrradschlauch zu reparieren.

4.1.3 Rituale in Schulprojekten

In Schulen mit weit entwickelten Absprachen ist es durchaus möglich, klassen- und jahrgangsübergreifende Schulprojekte zu planen.

R 4.1.3.1 Morgenmeldung

Im Rahmen dieser Schulprojekte ist es sehr sinnvoll, das Ritual der Morgenmeldung einzuführen. Dabei ist es die Aufgabe jeder Projektgruppe, morgens eine Botschaft oder eine Frage oder eine Erkenntnis zum Projektthema der Schule abzugeben. Wenn keine Aula oder größere Turnhalle für diese Schulversammlungen vorhanden ist, lässt sich dies auch räumlich in Schulfluren und Treppenhäusern arrangieren.

R 4.1.3.2 Projektboten

Auch wenn in Projekten recht unterschiedliche Themen in den jeweiligen Arbeitsgruppen bearbeitet und für die Schlusspräsentation vorbereitet werden, ist es produktiv, auch zwischendurch Kommunikation unter den Gruppen zu ermöglichen. Dazu ist es sinnvoll, dass jede Gruppe ein Kind zur Projektbotin oder zum Projektboten wählt. Diese haben die Aufgabe, kurz vor der Frühstückspause oder zu anderen festgelegten Zeiten in die anderen Gruppen zu gehen und eine kleine Ergebnisbotschaft der eigenen Gruppe abzugeben. Wenn es möglich ist, nehmen diese auch wieder Botschaften der besuchten Gruppen in die eigene mit. Wichtig ist es, dass diese Botschaftszeit auch ritualisiert besonders beachtet wird. Dazu ist es sinnvoll, dass Boten ein vorher vereinbartes Klanggerät, sei es eine Reisrassel, Klangstäbe oder Glocken zum Klingen bringen, um die Auf-

Praxis Rituale

merksamkeit der besuchten Projektgruppe auf sich zu ziehen. Danach müsste ein kleiner Sitzkreis gebildet werden, damit alle die neue Botschaft ausreichend zur Kenntnis nehmen und würdigen können.

R 4.1.3.3 Präsentationsenthüllung

Jedes Projekt braucht auch eine abschließende Dokumentation oder Präsentation der Ergebnisse. Dies müssen nicht notwendig Schaubilder oder Tafeln sein, dies kann auch eine Theaterszene oder schlicht eine Erläuterung sein. Damit dieses gebührend gewürdigt wird, empfiehlt es sich wie bei einer Denkmalsenthüllung die Ergebnisse so lange zuzudecken, bis das Startsignal, z. B. ein Gong, ertönt. Dann werden in allen Gruppen gleichzeitig die Ergebnisse enthüllt und können vom dann bereits eingetroffenen Publikum mit entsprechendem Applaus gefeiert werden.

R 4.1.3.4 Tosender Beifall

Kinder kennen aus den Medien, dass gute Präsentationen mit Beifall bedacht werden. Dieses Anerkennungsritual sollte auch in der Schule seinen Platz haben. Von daher ist es sinnvoll, dass bei allen Vorführungen – und seien es nur kleine Ergebnisse einzelner Projektgruppen – Zeit gelassen wird, dass die restlichen Kinder Beifall spenden.

R 4.1.3.5 Bücherbrücke

Ein besonders schönes, sogar schulübergreifendes Ritual wird im Bezirk Brixen / Bressanone gepflegt. Dort findet in regelmäßigen Abständen ein Treffen auf einer Brücke zwischen zwei Tälern [10] statt. Nach vorheriger brieflicher oder telefonischer Verabredung treffen sich zwei verschiedene Schulen bzw. Partnerklassen aus zwei Schulen auf der Mitte zwischen beiden Gebieten und tragen einen Lesekoffer mit Büchern. Der Inhalt dieser Lesekoffer wird auf der Bücherbrücke den anderen vorgestellt. Wenn alle Fragen beantwortet sind, werden die beiden Koffer ausgetauscht und jede Klasse zieht wieder des Weges zurück zur eigenen Schule, um dort zu lesen.

R 4.1.3.6 Jahreszeitentisch

Der Jahreszeitentisch entspricht nicht ganz der Projektidee, sondern kann eher der von Reichwein (1993) beschriebenen Form des Vorhabens zugeordnet werden. Dabei geht es darum, dass der jahreszeitliche Wechsel – besonders geeignet bei Schulen, die wenig Naturnähe im Schulumfeld aufzuweisen haben – an einer

---

[10] Südtirol (Alto Adige) ist eine dünn besiedelte Region im Norden Italiens mit hohen Bergen. In den Tälern sind dort verstreute Berglandsiedlungen und kleine Schulen zu finden. Die Wege zu den umliegenden Schulen sind sehr beschwerlich.

bestimmten Stelle im Eingangsbereich der Schule besonders präsentiert wird. Er kann so eingerichtet werden, dass jede Klasse der Schule darauf eine bestimmte Ausstellungsfläche hat oder dass wochenweise eine andere Klasse dafür verantwortlich ist, diesen Jahreszeitentisch durch Exponate wie Früchte und Blätter im Herbst, Knospen im Frühling, Getreideähren im Sommer und Schneehügel für eine kurze Zeit im Winter zu gestalten.

R 4.1.3.7 Schulsymbol

Die Namensgebung einer Schule ist ein wichtiger Anlass, das Besondere einer Schule zu feiern. Selbst wenn die Schule schon einen Namen hat, gibt es die Chance, für die Schule ein gemeinsames Symbol zu finden und dieses Symbol immer wieder auftreten zu lassen. Mit Symbol ist nicht ein abstraktes, grafisch gestyltes Logo gemeint, sondern eher ein sinnstiftender Gegenstand, ein Bild oder Wort.

Ein nachahmenswertes Beispiel habe ich in der Grundschule Achternmeer erfahren können, nämlich die Sonnenblume. Die Sonnenblume ist als ornamentales Gestaltungselement im Gebäude an verschiedenen Stellen zu finden, sie hat aber auch bei den beiden jahreszeitlichen Festen, dem Frühlingsfest und dem Herbstfest eine zentrale Rolle. Beim Frühlingsfest werden die Sonnenblumenkerne in den Boden gesteckt, beim Herbstfest werden die Samenkörner aus dem Blütenkörbchen geerntet – und über den Sommer wird Wachstum und Entwicklung der Sonnenblumen beobachtet.

Hier seien nur einige Vorschläge für mögliche Schulsymbole zusammengestellt:
Tiere (Igel, Fuchs, Dachs, Waschbär, Känguru z. B.)
Bäume (Buche, Kastanie, Eiche z. B.)
Blumen (Immergrün, Rose, Tulpe, Malve z. B.)
Edelsteine (Topas, Aquamarin, Rosenquarz, Bergkristall, Opal z. B.)

Die Möglichkeiten, für eine Schule ein gemeinsames Symbol zu finden, sind schier unerschöpflich. Sicherlich sind dabei aber Impulse der Lehrkräfte nicht ganz unwichtig. Bei diesen „Inputs" sollte darauf geachtet werden, dass Mädchen und Jungen sich gleichermaßen in diesen Symbolen wiederfinden, typisch weiblich besetzte Tiere wie das Pferd sollten gemieden werden, aber auch typisch männlich besetzte Symbole wie Fußballvereine oder Automarken sollten tabu sein.

4.2   Rituale im Leben einer Schulklasse

4.2.1 Tagesbeginn / Wochenbeginn / Monatsbeginn

Anfangsrituale des Schultages gibt es in vielen kulturellen Kontexten. In vielen englischen Privatschulen finden Wochenanfangsandachten statt, in vielen indo-

Praxis Rituale 61

nesischen Schulen gibt es gemeinsame Morgengymnastik auf den Schulhöfen, in der DDR bestand der Tagesanfang aus einer Versammlung auf dem Schulhof vor Schulbeginn, dem gemeinsamen Antreten, geschlossenen Betreten der Klassen und schließlich der Meldung eines Kindes, dass alle zum Unterricht bereit sind sowie dem gemeinsamen „Freundschaft-Gruß" (Geiling / Heinzel 2000, S. 32). Fahnenappelle sind besondere Auswüchse in Richtung Einordnung ins System durch Rituale (vgl. Geiling / Heinzel 2000b, S. 31 f.). Viele derartiger Rituale inszenieren Drill und Anpassung, aber strukturieren nicht das gemeinsame selbstbestimmte soziale Leben.

Anfangs- und auch Verabschiedungsrituale enthalten häufig Elemente von allgemeinen gesellschaftlichen Höflichkeitsritualen (s. o.: Adorno 1971). Insofern sind sie auch ein Weg hin zur Entwicklung sozialer Kompetenz: „Höflichkeitsrituale erweisen sich als soziale Verkehrsformen: Zwischen der Begrüßungs- und Verabschiedungszeremonie, zwischen dem Öffnen und Beschließen des Schulvormittags, liegt das weite Feld der Kontakte zwischen Lehrern und Schülern, der Kommunikation und Kooperation" (Röbe 1990, S. 8).

Rituale des Anfangs können aber auch die Spannung zwischen gemeinsamer Struktur und individueller Entfaltung produktiv entwickeln. In diesem Sinne und mit dieser Zielvorstellung sollen hier einige Rituale des Anfangs vorgestellt werden.

Rituale für den Anfang werden in der neueren Literatur häufig genannt. Gerdes (1997) unterscheidet dabei: visuelle/akustische Zeichen, Begrüßungsritual (erhobener Arm mit offener Handfläche, allgemeines Ruhezeichen als Bild für Tafel, Triangel, Glocke, Regenstab, vom CD-Player abgespielte Musik, Bewegungsspiel, Übungen aus Edu-Kinästhetik, sich jeden Morgen in einer anderer Sprache begrüßen). Stegmaier / Wedel-Wolff (1997) differenzieren wiederum zwischen verschiedenen Grundformen der Sammlung durch akustische Anregungen zu Stundenbeginn, die ebenfalls als Rituale aufgefasst werden können. Sie schlagen vor: das Spielen einer freien Melodie (z. B. Gitarre), das Singen / Summen einer bekannten Melodie (LehrerIn beginnt, Kinder setzen ein, zum Abschluss nur noch summen / flüstern) oder rhythmisches Sammeln mit Hilfe von Sprechversen (mit grobmotorischen Bewegungen). Einige der denkbaren und im Schulalltag bereits praktizierten Anfangsrituale werden hier näher beschrieben:

R 4.2.1.1 Anwesenheitsbuch

Das Anwesenheitsbuch eignet sich besonders für diejenigen Schulen, die einen gleitenden Schulanfang morgens praktizieren, kann aber letztlich auch von allen Schulen erprobt werden. Es handelt sich eigentlich nur um eine gebundene oder geheftete Sammlung leerer Blätter mit Datum und ggf. so vielen Leerzeilen wie

Kinder in der Klasse sind. Sobald ein Kind in den Klassenraum kommt, nimmt es einen Stift und beginnt mit dem Eintragen des eigenen Namens in der obersten Zeile. Das nächste Kind trägt sich in der zweiten Zeile ein u.s.w. In der Laborschule Bielefeld (Bambach 1992; Thurn 1997) gibt es Lerngruppen, die das Anwesenheitsbuch mit den jeweiligen Tagesplänen kombinieren, so dass das angekommene Kind gleichzeitig seinen eigenen Tagesplan bzw. den der Gruppe erkennen kann und sich beim Eintragen ins Buch auch auf das Programm des Tages vorbereiten kann. Wenn es sich um individualisierte Tagespläne handelt, bedeutet dies allerdings sehr intensive Vorbereitungsarbeit durch die Lehrkraft.

Eine Variante des Anwesenheitsbuches ist es, dass zu Tagesbeginn versucht wird, das Datum gemeinsam zu rekonstruieren und anzuschreiben (Petersen 1997).

Tagesplan, Anwesenheitsliste und Datum können auch schrittweise aufgebaut werden. Es ist auch denkbar, das Anwesenheitsbuch in anderen Formen, wie Einzelblättern in Folientasche oder Wandzeitung des Tages zu praktizieren. Wichtig ist dabei allerdings, dass jedes Kind das Gefühl bekommt, wichtig, dazu gehörig und angenommen zu sein. Insofern sind wesentliche Kriterien eines Anfangsrituals erfüllt, auch wenn im Falle des Anwesenheitsbuches gerade nicht das genaue zeitliche Zusammentreffen stattfindet.

R 4.2.1.2 Morgenkreis

Eine der am häufigsten vorgeschlagenen Formen von Morgenritualen ist der Morgenkreis (Garlichs 1990, Bönsch 1995, Heinzel 1996, Wagenknecht 1996). Dieser Morgenkreis oder Montag-Morgen-Kreis kann etwa folgende Aufgaben haben:

- Planung der Woche: Festlegen des Wochenstundenplans, des Wochenarbeitsplans der Schülerinnen und Schüler und besonderer Veranstaltungen (Riegel 1994)
- Sammeln der Wochenenderlebnisse (Garlichs 1990)
- Diskussion zum jeweiligen Projektthema
- Integration neuer Kinder in die Klasse in Lerngruppen mit hoher Fluktuation (Kaiser 1989)
- Gemeinsames Lesen und Sprechen über das Buch der Woche (Kaiser 1989)
- Wochengeschichten vorbereiten
- Gemeinschaftliche Besinnung (Peterßen 1999)
- Morgenfeier als besonders festliche Form oder durch religiös-meditative Ausrichtung (Peterßen 1999)

„Der Morgenkreis repräsentiert als Element der Grundschulreform eine dialogische, offene Form des Unterrichts. Intendiert ist eine Offenheit für Lebensäußerungen der Kinder. Der Morgenkreis gibt curricular die Möglichkeit, Erzähl-

Themen selbst zu wählen und die eigene Person zum Thema zu erheben" (Thies / Röhner 2000, S.170). Peterßen räumt dagegen dem Morgenkreis mehr eine Sammlungs- und Übergangsfunktion ein: „Hier wird eine gemeinsame Zeit der Stille und Konzentration geschaffen, die den Übergang von der Freizeit zum Schulalltag gestaltet" (Peterßen 1999, S. 209).Um diese Form den mehr emotionalen Aufgaben zu öffnen, empfiehlt Peterßen Ritualisierungen, um dem Morgenkreis „das angestrebte Gewicht im Schulgeschehen" (Peterßen 1999, S. 209) einzuräumen. Als Formelemente für den Morgenkreis schlägt er vor: „Gespräche, Stilleübungen, Meditationen, musische Betätigung oder auch ein gemeinsames Spiel" (ebd.).

Aber auch die von Thies und Röhner begründete didaktisch-methodische Form des Unterrichts kann in ein Ritual überführt werden, wenn es in bestimmter Weise szenisch arrangiert und praktiziert wird. Maria Wigger beschreibt sehr ausführlich ein mögliches Arrangement: „Jeden Morgen werden die Stühle um einen Mittelpunkt (am besten ein kleiner runder Tisch) zum Kreis aufgestellt. Der Tisch als Zentrum wird jede Woche neu abwechselnd von einem Schüler und einer Schülerin gestaltet mit Kerzen, Blumen oder anderen szenischen Gestaltungselementen. Ein Junge oder ein Mädchen wählt in der Woche das Öl für die Duftlampe aus. Dieser Kreis ist die formale Hülle für zahlreiche inhaltliche Komponenten, die das Bild des Morgenkreises prägen. Feste Bestandteile sind die Begrüßung, zu der sich die SchülerInnen an die Hand nehmen, das Anzünden der Duftlampe, das Vorlesen des Wanderbuches und des Klassentagebuches. Weitere Elemente, die je nach Bedarf eingefügt werden, sind Berichte der SchülerInnen von wichtigen Ereignissen in ihrem Leben, Klärung von Problemen, Lösung von Konflikten, Präsentation von Ergebnissen aus Projekttätigkeiten, Planung des Tages oder der Woche" (vgl. Wigger 2000, Typoskriptfassung).

Vielfach werden dem Morgenkreis bestimmte Inhalte zugeordnet. Die Varianten von didaktisch-methodischen Morgenkreisinhalten sind fast unerschöpflich. Hier werden nur einige weit verbreitete Varianten vorgestellt:

Im Morgenkreis werden **regelmäßig Bücher** vorgestellt. Dabei können Bilder aus dem betreffenden Buch gezeigt, die/den jeweilige/n AutorIn genannt und eine ausgewählte Stelle vorgelesen werden (Schösser 1998, Kaiser 1989). In der Variante mit Aussiedlerkindern, die noch nicht die deutsche Sprache beherrschen, habe ich das Buch des Tages anhand der Bilder schrittweise vorgestellt (Kaiser 1989).

Friedrichs (1999, S. 11) empfiehlt, Kinder als Anwälte anderer im Morgenkreis auftreten zu lassen. Damit beabsichtigt sie, dass im Morgenkreis die **Auseinandersetzung um Konflikte** in der Klasse geführt wird – und zwar durch „neutrale" Kinder, die die Streitenden als Anwältinnen oder Anwälte vertreten. Als Beispiele führt sie u. a. das „Einspringen" anderer Kinder an, wenn einem Kind von Seiten der Lehrperson oder eines Kindes „Unrecht" geschieht. Im Originalton kann dieses so lauten: „So viel Unverständnis ist Daniel offensichtlich zu viel: 'Ey, der hat 'nen neuen Computer gekriegt, Astrid!', bricht es aus ihm heraus. Wie gut, dass Christian einen Anwalt hat, wenn seine Lehrerin mal nicht richtig zuhört. 'Ach, das ist der neue!', zeigt die nun Verständnis" (ebd., S. 11). Derartige Rituale der Konfliktbearbeitung wären allerdings auch auf der Ebene des Kollegiums selbst sinnvoll. „Gesucht sind also Formen oder Rituale produktiver Konfliktbearbeitung, die es z. B. ermöglichen, Differenzen im Kollegium zuzulassen, sich aus verfestigten Fraktionierungen herauszuwagen und in wechselnden Gruppen mitzuarbeiten. Dies alles nicht um Konflikte zu vermeiden oder möglichst schnell zu beenden, sondern unter folgender Perspektive: Konflikte bieten uns – wenn auch zunächst vielleicht in belastender und verzerrter Weise – reiche Informationen über reale Komplexität an. Wie kann ich Konflikte nutzen, um Komplexität zu verstehen und zu besseren Lösungen zu gelangen?" (Altrichter / Messner 1999, S. 32). Altrichter / Messner beklagen allerdings in der gegenwärtigen Praxis noch deren Mangel: „Wie steht es um Rituale produktiver Konfliktbearbeitung? Unserer Beobachtung nach sind viele Schulen in dieser Beziehung ausgesprochen ritualarm" (Altrichter / Messner 1999, S. 30).

Ein drittes Ritual für den Morgenkreis bezieht sich auf die **Ebene der Gemeinschaftsherstellung**. Friedrichs nennt es „**Wer fehlt**, wer ruft an?". Sie begründet dies folgendermaßen: „Wenn ein Kind krank ist oder aus einem anderen Grund fehlen muss, dann weiß es: Meine Mitschülerinnen und Mitschüler denken an mich. Nicht nur in der großen Versammlung, sondern grundsätzlich jeweils in der ersten Stunde bei der Betreuungslehrerin wird gemeinsam überlegt, wer aus welchem Grund fehlt. [...] Für jedes Kind wird eine oder einer gefunden, der/die es anrufen will. Dennoch kam es schon des öfteren vor, dass unbeliebte Schüler(innen) trotz Absprache keinen Anruf erhielten. Das schmerzt. Deshalb ist über dieses Problem gesprochen worden. Alle Kinder scheinen verstanden zu haben, was es bedeutet, nicht angerufen zu werden" (Friedrichs 1999, S. 11).

Die jeweils gewählten Inhalte sind Ausdruck der didaktischen Prioritäten. In der ritualisierten Form der täglichen Wiederholung im Morgenkreis bekommt die Entscheidung für ein Ritual ein besonderes Gewicht. Von daher muss die Begründung besonders fundiert sein, ob Konfliktauseinandersetzung, Integration auch der fehlenden Kinder oder Einführung in die Welt über Kinderliteratur im Vordergrund des pädagogischen Geschehens stehen soll.

R 4.2.1.3 Morgenkreismitte

„In der Mitte des Morgenkreises steht ein kleiner runder Tisch. Auf dem Tisch steht eine Duftlampe, eine Kerze und eine Schale oder Vase. Für den Tisch sind mehrere von den Kindern jahreszeitlich eingefärbte Tischdecken vorhanden (Sie werden hergestellt, indem weiße Bettlaken, Nessel- oder Seidenstoff eingefärbt, oder verschieden farbige Pannesamtstoffe gekauft werden.) Eine kleine Schatztruhe steht auf dem Tisch. Sie enthält den Erzählstein und einige ätherische Öle. Abwechselnd gestaltet ein Junge und ein Mädchen den Tisch zu Beginn des Morgenkreises und dekoriert den Tisch mit eigenen Materialien (getrockneten oder frischen Blumen, Früchten, Steinen). Ein Kind wählt den Duft aus und entzündet die Kerze und Duftlampe" (Wigger 2000, Typoskriptfassung). Weitere Objekte für die Morgenkreismitte sind: Kristalle, Glaskugeln, Glasperlen, Kiefernzapfen, Muscheln, Schneckenhäuser, Knöpfe, Goldtresse, Spitzenstoff, Wollknäuel, Federn etc.

R 4.2.1.4 Lied der Woche / des Monats

Eines der schon aus dem vorigen Jahrhundert viel beschriebenen Rituale ist das gemeinsame Singen eines Liedes zum Tagesanfang (Wagenknecht 1996), besonders ritualisiert wirkt dies, wenn ein bestimmtes Lied als Wochenlied jeden Tag gesungen wird (Petersen 1997). Das Lernen von Liedern verlangt ohnehin Wiederholung. Anstelle ermüdender Übungsstunden für Lieder ist es viel sinnvoller, diese ritualisiert zu bestimmten Zeiten immer wieder zu singen. Der Stundenbeginn bietet dafür eine geeignete Struktur. In Klassen mit einem hohen Anteil fremdsprachiger oder fremdkultureller Kinder empfiehlt es sich besonders, im Anfangslied die Mehrsprachigkeit hervorzuheben. Ich habe dafür den Guten-Morgen-Gruß in ein mehrsprachiges Guten-Morgen-Lied umgewandelt mit einem beliebig variablen Text, z.B. guten Morgen, guten Morgen, buenos dias, buenos dias, good morning, good morning, dobreuj untro, dobreuj utro. In diesen Kontext gehört auch das Spielen einer freien Melodie mit Instrumentalbegleichtung oder das durch die Lehrkraft initiierte gemeinsame Singen / Summen einer bekannten Melodie (Stegmaier / Wedel-Wolff 1997). Eine Variante ist gegeben, wenn sich jeden Morgen ein anderes Kind ein Wunschlied aussucht (Maschwitz 1998). So wäre die Vereinheitlichung beim formalen Ritual festgemacht, aber nicht beim Lied selber, sondern dort wäre mehr Abwechslung gegeben.

R 4.2.1.5 Wunschkonzert

Auch Rituale erlauben vielfältige Gestaltung. Ein derart variables Ritual ist das Wunschkonzert. Die Durchführung ist ganz einfach: „Jeden Morgen wählt ein anderes Kind, abwechselnd Mädchen / Junge, ein Lied aus dem Liederrepertoire der Klasse aus. Dieses Lied ist dann das morgendliche Begrüßungslied" (Wigger 2000, Typoskriptfassung). So können die Wünsche der einzelnen in das Geschehen der Klasse integriert werden. Da alle Kinder einmal „dran" sind, fühlen sie sich auch zur Akzeptanz der Wünsche der anderen veranlasst.

R 4.2.1.6a Morgenklang

Es gibt viele Klangerzeuger, die als ritualisierter Morgenklang den Tagesanfang

66   Praxis Rituale

„einläuten" können, eine Glocke, eine Triangel oder ein Regenstab (Gerdes 1997). Auch selbst gefertigte Klangerzeuger wie die Reisrassel[11] (aus: Tiarks 2000b) oder Stockrasseln[12] (aus: Tiarks 2000b) eignen sich für den gemeinsamen Morgenklang. Diese Morgenklänge stimmen kurz und deutlich auf ästhetischer Ebene die Kinder auf den kommenden Schultag ein und können dabei wichtige Gemeinsamkeit und Aufmerksamkeit stiftende Funktionen haben.

R 4.2.1.6b Morgentakte

Eine Variante des Morgenklanges – wenn auch weniger aktivierend als der nicht aus Musikkonserven stammende Morgenklang – ist es, zu Beginn des Tages ein paar Takte Musik zu hören (Maschwitz 1998). Praktikabel ist dafür u. a. eine von CD abgespielte kurze musikalische Sequenz (Gerdes 1997).

R 4.2.1.7 Morgenbewegung

Auch die Variationsmöglichkeit psychomotorischer Morgenrituale ist fast uner- schöpflich. Gerdes (1997) führt dazu edu-kinästhetische Übungen[13], Bewe- gungsspiele oder bestimmte Handzeichen an. Denkbar sind auch Atemübungen, bestimmte Berührungen oder gymnastische Übungen in der Klasse.

Auch bei dieser Form ist darauf zu achten, dass die konzentrierende Absicht sich nicht verkehrt in Richtung eines paramilitärisch anmutenden Drills.

Müller schlägt für den Wochenbeginn ein intensives Programm der Bewegungs- erprobung vor, nämlich die freie Bewegung, die sich nach seinen Vorstellungen auf die gesamte erste Stunde am Montag erstreckt (Müller 1998). Andere schla- gen täglich für die Entspannung / Konzentration Bewegungsübungen vor (Steg- maier / Wedel-Wolff 1997).

R 4.2.1.8 Morgengruß

Auch die Variationsmöglichkeiten des Morgengrußes sind groß. Gerdes (1997) schlägt vor, den Morgengruß täglich in einer anderen Sprache vorzunehmen. Es ist auch denkbar, das Arrangement zu betonen, wie Anfassen aller Kinder an den Händen (Begrüßungskreis oder Begrüßungsschlange) oder der persönliche Handschlag für jedes Kind beim Hineinkommen durch die Lehrkraft ohne ein

---

[11] Hergestellt aus einer Dose oder einem Joghurtbecher, die mit Reis (oder kleinen Steinen) gefüllt und bei der Öffnung mit Papier und Klebstoff verschlossen werden.

[12] Hergestellt aus einer Astgabel, mit Band werden die Kronkorken am Ast befestigt.

[13] Diese nach dem Ansatz der Kinesiologie vertretenen Übungen gehen auf ein festes Konzept vom menschlichen Gehirn zurück, nach dem beide Seiten verschiedene Funktionen haben und durch Überkreuz-Bewegungen ganzheitlich integriert werden können, z. B. mit dem linken Arm den rechten Fuß berühren, mit den ausgestreckten Armen Achten zu beiden Seiten nachziehen etc. (vgl. zur Kritik dieses Ansatzes: Peterßen 1999, S. 50f.).

Praxis Rituale   67

geschlossenes gemeinsames Ritual des Grußes im Chor. Auch die sprachliche
Begrüßungskette, bei der jedes Kind einem anderen den Morgengruß sagt, bis
alle individuell begrüßt sind, lässt sich schnell einführen. Sie kann so organisiert
werden, dass jedes begrüßte Kind sich zur Arbeit setzen darf.

R 4.2.1.9 Morgenvers

Gerade Lehrkräfte, denen das Singen oder Musizieren schwer fällt, können auch
zu sprachlich-rhythmischen Formen übergehen (Stegmaier / Wedel-Wolff 1997).
Es gibt viele Sing-Sang-Verse oder Sprüche, die Freude bereiten und Identifikation schaffen, die in diesem Zusammenhang produktiv eingesetzt werden können. Beispiele für derartige Morgenverse wären:

- Wir sind, wir sind, die Pflanzen-Detektive (etwa zur Zeit einer Projektphase,
  in der es immer wieder darauf ankommt, verschiedene Pflanzenarten im
  Schulumfeld zu kartieren).
- Halli-hallo-halla – alle sind heute da

R 4.2.1.10 Morgenblick-Augenblick

Jedes Kind wünscht nichts mehr als sozial in der Schule anerkannt zu sein (vgl. zu
den anthropologischen Grundlagen Kaiser 2000b). In der Grundschule wird spätestens mit der Einschulung aber die Erfahrung gemacht, dass in einer Klasse
mindestens 20 andere Kinder um die Liebe der Lehrkraft buhlen. Deshalb ist das
Morgenritual, jedem durch Blicke oder Körperkontakt das Angenommensein zu
signalisieren, außerordentlich effektvoll (Stegmaier / Wedel-Wolff 1997). Mit
welchen Kindern diese Blickrichtung beginnt, erscheint mir von der Situation
abhängig zu sein, die Reihenfolge von Tischgruppe zu Tischgruppe scheint mir
eher praktikabel zu sein als der Vorschlag von Stegmaier / Wedel-Wolff (1997) bei
'positiven' Kindern zu beginnen, wenn mit Blicken Kinder „eingesammelt werden oder mit Körperkontakt beruhigt werden. Wichtig ist nur, dass eine erste persönliche Zuwendung am Tagesbeginn von Seiten der Lehrkraft ermöglicht wird"
(Wagenknecht 1996).

R 4.2.1.11 Stumme Anregung

Ein Morgenritual muss nicht durch großen szenischen Aufwand gekennzeichnet
sein. Es ist auch sinnvoll, durch kleine einfache Impulse den schulischen Arbeits-
tag zu initiieren. Insbesondere das Wecken von Neugierde lässt sich durch einfache stumme Übungen bzw. Anregungen unterstützen. Stegmaier und Wedel-
Wolff (1997) schlagen mehrere Möglichkeiten in dieser Richtung vor, die hier
beispielhaft erweitert dargestellt werden:

- die Lehrerin / der Lehrer macht sich abwesend und lässt die Kinder sich mit Material oder sonstigen Lernanregungen für eine Zeit allein auseinandersetzen

- es wird am Ende einer wichtigen Einführungsphase der Dialog mit Kindern nur durch Zeichensprache durchgeführt

- es wird mit einem Gegenstand eine stumme Vorführung gemacht, aus der ein starker Aufforderungscharakter zur Stellungnahme für die Kinder ausgeht

- eine Figur oder einen Text an der Tafel stumm entstehen lassen

- die langsame Enthüllung eines Gegenstandes, der im Mittelpunkt der nächsten Unterrichtsphase stehen soll (Stegmaier / Wedel-Wolff 1997)

Alle diese Wege allein sind zwar nur pädagogische Impulse, sie können aber zu Ritualen werden, wenn sie zu festen Interaktionsmustern in bestimmten Situationen wiederholend eingesetzt werden.

R 4.2.1.12 Montagsbilder

Dieck (1998) beschreibt dieses Ritual, dass die Kinder auf Din A 7-Karten das wichtigstes Erlebnis vom Wochenende malen, die Rückseite mit Namen und Datum versehen (Dieck 1998). Am Ende des Schuljahres können die Kinder die eigenen Zeichnungen in Form eines Buches zurückbekommen (Leporello) (Dieck 1998). Diese Form des Rituals hat nicht nur ein materielles Resultat, sondern ist auch geeignet, den Kindern Gelegenheit zur biografischen Selbstreflexion zu geben.

R 4.2.1.13 Stunde der Möglichkeiten

In meiner eigenen Schulzeit war für mich das Schönste am Montag. Damals nannte meine Lehrerin dies „Quasselstunde", wir durften damals sagen, was wir wollten. Diese Form des Morgenkreises lässt sich, wie Schultheis 1998 vorschlägt für die erste Stunde am Montag erweitern als 'Stunde der Möglichkeiten': „In dieser Stunde passt nach freier Wahl der Kinder alles, was das Wochenende zurückgelassen hat und den Vormittag entlastet" (Schultheis 1998, S. 4).

R 4.2.1.14 Montagsmurmeln

Als Ritual der Woche kann anstelle eines Morgenkreises, der sehr zeitaufwendig ist, wenn alle Kinder etwas Wichtiges erzählen wollen, eine informellere Variante erprobt werden. In der Montagsrunde mit Murmelgesprächen (Petersen 1997) ist es möglich, dass jeweils zwei Kinder sich abwechselnd etwas erzählen, was ihnen wichtig ist. So wird jedes Kind das los, was es gern sagen will, ohne dabei die Aufmerksamkeit der anderen über Gebühr zu strapazieren.

Praxis Rituale

Eine Variante des zeitlich strukturierten Murmelns am Montag ist stärker an Informationen gebunden. Danach soll eine Nachricht vom Wochenende ausgewählt werden. Diese wichtigste Nachricht wird einem Gesprächspartner erzählt, Rück- und Nachfragen werden verabredungsgemäß limitiert (Petersen 1997).

R 4.2.1.15 Klassenzeitung

Besonders in älteren Klassen ist es möglich, wichtige Neuigkeiten auch schriftlich zu fixieren. Dazu bietet sich die Form der Klassenzeitung an. Praktisch wäre das folgendermaßen umsetzbar: Montags sind Nachrichten für die Klassenzeitung zu schreiben, sie erscheinen am selben Tag schriftlich, am Dienstag sind Kinder Nachrichtensprecher und beantworten Nachfragen (Petersen 1997).

R 4.2.1.16 Tagesmischung

Das Ritual der Tagesmischung hat den Sinn, die Stimmung jedes einzelnen Kindes zu Beginn des Tages bildlich zu signalisieren.

Zur Vorbereitung gilt es, in illustrierten Zeitschriften und alten bebilderten Büchern sehr viele Bilder mit Gesichtern zu suchen und auf einem großen Fotokarton aufzukleben. Unter jedem Bild wird eine mit Folie abgeklebte Fläche freigelassen. Die Aufgabe der Kinder zu Beginn der Stunde ist es, mit einem non-permanenten Folienschreiber den eigenen Namen unter das Bild zu schreiben, das der eigenen Stimmung am ehesten entspricht (vgl. Kaiser 1999, Praxisbuch 2, S. 71).

R 4.2.1.17 Klassenbaum

Auch der Klassenbaum ist eine Form, sich schnell und aussagekräftig über die aktuelle Stimmungslage zu verständigen. Dazu wird ein Zweig (oder auch mehrere) in eine Bodenvase an der Klassentür aufgestellt. Vorher haben sich die Kinder für jede Person eine Papierscheibe (z. B. in Form von Äpfeln) aus Tonpapier mit einem befestigten Aufhängefaden (Schlaufe) gestaltet. Sie sollen täglich Ihre eigene Schlaufe zum Aufhängen anbringen. Jedes Kind kann seine soziale Position oder Stimmung durch das Aufhängen symbolisieren. Jedes Kind kann das eigene Schild dichter an die Schilder anderer Kinder hängen oder allein auf die Spitze oder unten ganz versteckt, neben die beste Freundin oder weit weg von ihr. Es geht nur darum, auszudrücken, wie es ihm selbst geht oder wie es sich sieht (vgl. Kaiser 1999, Praxisbuch 2, S. 68).

R 4.2.1.18 Tagesanfang: Klassentier-Beobachtung

Wenn die Pflege eines Klassentieres die Aufgabe ist, dann empfiehlt es sich, täglich die Tiere zu beobachten und für ihre weitere Versorgung Maßnahmen zu treffen. Besonders wirksam betont die Bedeutung dieser Aufgabe das Ritual, jeden

Morgen nach der Begrüßung zuerst über das Befinden des Tieres / der Tiere zu sprechen. Dabei kann das Tier sehr unterschiedlich sein, ob Ratten, Regenwürmer, Schnecken, Wüstenrennmäuse, Schildkröten oder Meerschweinchen – alle diese Tiere schaffen es, einen bedeutungsvollen Schulanfang herzustellen.

Da die Kinder schnell ein liebevolles Verhältnis zu ihren Tieren entwickeln, ist es fast selbstverständlich, dass sie jeden Morgen zuerst zu den Tieren gehen und prüfen, ob es ihnen in der langen Abwesenheit vom letzten Schulvormittag auch gut gehe. So entsteht ein Ritual fast ohne strukturierende Eingriffe. Um die Hektik beim Terrarium / Aquarium oder Stall nicht allzu groß werden zu lassen, ist es sinnvoll, dass immer nur wenige Kinder vorn beobachten dürfen und das Beobachtete der Klasse mitteilen. Ein besonderer Vorteil des Tcererituals ist seine Lebendigkeit im doppelten Wortsinn. Zum einen sind die Tiere als Lebewesen meist ausgesprochen agil und stellen immer wieder neue Situationen her, so dass die Beobachtungs-Kinder als Gruppe oft in Sportreportermanier berichten müssen. Zum anderen handelt es sich um eine lebensnahe Aufgabe. Wichtig bei diesem Ritual ist es, dass auch gemeinsam die weitere Pflege der Tiere organisiert wird. Ein besonderer Vorteil dieses Rituals ist es, dass eine gemeinsame, emotional ansprechende sinnvolle Aufgabe am Anfang eines Schultages steht.

R 4.2.1.19 Die Tagesansage

Das gemeinsame Rekapitulieren des Tagesdatums ist weit verbreitet. Diese nüchterne Form kann allerdings auch kreativer gestaltet werden wie das folgende Beispiel zeigt: „Aus einem Gefäß, das 365 Perlen enthält, wird am Morgen immer eine Perle entnommen, in die daneben stehende Dose gelegt oder aufgefädelt. Dazu werden Wochentag, Datum, Monat und Jahreszahl genannt. Wenn ein Monat vergangen ist, werden 30 oder 31 Perlen in eine kleine Schachtel gegeben oder der Faden wird zusammengebunden und in der großen Dose aufbewahrt" (Butters / Gerhardinger 1996).

R 4.2.1.20 Tagesfarbe

Das Ritual der Tagesfarbe wird sowohl für den „regulären" Schultag wie auch für die Freie Arbeit (s. u.) empfohlen. Für den Tagesanfang hat das Ritual eher die Funktion der Stimmungsabfrage und des Stimmungsausdrucks. Miller stellt dieses Ritual folgendermaßen vor: Zu Beginn des Schultages liegen verschiedenfarbige Blätter für SchülerInnen bereit: Sie wählen ihre 'Tagesfarbe' aus, die ihrer momentanen Grundstimmung entspricht. Sie können diese mündlich, schriftlich, bildlich ergänzen: Heute fühle ich mich …, ich freue mich auf …, ich habe Angst vor … (Miller 1994).

Praxis Rituale   71

R 4.2.1.21 Wochenplan

Eine sehr nüchterne Form des Wochenanfangsrituals ist die gemeinsame Planung der Wochenplanarbeit (Petersen 1997). Da zu Wochenplanarbeit genug andere Literatur (Huschke 1996; Bönsch 1990; Claussen 1993) vorliegt, wird dieser
Ansatz hier nicht ausführlich dargestellt.

R 4.2.1.22 Morgenlicht

Dieses Ritual zeichnet sich durch stimmungsvolle Kürze aus – es hat allerdings
nur im Winterhalbjahr wegen der zum regulären Schulbeginn noch vorherr-
schenden Dunkelheit Sinn. Die Aufgabe ist dabei ganz simpel: Jeden Morgen
soll durch ein anderes Kind das Licht angezündet werden, danach ist allgemeine
Stille angesagt (Maschwitz 1998).

R 4.2.1.23 KünstlerIn des Monats

Das Heranführen an Kunst und Kultur ist eine wichtige Bereicherung im Leben.
Gerade Kunst hat durch die ihr innewohnenden emotionalen Dimensionen gute
Bezüge zu schulischen Ritualen, denn sie transportiert schon per se die symbolische Ebene. Eine Möglichkeit zur Ritualisierung mit Kunst ist es, pro Woche
oder pro Monat eine Malerin oder einen Maler (eine Schriftstellerin oder einen
Schriftsteller) vorzustellen und den Kindern weitere aktivere Auseinanderset-
zungsformen anzubieten. In der Klasse wird dann zu Monatsbeginn / Wochenbeginn ein Bild der 'Malerin oder des Malers des Monats' gezeigt und im Morgenkreis besprochen. Winkler berichtet von Praxiserfahrungen im ersten Schuljahr.
Dort war der erste 'Maler des Monats' Albrecht Dürer. Wer ein Bild von ihm ab-
malte, bekam das entsprechende Bild auf einer Postkarte geschenkt (Winkler
1994).

R 4.2.1.24 Woher?-Wand ergänzen

Ein wichtiger Tagesanfang ist es auch, dass alle auf die Woher?-Wand (s. u.) blik-
ken und neue Ergänzungen vorschlagen. Z. B. Bilder austauschen, kleine Kom-
mentare zu einzelnen Kindern hinzufügen etc. So würde das Wandzeitungs-Ge-
schichtsbuch auch zu einem täglichen Erfahrungsbuch.

R 4.2.1.25 Viele Grüße

Im Konzept des Open-Space (Bonsen 1998) wird oft ein Begrüßungsritual mit
variierten Grüßen vorgeschlagen. Konkret geht es darum, dass alle Kinder der
Klasse sich frei im Raum (in der Kreismitte) bewegen. Sobald ein Signal (Gong,
Glocke, Triangel o. a.) erklingt, wird von der Lehrkraft angesagt, auf welche
Weise jetzt die Begrüßung erfolgt, z. B.:

Hand geben
Sich gegenseitig auf die Schulter klopfen
Guten Tag sagen
Hallo sagen
Good morning sagen
„Namaste": mit aneinander gelegten Handinnenflächen vor der Brust sich vor
dem Gegenüber neigen
Verbeugung

Die Kinder bleiben nach dem Signal stehen und begrüßen ein in der Nähe ste-
hendes Kind in der vorgegebenen rituellen Form. Dieses Begrüßungsritual kann
zweimal, dreimal oder öfter wiederholt werden. Bereits bei nur zweimaliger
Durchführung ist es möglich, dass alle Kinder sehr schnell das Gefühl bekommen, in der Klasse aufgenommen zu sein.

R 4.2.1.26 NachrichtensprecherIn

Manche Anfangsrituale haben weniger die Funktion Höflichkeit und gegenseiti-
ge Achtung auszudrücken, sich einander anzunähern, sondern eine mehr sachliche Funktion. Eine Variation der Morgennachricht ist das Ritual des Nachrich-
tensprechers (Röbe 1990, S. 8) oder der Nachrichtensprecherin. Von der Bezeichnung wird der Eindruck erweckt, dass es sich um ein sehr nüchternes sach-
orientiertes Ritual handelt, bei dem ein Kind das Neueste aus dem Arbeitsprozess der (Projekt)gruppen zu Beginn des Unterrichts formuliert. Röbe kritisiert
dabei vor allem die disziplinierende Funktion: „Die strenge Formalisierung des
Verhaltensablaufs in den Beispielen ‘Nachrichtensprecher’ und ‘Tagesbeginn’
zeigt eine hohe Wertschätzung äußerer Ordnung; sie weckt die Vorstellung von
klassischer Schulzucht und Unterrichtsdisziplin, die die Einübung und Einhaltung entsprechender Verhaltensweisen konsequent verfolgt und darauf vertraut,
daß äußere Zucht und Ordnung allmählich zu Selbstzucht, zu innerer Disziplin
führen würden" (Röbe 1990, S. 8).

R 4.2.1.27 Guten-Morgen-1-2-3-4-Kanon

Eine zugleich die Aufmerksamkeit fördernde und doch auch den Bewegungs-
drang der Kinder aufgreifende Anfangsritualisierung ist der Guten-Morgen-1-2-
3-4-Kanon. Dabei handelt es sich um einen kurzen Sprech-Bewegungs-Rhyth-
mus im Sitzkreis. Die Grundform besteht daraus, dass alle viermal in die Hände
klatschen, dann viermal auf die Oberschenkel klatschen, danach viermal mit beiden Füßen im selben Rhythmus wie beim Händeklatschen kurz aufstampfen und
anschließend schnell aufstehen und mit leichter Verbeugung zum Kreis zweimal
„guten Morgen" sagen. Wenn diese Form sicher eingeübt ist, lässt sich dies auch
als Kanon praktizieren.

Praxis Rituale 73

R 4.2.1.28 Selbstritualisierung der Lehrkräfte

Ohne eine persönliche Konzentration auf die Beziehung zu den Kindern durch ihre Lehrkraft kann die unterrichtliche Interaktion nicht gelingen. Maschwitz schlägt vor, dass sich die Lehrkraft selbst vor Beginn des Unterrichts einem Ritual für den Lehrer / die Lehrerin unterzieht. Er beschreibt das Ritual folgendermaßen:

1. Vor Klassentür innehalten, zwei Minuten stehenbleiben, durchatmen, Klasse vergegenwärtigen, Anspannung / Sorge / Freude wahrnehmen,

2. Beim Hereinkommen in die Klasse alle Kinder anschauen → gewinnt Überblick, noch nicht reden, nur 'Guten Morgen' sagen (Maschwitz 1998).

Diese beispielhafte Konzentration soll sich in der unterrichtlichen Interaktion auch auf die Kinder auswirken.

4.2.2   Stundenbeginn besonderer Einzelstunden

R 4.2.2.1 Begrüßungsritual für Mädchenstunden: Namen Sing-stampf-Klatschkreis

Ich bin. Ich bin. Begrüßungsritual: Namen Sing-stampf-Klatschkreis
Ich bin. Ich bin ... Jessica / Anna / ...

R 4.2.2.2 Begrüßungsritual für Jungenstunden – Teil 1

„Jungenstunden sind etwas Außergewöhnliches im Schulalltag und als solches sollten sie auch gekennzeichnet werden. Das Begrüßungsritual soll den Jungen die Möglichkeit geben in „ihrer Stunde" anzukommen und sich abzugrenzen vom regulären Unterricht. Häufig wird in der Jungenarbeit hierzu ein Windspiel oder eine Klangschale genutzt. Zweck ist hierbei, dass Jungen zur Ruhe kommen, sich auf sich zu besinnen und zu konzentrieren. Warum eigentlich? Gilt die Prämisse, an den Bedürfnissen der Jungen anzuknüpfen, sollte sich dieses auch im Begrüßungsritual wiederfinden. Ich habe daher als Ritual zu Beginn eingeführt:

Wir stellen uns im Kreis auf und fassen uns wie ein us-amerikanisches Baseballteam an die Schultern, stecken die Köpfe eng zusammen und flüstern erst einen Begrüßungsspruch und stoßen ihn dann ganz laut aus (zum Abschied wiederholten wir dieses Ritual in umgekehrter Reihenfolge).

Ziel dieses Rituals ist die Förderung eines 'Wir'-Gefühls. Auch Begrüßungsrituale sollten sich an den Wünschen und Bedürfnissen der Gruppe orientieren und nicht an den Wünschen der anleitenden Person nach einer ruhigen und homogenen Gruppe!" (Pech 2000a)

R 4.2.2.3 Begrüßungsritual für Jungenstunden – Teil 2: Jungen haben Fragen!

„Nach dem Begrüßungsritual habe ich den Jungen die Möglichkeit gegeben, Fragen an mich zu stellen. Ihnen wurde die 'Erlaubnis' erteilt, alles fragen zu können, was sie wollten.

Viele Jungen haben keine Möglichkeit ihre Fragen zum Mannsein oder auch zu den Dingen, die sie gerade interessieren, loszuwerden. Viele Themenfelder sind tabuisiert, insbesondere jene, die dem Bereich der Sexualität zuzuordnen sind. Oft trauen sich die Jungen nicht, solche Fragen in gemischtgeschlechtlichen Gruppen zu stellen" (Pech 2000a).

R 4.2.2.4 Begrüßungsritual für Jungenstunden – Teil 3: Gong

Dieses Ritual, das sicherlich nicht ausschließlich für Jungenstunden von Bedeutung ist, wirkt auf den ersten Blick sehr einfach. Zu Beginn der Stunde wird zunächst gewartet, bis genug Aufmerksamkeit aller hergestellt ist. Danach wird durch das Anschlagen eines Gongs (Tiarks 2000c) der tibetanischen Klangschale zum Innehalten eingeladen (Maschwitz 1998). Auch andere Zeichen der Ruhe in Anlehnung an tibetanische Meditationsklänge sind denkbar, wie ein lang anhaltender leiser Rohrflötenton. Den Kindern wird der Sinn dieses Rituals vor allem in der Richtung erklärt, dass durch das Sammeln aller (auch der „schlechten") Gedanken durch die Konzentration auf den Klang in der Schale möglich ist.

R 4.2.2.5 Begrüßungsritual Veränderungsstunden

Das soziale Lernen sollte nicht nur Prinzip, sondern auch aktive Aufgabe für einzelne Stunden sein. Diese Stunden lassen sich auch mit einem Ritual eröffnen, das schon anzeigt, dass es sich um persönliche Veränderungen handelt. Ein Beispiel ist das Ich-heiße-heute-Ritual (aus: Kaiser Hg. 2000). Die Kinder suchen sich vor dieser Stunde einen neuen Namen aus, schreiben ihn auf ein Kreppklebeband und heften ihn deutlich lesbar an den Pullover. Die anderen müssen die Kinder in dieser Stunde nur mit dem neuen Namen ansprechen.

4.2.3 Tages- und/oder Wochenabschluss

Auch für den Tages- oder Wochenabschluss lassen sich sehr einfache und hochdiffizile Formen finden (vgl. auch die Praxishinweise von Bönsch 1995). Gerdes schlägt eine ganz einfache Form der ritualisierten Beendigung des Unterrichts vor: Vor Wochenende gibt die Lehrkraft jedem Kind persönlich die Hand (Gerdes 1997). Die Empfehlungen in der Literatur sind für diesen Zeitpunkt allerdings nur vergleichsweise spärlich oder wenig konkret. So empfiehlt Wagenknecht einen zehnminütigen Tagesausklang (Wagenknecht 1996), an anderer Stelle wird ein kleiner Abschlusskreis mit Anfassen als positiv erprobt dargestellt (Kaiser 1989).

Praxis Rituale 75

R 4.2.3.1 Wochenabschlusskreis

Der Wochenabschlusskreis kann dazu genutzt werden, die übergreifenden päd-agogischen Schritte zusammenzuführen. So ist es möglich, in regelmäßigen Ab-ständen im Wochenabschlusskreis über die bisherigen Eintragungen im Streit-buch zu reden, Veränderungen zu betrachten und über Verhaltensalternativen zu beraten. So würde das Ritual gleichzeitig zur Reflexion des eigenen sozialen Lernprozesses der Klasse genutzt werden. In diesen reflexiven Kontext gehört es auch, eine Wochenbilanz zu ziehen (Was ist mir besonders gut gelungen, gab es Streit …?) (Petersen 1997). Als fruchtbar in der Praxis hat sich auch erwiesen, hilfreiche Tipps aus der Klasse weiterzugeben (Petersen 1997).

Der Abschlusskreis kann aber auch dazu dienen, einen mehr situativen feierli-chen Charakter zu gestalten und etwas aufzuführen oder die schönste Geschichte der Woche vorzulesen (Petersen 1997).

Wenn er zu einem abschließenden resümierenden Gespräch über Geschehenes am Schultag oder Inhalte des Tages verwendet wird, ist es notwendig ritualisierte Formen des Gesprächs zu praktizieren, wie etwa den Sprechstab reihum zu ge-ben (vgl. Hinz 1999, S. 22). Für einen derartigen Abschlusskreis ist es wichtig, dass Elemente eines Rituals durchgängig praktiziert werden. Hinz nennt in die-sem Kontext: „Versammlung im Kreis; wer den 'Stab' hat, redet; Wechsel der Gesprächsführung" (Hinz 1999, S. 22).

R 4.2.3.2 Buchtipp der Woche

Petersen schlägt auch für den Wochenausklang vor, den Buchtipp der Woche ab-zugeben (Petersen 1997). Dies hat den wichtigen Effekt, dass Kinder für das Wo-chenende auf weiteres Lesen orientiert werden. Aber auch die Orientierung im Denken kann im Wochenabschlusskreis durch das Aufgeben eines Preisrätsels der Woche geschehen. Dazu ist es möglich Knobelaufgaben o. ä. auszusuchen. Um den rituellen Charakter zu unterstreichen empfiehlt Petersen, für die Ge-winner der Knobelaufgabe ein kleines Geschenk in Form einer attraktiven Auf-gabe oder der Möglichkeit, das Schlusslied auszusuchen, einzuführen (Petersen 1997).

R 4.2.3.3 Das magische Wort

„Nach dem Tagesrückblick besteht für die Schüler Gelegenheit, schriftlich das zu fixieren, was sie an diesem Vormittag am meisten belastet, gestört bzw. genervt hat. Dabei ist es wichtig, dass sie nur ein Wort aufschreiben. Dieses Kummerwort wird grafisch so verändert, dass es seine negative Bedeutung verliert und durch die Veränderung positiv auf den Schüler wirkt" (Butters / Gerhardinger 1996).

R 4.2.3.4 Musikausklang

Der Tagesabschluss ist eine wichtige Zeit, aber wird oft durch das Klingelzeichen ganz nüchtern praktiziert. Gerade hier sind kurze Rituale des Innehalten wichtig, um den Übergang von Schule zu „Freizeit" gemeinsam zu gestalten. Ein Kompromiss zwischen dem schnellen Ende und der Intention, am Tagesabschluss Gemeinsamkeit zu schaffen, ist es, am Ende des Tages ein paar Takte Musik zu hören (Maschwitz 1998). Gerade die Diskussion und Entscheidung, welche Musik die Abschiedstakte bringt, ist wiederum ein guter Anlass gemeinsamer Reflexion.

R 4.2.3.5 Gesicht auf der Hand

Um positive Abschiedsstimmung für längere Zeit festzuhalten, sind „Merkmale" gerade im Grundschulalter sehr hilfreich. Ein derartiges „Merkmal" wäre, wenn am letzten Schultag ein Gesicht in die Handfläche der Kinder skizziert wird. Dies kann als Smily-Stempel erfolgen wie auch als kurze Handskizze mit non-permanentem Folienstift. Winklers Praxiserfahrungen zeigen nicht nur den Erinnerungseffekt von wichtigen Augenblicken des Abschieds, sondern auch interaktive Konsequenzen: Wenn die Kinder ihre Zeichnung auf der Handfläche vorsichtig bewegten, schmunzelten die gemalten Augen oder der Mund. Manche Hände küssten sich und wünschten sich so schöne Ferien (Winkler 1994).

R 4.2.3.6 Abschlusstext

Zeitlich etwas aufwendiger als die Abschlusstakte ist eine kurze Vorleserunde am Ende des Unterrichtstages (Maschwitz 1998). Da Kinder Geschichten und Erzählungen (vgl. Kaiser 1997) auch in der heutigen Medienzeit immer noch lieben und sich gern konzentrieren, ist dies eine zwar etwas zeitaufwendige, aber dennoch produktive Möglichkeit. Allerdings verlangt dies, die letzte Stunde so zu planen, dass rechtzeitig mit der Geschichte begonnen wird. Von Klingelzeichen und dem Aufspringen von Kindern, die Schulbusse erreichen müssen, gestörte Vorleserunden verlieren ihren Wert.

R 4.2.3.7 Handschlag zum Abschied

Dieses Ritual ist ebenfalls sehr leicht zu praktizieren, weil die Lehrkraft sich nur am Schluss der Stunde an die Tür stellen muss. Dabei gibt die Lehrkraft jedem Kind persönlich die Hand (vgl. Kaiser 1989; Hinz 1999, S. 22). Die emotionale Wirkung ist allerdings groß, weil dabei jedem Kind noch einmal persönliche Wertschätzung auf den Weg mitgegeben wird, der nicht immer hin zu familiärer Geborgenheit führt.

Praxis Rituale

R 4.2.3.8 Streitbuch

Immer wenn sich zwei Kinder in der Klasse streiten, werden jeweils verschiedene Bilder vom Streit gemalt, nämlich von beiden Seiten aus gesehen. Alle Bilder werden zusammengeheftet zu einem Streitbuch der Klasse. Anweisung für Kinder: „Heftet die Blätter immer so, dass auf der linken Seite die eine Sichtweise, auf der rechten die andere Sichtweise zu sehen bzw. zu lesen ist. Sprecht nach einer Zeit darüber, ob sich euer Streiten geändert hat!" (vgl. auch Kaiser 1999, Praxisbuch 2, S. 71).

Neben der Ritualisierung der Eintragungen ins Streitbuch an Ort und Stelle (s. u.) ist es sinnvoll die Bilanz der Einträge des Tages / der Woche im Streitbuch in einem Abschlussritual gesammelt zu besprechen. Wenn dieses Ritual im Entwicklungsstand der Klasse eher zu Etikettierung verhaltensauffälliger Kinder führt, sollte dies allerdings gerade nicht Gegenstand eines klassenöffentlichen Rituals werden.

R 4.2.3.9 Tagebuch der Klasse

Das Tagebuch der Klasse blickt als Ritual auf eine lange Geschichte zurück. In der DDR hatte es als „Gruppentagebuch" einen hohen Stellenwert (Geiling / Heinzel 2000 b, S. 30). Es verbindet als Form eigenständige Auseinandersetzung mit Orientierung am sozialen Lerngeschehen der Klasse.

Immer praktikabel ist die Möglichkeit, das weitere Procedere des Klassentagebuches (s. u.) zu regeln. Die Standardfrage am Schluss des Vormittags: „Wer nimmt das Tagebuch der Klasse mit?" kann dabei schon ausreichend sein. Soziales Bezogensein der Kinder der Klasse und die inhaltlichen Erfahrungen im Laufe des Lerntages kommen in dieser Minute des Weiterreichens des Klassentagebuches auf einen Punkt.

R 4.2.3.10 Montagsbilderbuch

Aus Montagsbildern ein gesammeltes Buch herzustellen wäre die konsequente Abrundung der Idee, die Woche mit Montagsbildern zu eröffnen. Auch dies ist in verschiedenen Formen zu praktizieren. Die Bilder können gleichzeitig hoch gehalten werden oder im Kreis herumgezeigt werden. Es können auch die einzelnen Bilder schon in die Mitte oder neben die Tafel oder auf den Ausstellungstisch gestapelt gelegt werden, damit sie dann von der Lehrkraft oder einer Redaktionsgruppe zusammengeheftet werden können.

R 4.2.3.11 Abschlussdenken der Lehrkraft

Rituale des Abschiedes oder Abschließens sind immer auch interaktive. Wenn die Lehrkraft als Person diese Seite subjektiv nicht wahrnimmt, kann sie auch nicht die Kinder erfolgreich auf den Abschluss orientieren. Denn in jedem pädagogischen Handeln in der Schule ist die Persönlichkeit der Lehrkraft entscheidend (vgl. Kaiser 1999c). Angesichts dieser Bedingung ist es nur konsequent, wenn auch die Lehrkräfte nicht nur Rituale für die Kinder entwickeln, sondern diese an sich selbst zielgerecht exerzieren. Maschwitz schlägt in diesem Sinne ein sehr einfaches, aber wirksames Ritual zur Selbstsozialisation von Lehrkräften vor. Sie sollen, bevor sie die Schule verlassen, die Kinder der eigenen Klasse noch einmal durch Kopf und Herz ziehen lassen, wahrnehmen, was heute schwer war, wofür man dankbar ist, welchem Kind man etwas wünscht (Maschwitz 1998). Ein derartiges Ritual mag in der Hektik des Alltags noch schwer fallen, lässt sich allerdings bei einiger Übung in das alltägliche Denken gut integrieren.

R 4.2.3.12 Abschlussfest der Schulzeit

Auch das Schuljahr oder die Schulzeit (Grundschule, Orientierungsstufe) sind es wert, ritualisiert verabschiedet zu werden. Nicht nur das Aushändigen der Zeugnisse vermag diese Einschnitte in der Entwicklung von Kindern zu charakterisieren. Miller schlägt vor, ein gemeinsames Fest mit Eltern am Schulende (Miller 1994) zu veranstalten.

Für ein derartiges Fest sind allerhand verschiedene Formen denkbar, z. B. gemeinsam mit Eltern und Kindern in der Nacht vom Schulhof aus den Sternenhimmel zu beobachten, eventuell gemeinsam in der Schule übernachten. Charlotte Röhner beschreibt vielfältige Möglichkeiten des emotional dichten Abschiednehmens auch der Lehrerin von der Klasse (Röhner 1985).

Egal ob Abschiedsbriefe, -bilder, Erinnerungssymbole, Feiern oder Botschaften untereinander gewählt werden – wichtig ist es, dass dabei wirklich für alle Kinder einer Klasse sinnvolle Möglichkeiten entwickelt werden, die das Abschiednehmen und den Übergang als wichtiges menschliches Erlebnis ernst nehmen und sensibel begleiten.

4.2.4 Rituale im Tagesverlauf

Nicht nur Anfang und Ende des Schultages oder der Schulwoche ist von Bedeutung, sondern auch die vielen kleinen Akzentuierungen des Tages. Hier sollen nur einige wichtige Möglichkeiten von Ritualisierungen von alltäglichen pädagogischen Handlungen vorgestellt werden.

4.2.4.1 Beispiele für Rituale

R 4.2.4.1 Postzeit

So sehr auch Selbstständigkeit der Kinder Ziel sein mag, so gibt es immer wieder schulische Anlässe, bei denen die Kinder als Postbotinnen bzw. Postboten hin zu den eigenen Eltern eingesetzt werden. Diese Briefe haben ihren Sinn, wenn da-

Praxis Rituale

mit die Verbindung von Schule und Elternhaus intensiviert wird. Gerade im ersten Schuljahr gibt es aber gerade bei dieser Aufgabe viele Pannen, die bei Kindern Versagensgefühle bewirken. Winkler (1994) schlägt vor, zur Strukturierung dieses Briefverkehrs für alle ein P (für Post) auf die Hand zu malen, falls ein Elternbrief im Ranzen steckt (Winkler 1994). Diese Form der Strukturierung schulischer Abläufe mag zwar organisatorisch sinnvoll sein, ist aber nicht im Sinne der hier verwendeten umfassenderen Definitionen von Ritualen.

R 4.2.4.2 *Tagebuch der Klasse*

Das Tagebuch der Klasse blickt als Ritual auf eine lange Geschichte zurück. In der DDR hatte es als „Gruppentagebuch" einen hohen Stellenwert (Geiling / Heinzel 2000 b, S. 30). Es verbindet als Form eigenständige Auseinandersetzung mit Orientierung am sozialen Lerngeschehen der Klasse.

Besonders wichtig und pädagogisch weiter reichend ist die Ritualisierung der Aufgabe, gemeinsam ein Klassentagebuch herzustellen. Hier ist eine bedeutsame Aufgabe für die Rekapitulation des schulischen Geschehens gegeben. Wenn das Procedere ritualisiert wird, lassen sich viele markante Situationen ausmachen. So ist der Zeitpunkt des Protokollierens, die Reihenfolge des „Drankommen", die Gestaltung der Seiten und die Auswertung der Ergebnisse – sei es durch Auslage an einer bestimmten Stelle in der Klasse, sei es durch Vorlesen im Morgenkreis des nächsten Tages zu bedenken, gemeinsam zu beschließen und als ritualisiertes Regelsystem dann auch zu praktizieren. Die Frage „Wer nimmt das Tagebuch der Klasse mit?" kann zum Wochenausklang gestellt werden, aber ist auch sinnvoll in den inhaltlichen Ablauf der Arbeitszeit einzubinden.

R 4.2.4.3 *Schuhe im Klassenraum ausziehen*

In vielen Schulen ist es üblich, dass im Klassenraum keine Straßenschuhe, sondern Hausschuhe getragen werden. Die Gründe dafür sind unterschiedlich, insbesondere bei den Reinigungsproblemen von Teppichecke o. ä. liegen die Bedingungen für derartige Regelungen. Kulturell betrachtet bedeutet die Anordnung, die Schuhe in Innenräumen ausziehen eine in vielen Kulturen Osteuropas oder auch Japans verbreitete Regelung.

Meier (1993) sieht in der Ritualisierung des Schuhwechsels generell positive Auswirkungen auf das Lernklima, wenn er die Assoziationskette aufstellt: 'Schulschuhe' aus Fach nehmen, Straßenschuhe ausziehen (die Kinder sind angekommen, Geräuschpegel ist gedämpft, angenehme Umwelt beeinflusst positiv das Lernen). Auch bei dieser Form ist zu fragen, wo die Grenze zwischen einfacher Regelung hin zu einem Ritual überschritten wird. Aus der bloßen Anweisung, die Schuhe vor dem Klassenraum zu wechseln, wird sich noch keine Ritualisierung ergeben. Hierzu wäre zumindest eine bestimmte Atmosphäre, gemeinsam getragene und für unabdingbar gehaltene Handlungen erforderlich.

R 4.2.4.4 Frühstückspause

Auch die Frühstückspause (Wagenknecht 1996) sollte einen festen Platz im Rahmen einer Klasse haben. Meier (1993) schlägt vor, nach genau einhundert Minuten Arbeit eine Pause zu machen (Frühstücken). Die zeitliche Strukturierung ist dabei sekundär, sie muss von den Kräften der Kinder wie schulorganisatorischen Bedingungen abhängig gemacht werden. Wichtig ist nur, dass es dabei feste Frühstücksrituale (vgl. Kaiser 1999, Praxisbuch 2, S. 48) gibt, die Geborgenheit spenden – insbesondere für diejenigen Kinder einer Klasse, die nicht einen gemeinsamen Frühstückstisch zu Hause haben. Meier schlägt als minimale Möglichkeiten für Frühstücksrituale vor:

- Platzdeckchen auslegen,
- für alle Tee kochen,
- festen Ausschenk- und Spüldienst organisieren (Meier 1993).

Ich selbst habe für Aussiedlerkinder das Zusammenstellen mehrerer Tische zu einer gemeinsamen Frühstücksrunde, einen mehrsprachigen guten Wunsch am Anfang, eine Frühstückstischdecke und ein gemeinsam zubereitetes Getränk sowie Abwaschdienst als feste Formen eingeführt (Kaiser 1989).

Andere haben leicht variierte Regelsysteme für ein gemeinsames Frühstück vorgeschlagen, z. B. zehn Minuten läuft und schreit niemand durch die Klasse, Servietten werden ausgegeben, gegenseitig guten Appetit wünschen, dem Nachbarn, der Pausenbrot vergessen hat, etwas abgeben (Sustek 1995).

Denkbar ist es auch, im größeren Rahmen das Frühstück zu veranstalten und etwa eine Salatbar der Schule oder dreier Parallelklassen anzubieten.

R 4.2.4.5 Aufräumzeit

Außerordentlich selten werden in der neueren Literatur Rituale des Putzens, Pflegens oder Säuberns genannt, obgleich auch diese Zeit des „Entsorgens" notwendig als Abschluss von Aufbauphasen oder produktiven Handlungsphasen ist. Aber mit der gesellschaftlichen Abwertung von Hausarbeit (vgl. Kaiser 1992) geraten diese Aufgaben zu wenig in den Blick von Allgemeinbildung, obgleich sie eigentlich die notwendig ergänzende zweite Seite aller Inhalte darstellen. Gerade wegen dieser hohen Bedeutung sollte besonders viel Wert darauf gelegt werden, diese Phasen in eine ritualisierte Struktur des Schullebens und Lebens einer Klasse einzubeziehen, um den Kindern deutlich erfahrbar, die Verantwortung für ihr eigenes Umfeld anzubieten. Riegel (1994) schlägt einen Putzplan vor: Schülertreffs, Klassenräume und Flure werden von den Schülerinnen und Schülern, nach einem zu Beginn des Schuljahres festgelegten Plan, selbst gereinigt (Riegel 1994).

Andere Varianten sind feste Aufräumzeiten im Laufe der Woche oder als Wochenabschluss. Winkler schlägt beispielsweise vor: An jedem Freitag gibt es

Praxis Rituale 81

eine Aufräumzeit, um das Durcheinander, das die Woche in den Ranzen, Mappen und unter den Tischen angerichtet hat, für den Montag wieder in Ordnung zu bringen. Wie man dasselbe für die Köpfe erreicht, bleibt noch zu erfinden (Winkler 1994).

Die konkrete Ausgestaltung und Zeitplanung ist sehr von den jeweiligen konkreten Rahmenbedingungen abhängig. Wichtig erscheint mir allerdings dabei zu sein, dass die Verantwortung für das eigene Umfeld mehr Gewicht durch die Ritualisierung bekommt.

R 4.2.4.6 Minuten der Stille

Schule ist voller Leben, wenn mindestens einhundert oder gar mehr Kinder gleichzeitig an einem Ort sind. Doch dies hat nicht nur seine anregenden Seiten, sondern kann auch belastend wirken. Von daher lohnt es sich, gerade wegen der prinzipiell lebendigen Atmosphäre immer wieder die Stimmung zu dämpfen und ruhige Besinnung zu ermöglichen. Maschwitz empfiehlt, einmal am Tag während der Stunde eine Pause, in der nichts getan wird. Es kann auch interaktiv bzw. szenisch-symbolisch so eingekleidet werden, dass jedem Kind aus der Klasse abwechselnd drei Minuten Stille geschenkt werden (vgl. Maschwitz 1998).

R 4.2.4.7 Mittagspause

Immer mehr Grundschulen erreichen auch in Deutschland europäische Standards und werden nicht nur für wenige Stunden vormittags geöffnet. In über Mittag geöffneten Schulen ist es wichtig, dass auch die Mittagszeit ritualisiert verläuft.

Dabei geht es nicht nur um Rituale während des Mittagessens im engeren Sinne, sondern auch um die gesamte Mittagsfreizeit.

Hinz (1999) schlägt als Mittagsrituale vor: „Tischgebet im Klassenverband und Klassenraum, Gang in die Mensa, Abholen der Getränke, Beendigung der Mahlgemeinschaft, Säubern der Tische nach dem Essen" (Hinz 1999, S. 22).

Diese mit den Alltagsnotwendigkeiten verknüpften Regelsysteme lassen sich allerdings auch für die gesamte Mittagsfreizeit ritualisieren.

So ist es sinnvoll, nach dem Abräumen der Tische oder der Abwaschhilfe Ruhepausen einzulegen. Dazu gibt es mehrere Varianten:

Zeit der Stille (einen einhaltbaren Zeitraum nur still sein und gemeinsam im Raum sitzen)

Bücherecke (stilles Lesen in Büchern)

Malzeit mit Stillebildern (z. B. auch Mandala-Malen oder andere beruhigende Aufgaben)

Mittagsruhe (Liegen auf Matten)

Angeleitetes autogenes Training

Stilles Handauflegen (jeden Tag wird die Hand ohne Bewegung auf einen Körperteil für mehrere Minuten gelegt und geschwiegen)

Körperwahrnehmung (wir denken still und leise an jeweils einen anderen Teil unseres Körpers)

Stille Aufgaben (z. B. Federn anmalen für zu gestaltende Friedenstauben, Perlen für Jahresketten aufreihen, …)

Nach der Zeit der Stille ist es sinnvoll, zum Ausagieren der Kräfte wieder eine Bewegungszeit zu ermöglichen. Am Ende der Bewegungszeit wiederum ist ein Nachmittagskreis analog zum Morgenkreis ein wichtiger Übergang zum weiteren schulischen Geschehen.

4.2.5 Übergreifende Rituale einer Klasse

R 4.2.5.1 Namen der Klasse

Ein wichtiger Schritt in Richtung der Ritualisierung des Lebens einer Klasse ist es, dieser Klasse Individualität zu geben. Dazu gehört es, einen gemeinsam gefundenen Namen der Klasse zu geben oder eine Farbe der Klasse zuzuordnen. Dieser einmalige Akt gewinnt rituellen Charakter, wenn aus der Taufe eine besondere Inszenierung erwächst. Vorher steht aber viel Diskussion und gemeinsames Überlegen, ehe wirklich ein von allen getragener gemeinsamer Name gefunden werden kann.

Dann sollte dieser Name aber auch seiner Bedeutung entsprechend immer wieder hervorgehoben werden. So sollte unter allen öffentlichen Präsentationen der Klasse nicht nur die formale Bezeichnung, z. B. Klasse 3 b, stehen, sondern auch der selbst erfundene Name, wie Igel-Gruppe, blaue Gruppe, die magischen Sterngucker.

Mit dem Namen der Gruppe kann auch der Klassenraum ausgeschmückt werden. So können von jedem einzelnen Kind gestaltete ornamentale Bilder mit dem Namen aneinander oder hintereinander an einen Bindfaden geheftet werden und wie eine buddhistische Gebetsfahne im Raum aufgehängt werden.

R 4.2.5.2 Klassentagebuch

Das Klassentagebuch zu führen (Petersen 1997) wird in der praxisanleitenden Literatur der letzten Jahre viel empfohlen. Eine Möglichkeit der Praxisumsetzung beschreibt Maria Wigger „Ähnlich wie beim Wanderbuch nehmen die Schülerinnen das Tagebuch abwechselnd eine Woche lang mit nach Hause und berichten über das Leben in der Schule oder ihre privaten Erlebnisse. Am Freitag wird aus dem Klassentagebuch auf dem Lesethron vorgelesen. Die Schülerin entscheidet auf der Grundlage freiwilliger Meldungen, wer die nächste Woche das Tagebuch führen möchte" (Wigger 2000, Typoskriptfassung). Das Klassentagebuch kann aber auch in die tägliche Vorlesezeit (Schösser 1998) integriert werden. Oder es werden zu Beginn der Woche Geschichten gegenseitig aus dem Tagebuch vorgelesen, um sie anschließend zu diskutieren (Wahl 1997).

Eine andere Variante des Klassentagebuches benennt Gerdes. Danach gestaltet ein Kind täglich ein Blatt. Am Ende des Monats entsteht daraus ein neues Heft für die Klassenbücherei (vgl. Gerdes 1997).

Die Form des Klassentagebuches kann auch ihren rhythmisierenden Stellenwert am Ende der Stunde bekommen oder mitten im Schultag. Wichtig ist allerdings, dass dies ernst genommen wird und durch die ritualisierte Form besonders hervorgehoben wird.

Eine Variante der Klassentagebücher sind die themenzentrierten Tagebücher, besonders häufig wird dabei die Form empfohlen, ein Lesetagebuch zu führen (bedeutsame Stellen aus gelesenen Büchern festhalten) (Schösser 1998).

R 4.2.5.3 Geburtstagsrituale

Ein Geburtstag ist der wichtigste Tag im Leben eines Menschen, denn er erinnert an die Bedeutung seines Lebens. Für Schulkinder kommt hinzu, dass der Geburtstag auch noch ein besonderes Bedürfnis anspricht, nämlich größer zu werden. Denn kleine Kinder wollen größer sein (Kaiser 1995) und verbinden dies mit mehr Kompetenz und Anerkennung – so wie sie es von den Erwachsenen her gewohnt sind.

Gleichzeitig hat der Geburtstag in der Schulklasse eine hohe Bedeutung, denn an diesem Tag ist das einzelne Geburtstagskind nicht Teil einer großen Gruppe, sondern beachtetes Einzelindividuum. Diese für die Identitätsentwicklung außerordentlich wichtige Seite des Geburtstages sollte durch eine besondere Ritualisierung der Geburtstagsfeier in der Klasse verstärkt werden. Welche konkrete Form dieses Ritual einnimmt ist dabei sekundär. Wichtiger ist vielmehr, dass jedem Kind ein besonderer Stellenwert eingeräumt wird und dass das bekannte Ritual erlaubt, den eigenen Geburtstag sich schon in der Fantasie vorher auszumalen.

Das Geburtstagsritual ist so vielfältig wie das Leben. Es kann durch Gegenstände wie den Geburtstagsstuhl, durch Handlungen wie das Geburtstagslied, durch soziale Interaktionen wie beim Geburtstagsbildüberreichen durch alle Kinder der Klasse oder durch eine Inszenierung gekennzeichnet werden.

- Geburtstagsstuhl
- Geburtstagsspruch
- Geburtstagslied oder -spiel
- Geburtstagsbild von allen
- Geburtstagsbewegung von allen
- Geburtstagskalender, für jedes Kind ein Blatt

84   Praxis Rituale

- einen Anhänger eines langen Zuges
- ein Blütenblatt
- ein Kästchen an einem langen Band
- ein Stern am Klassenhimmel
- Geburtstagskerze in der Kreismitte wird vom Geburtstagskind selbst ange-
  zündet (Kaiser 1989)
- Geburtstagskerze vor Kalender

Die meisten Geburtstagsrituale bestehen nicht nur aus der äußerlich sichtbaren
Handlung, sondern gehen auch tiefer. Dazu seien die folgenden Ritualbeispiele
etwas genauer vorgestellt:

Geschenkritual

1. Zum Geburtstag, zum Abschied und zu anderen besonderen Anlässen sollen
   die Kinder einer Klasse ein Geschenk überreichen. Von außen sieht es immer
   gleich aus: ein schöner Geschenkestoff, eine Schleife ... Diese Umhüllung
   bleibt für weitere Anlässe in der Klasse, denn es spart Geschenkpapier. Es
   sollen keine teuren Präsente sein. Sie können aber Zeit und Mühe kosten
   (vgl. Bahlmann 2000).

Geburtstagskerzenrauchsignal

2. „Unser Geburtstagsritual endet damit, daß das Geburtstagskind die Kerze
   auspustete und sich – solange es noch den Rauch sieht – heimlich etwas (Im-
   materielles) wünschen darf. Nur wenn es währenddessen still ist, kann der
   Wunsch in Erfüllung gehen" (Winkler 1994).

Die Glückwunschleine

3. „An der Bank des Geburtstagskindes hängt eine bunte Schnur, an der Schüler
   Wünsche in Form von Briefchen oder kleinen Bildern anheften. Am Ende
   des Tages darf das Kind alle Wünsche mit nach Hause nehmen. Die wichtigste
   Mitteilung von seiten der Lehrkraft ist sicher ein Gutschein für 'hausaufga-
   benfrei'. Der Platz ist außerdem besonders geschmückt. Eine Geburtstagskerze ist neben der Geburtstagsmütze ein weiteres Zeichen des Feiertages.
   Die freie Wahl eines Banknachbarn unterstreicht die Besonderheit des Geburtstages" (Butters / Gerhardinger 1996).

Auch hier ist die Vielfalt der Möglichkeiten schier unerschöpflich. Wichtig ist,
dass Geburtstagsrituale schon vom ersten Schuljahr an in einer Grobform fest
eingeführt werden und später nur noch Erweiterungen und Differenzierungen
erfahren.

Praxis Rituale 85

R 4.2.5.4 Krankheitsrituale

Brief an das kranke Kind

In manchen Klassen gibt es das Ritual, dass immer wenn ein Kind am dritten Tag in der Schule fehlt, ihm ein gemeinsamer Brief der Klasse geschrieben wird. Dieser kann je nach Altersstufe ganz einfach gestaltet werden. Er erfüllt schon seinen Sinn, wenn darauf steht „Liebe Annika, deine Klasse 1 c" und alle Kinder darunter ihren Namen setzen. Später sind auch bildliche Darstellungen oder längere Texte von jedem Kind denkbar. Wichtig ist, dass eine gemeinsame Botschaft der Klasse fertiggestellt wird und gemeinsam entschieden wird, wer dieses Mal nachmittags diese Botschaft dem kranken Kind überreicht.

Krankenpäckchen

Eine Erweiterung des Vorschlages, einen Brief zu überbringen, ist die Idee, ein Krankenpäckchen zu verschicken. „Um einem kranken Mitschülern zu zeigen, dass er von der Klasse nicht vergessen wird, darf ein Mitschüler, der in der Nähe wohnt, den Briefträger für die Krankenpost spielen. Diese besteht aus zahlreichen Genesungsbriefchen der Klassenkameraden, dem von der Klasse selbst hergestellten Geschichtenbüchlein und dem Schulkoffer voller Medizin gegen langweilige Stunden mit Rätseln, Spielen, Kreuzworträtseln und einfachen Zeichen- und Bastelanleitungen. Auch beigefügte kleine Spiele verkürzen die Stunden im Krankenbett. Ein fotokopiertes Bild, auf das sich zu Beginn des Schuljahres jedes Mitglied der Klassengemeinschaft gezeichnet hatte, kann nun von dem kranken Kind ausgemalt und als Erinnerung neben seinem Bett aufgehängt werden" (Butters / Gerhardinger 1996, S. 35–37.).

Merk-Wäscheklammer

Oft geht die Tatsache, dass ein Kind länger krank ist, in der Alltagshektik einer Klasse verloren. Schultheis schlägt deshalb eine klare Strukturierung der Anwesenheit vor: Ist ein Kind krank, wird eine farbige Wäscheklammer neben dem Namen befestigt und bei längerer Krankheit dem Kind „Krankenpost" zugestellt (Schultheis 1998).

R 4.2.5.5 Verwöhnstunde

Schule ist für viele Kinder eine harte Angelegenheit. Wenn Anstrengung und Schule gleichzeitig thematisiert werden, wundert sich niemand. Denn Schule wird erfahrungsgemäß von den meisten Menschen mit harten Leistungsanforderungen und selektiven Strukturen in Verbindung gebracht. Angesichts dieser auch möglicherweise Lernlust und -motivation eindämmenden Bedingungen ist es durchaus sinnvoll, auch einige Kontrapunkte in der Wahrnehmung von Schule zuzulassen. Maria Wigger schlägt eine bestimmte Zeit pro Woche als Verwöhnstunde vor. Damit meint sie: „Eine feste Zeit in der Woche ist für Traumreisen (oder) Körperübungen reserviert. Organisatorisch bietet es sich an, den Tag mit dieser Verwöhnstunde, statt des Morgenkreises zu beginnen.

Die Kinder malen als Symbol für diese Stunde ein großes Schild. Das Schild wird am Tag an die Klassentür gehängt, damit die Gruppe nicht gestört wird. Schön ist es, wenn in der Klasse so viele Isomatten wie Kinder da sind. Die Matten werden sternförmig ausgebreitet. An diesem Morgen wird die Kreismitte von den Kindern auf dem Boden und nicht auf dem Tisch gestaltet" (Wigger 2000, Typoskriptfassung). An Materialien sind für eine derartige Verwöhnstunde Isomatten oder Decken, Kissen für die Kinder und ein CD-Player mit Entspannungsmusik-CD bereitzustellen. Das Ritual der Verwöhnstunde muss in Zusammenarbeit mit den Kindern aus den ersten Erfahrungen gemeinsam gestaltet werden.

R 4.2.5.6 *Versöhnungsritual*

Konflikte zwischen den Kindern einer Klasse machen einen wesentlichen Teil der Aufmerksamkeit von Schülerinnen und Schülern in der Schule aus (Petillon 1993, Thies / Röhner 2000). Von daher ist es für das Herstellen von produktiver Arbeitsatmosphäre unbedingt erforderlich, die notwendig auftretenden Konflikte auch beizulegen. Dazu ist es sinnvoll, die Versöhnungsszenen ritualisiert durchzuführen, um den Abschluss eines Konfliktes deutlich hervorzuheben. Die konkrete Gestalt eines Versöhnungsrituals muss sich aus dem jeweiligen Kontext entwickeln.

Maria Wigger beschreibt dazu ein Beispiel eines Versöhnungsrituals aus ihren Mädchenstunden. Dabei wird nach ausgiebigen Konfliktgesprächen im Anschluss die Versöhnung mit einer ritualisierten Geste praktiziert:

„Die Mädchen verbeugen sich dabei mit vor der Brust gekreuzten Armen voreinander, reichen sich die Hände und fragen: Wollen wir uns versöhnen?

a) beide antworten mit ja

b) eine antwortet mit ja

c) beide antworten mit nein" (Wigger 2000).

Maria Wigger lässt dabei mehrere Lösungsvarianten zu:

„a) Es bleibt den Mädchen überlassen, ob ihnen diese Geste reicht. Manchmal kommt auch noch eine Entschuldigung hinzu, oder ein Angebot zur Wiedergutmachung, einige umarmen sich auch danach.

b) Kannst du mich dann bitte trotzdem nicht mehr ärgern?

c) Wir können jetzt keine Freundinnen sein, aber wir verletzen uns nicht gegenseitig" (Wigger 2000, Typoskriptfassung). Die Praxiserfahrungen zeigen, dass derartige Versöhnungsrituale die Aktivität der beteiligten Kinder besonders herausfordern und eher dazu beitragen, nachhaltige Ergebnisse zu erreichen als bei reinen lehrkraftzentrierten Interventionen.

Praxis Rituale   87

„Diese ritualisierte Geste hat sich als Stütze bei der emotionalen Hürde sich der anderen wieder anzunähern, als hilfreich erwiesen.

Der Punkt des Mitspielen-Lassens konnte nicht geklärt werden. Wir beschlossen nächste Woche noch einmal darüber zu reden und in der Woche selbst zu beobachten, ob sich etwas verändert. Für die Lehrerin ist dabei die Bereitschaft nötig, zu akzeptieren, dass sich nicht alle Probleme durch Belehrung lösen lassen und auch nicht voreilig von oben herab Lösungsvorschläge anbieten. Wichtig ist es in diesen Gesprächen durch vorsichtige Moderation den Mädchen einen Perspektivenwechsel zu ermöglichen und mit Hilfe der Gruppe eigene Konfliktlösungsstrategien finden zu lassen. Etwas so stehen lassen wie es ist und dabei gleichzeitig die andere wahrzunehmen und akzeptieren, ist in solchen Kommunikationen ein wichtiges Lernziel. Dies kann dabei ein stärkerer Motor für Veränderungen sein als der Zwang zur Problemauflösung" (Wigger 2000).

R 4.2.5.7 Wanderbuch

Eine wichtige Funktion von Ritualen ist es, die Verbindungen und sozialen Zusammenhalt zu schaffen. Besonders produktiv erscheint mir die Form dabei zu sein, dass wichtige schulische Inhalte mit verbindungsstiftenden Ritualen kombiniert werden. Dazu schlagen Butters / Gerhardinger für das Bücherlesen eine wichtige Form der Bedeutungsverstärkung von Büchern vor. Sie nennen es „Wanderbuch" und meinen damit: „Am Anfang eines Monats wählen die Schüler aus der Klassenbücherei ein Buch aus, das zum Wanderbuch des Monats erklärt wird. Wer es in Gebrauch hat, liest darin zu Hause. Wenn im Morgenkreis das Zeichen an der Tafel hängt, erzählt er seinen Mitschülern, was er gelesen hat. Danach übergibt er das Buch einem Mitschüler. Das Verfahren beginnt wieder von vorn" (Butters / Gerhardinger 1996).

R 4.2.5.8 Buch der Klasse zu jedem Thema

Neben der Namensgebung, Symbolzuordnung und anderen Möglichkeiten gibt es viele Wege zur Förderung der Klassenidentität durch gemeinsam beschlossene Ritualisierungen. Diese können auch mit inhaltlichen Aufgaben von Unterricht verknüpft werden. So ist es eine durchaus sehr fruchtbare Möglichkeit, dass die Klasse zu jedem Unterrichtsthema oder Unterrichtsprojekt ein bestimmtes Buch zu „unserem Buch" auswählt. Ehe die Wahl getroffen werden kann, bedarf es eines breiten Bestandes an Büchern, vieler Lektürestunden und gemeinsamer Besprechungen. Gerade dadurch wird aber die inhaltliche Vertiefung mit der gemeinsamen Regelung verstärkt.

R 4.2.5.9 Quotierung von Jungen und Mädchen bei interessanten Handlungs-anlässen

Bei interessanten Aufgaben wechseln sich Jungen und Mädchen immer ab.

Je lebendiger der Unterricht in der Grundschule ist, umso mehr Handlungsan-lässe gibt es, bei denen die Kinder um die hervorgehobenen Handlungsmöglich-keiten konkurrieren, wie mit dem großen Magneten Versuche vorführen, die Erdbeerstaude im Schulgarten verpflanzen, das neu gelernte Lied vorsingen, die Triangel / Pauke / Trommel zur Begleitung spielen etc. Gerade weil in der konkre-ten Situation die jeweilige Sache im Vordergrund steht, unterläuft der Lehrkraft sehr leicht der Fehler, die sich besonders wild gestikulierend meldenden Jungen zu bevorzugen. Dagegen hilft die präventive Regel: „Einmal kommt ein Junge dran, einmal kommt ein Mädchen dran." Dies ist eine einsehbare Regel und mi-nimiert auch bei den Jungen das Gefühl, die Lehrerin ziehe doch nur die Mäd-chen vor.

R 4.2.5.10 Listenführung für attraktive Positionen / Privilegien / Aufgaben in der Klasse

Gerade im Grundschulalter sind Jungen und Mädchen besonders aktivitätsfreu-dig, sie wollen gern die Tafel wischen, die Blumen gießen, das Klassentier füt-tern, Kakao vom Hausmeister holen, in der hervorgehobenen Lehrerinnen-Rol-le bei Übungsspielen stehen, u. a. Gerade beim Gerangel um interessante Aufga-ben kann es leicht passieren, dass Mädchen ins Hintertreffen geraten. Schon im ersten Schuljahr bietet es sich an, den situativen - und bei lebendiger Unter-richtsgestaltung sehr häufigen – Machtkampf um derartige privilegierte Aufga-ben abzuschwächen, indem für jede der heiß begehrten Möglichkeiten eine Na-mensliste (mit Druckschriftbuchstaben) aller Kinder der Klasse für alle leicht zu-gänglich aufgehängt wird. Dabei sind gleichzeitig unschätzbare Möglichkeiten zum motivierten Lernen der Kulturtechniken gegeben, denn es müssen schon im Anfangsunterricht die Namen der Kinder und das „Thema" der jeweiligen Liste erlesen werden. Zusätzlich gibt es auch numerische Anforderungen, denn die Zahl des „Drankommens" muss ausgezählt werden. Der Vorschlag, Listen, wer was tun darf (vgl. Schultheis 1998), zu führen, ist in der Praxis recht verbreitet. Er kann noch durch eine weitere innere Strukturierung ergänzt werden, so ist es sinnvoll, gerade angesichts immer noch bestehender Unterschiede in der Be-handlung und der Wahrnehmung von Mädchen und Jungen (vgl. Röhner / Thies 2000), abwechselnd ein Mädchen und einen Jungen auf diese Listen zu setzen. Weitere Differenzierungen [14] können ebenfalls eingeführt werden, z. B. die ge-rechte Berücksichtigung aller Gruppentische oder aller Projektgruppen.

---

[14] Um die Vielfalt möglicher Differenzierungsformen für den Unterricht zu erschließen, empfiehlt sich der umfassende Band von Bönsch (2000) zu dieser Frage.

Praxis Rituale   89

R 4.2.5.11 Kinderrechte-Turm oder Rechtemauer

Rechte und Pflichten sind im Laufe der moralischen Entwicklung eines Kindes
wichtige Bereiche der Auseinandersetzung. Um das Rechtsbewusstsein zu schär-
fen, empfiehlt es sich, dieses rituell anzuregen. Eine Möglichkeit ist die gegenständliche Repräsentation von wahrgenommenen oder gewünschten Rechten,
um diese visualisiert zu präsentieren. Die Idee dabei ist, jedes thematisierte und
gewünschte Recht auf einem Schuhkarton-Baustein zu dokumentieren und mit
den anderen Bausteinen der Klasse allmählich zu einem Turm oder einer Mauer
aufzustapeln. Zu bestimmten Zeiten wird das Ritual der Erweiterung des Turmes und die Rekapitulation der vorangegangenen Ergebnisse realisiert.

Für den Kinderrechte-Turm werden viele Schuhkartons, Packpapier, Tesafilm,
Klebstoff, Schere, Prospekthüllen, Papier und Stifte als Materialien benötigt.
Die Zahl der Schuhkartons muss größer sein als die Anzahl der Schülerinnen und
Schüler in der Klasse. Die Schuhkartons sind von der Größe her so zu wählen,
dass Prospekthüllen der Größe DIN 4 (oder DIN 5) auf der oberen oder unteren
Seite der Kartons geklebt werden können. Damit die Schuhkartons, die die Bausteine eines Turmes werden, einheitlich aussehen, werden sie von außen mit
Packpapier umklebt. Auf jeden Schuhkarton wird auf der Ober- oder Unterseite
eine Prospekthülle geklebt (mit Tesafilm). Es ist günstig für die Stabilität des Turmes, die Kartons im Querformat und im Wechsel von Kartonober- und Karton-
unterseite zu stapeln. Hierbei ist zu beachten, dass die Prospekthüllen in eine
Richtung zeigen. Der Turm kann auch zur Stabilisierung an einer Zimmerwand
gelehnt gebaut werden.

Nun bekommt jedes Kind einen Turmbaustein (Schuhkarton mit Prospekthülle)
und soll sein Bild (Kinderrecht) in die Prospekthülle schieben. Danach bauen
die Kinder der Klasse aus ihren jeweiligen Bausteinen gemeinsam eine Mauer
oder einen Turm.
Später wird dieser Turm erweitert.

R 4.2.5.12 Klagemauer

Kinder haben viele Interessen und Wünsche und können sich im Rahmen einer
Schulklasse nicht all diese erfüllen. Auch Enttäuschungen aus Konflikten sind
unvermeidlich. Um damit umgehen zu können, bedarf es zunächst einmal der
Wahrnehmung der Enttäuschungsanlässe. Dazu empfiehlt es sich ebenso wie bei
der Rechtemauer eine große Sammlung an Schuhkartons in der Klasse anzulegen und diese mit neutralem Packpapier zu bekleben. Nun kann ein Kind, wenn
es einen Grund zur Klage hat, diese Klage auf einen Baustein schreiben und erst
einmal in die Klagemauer einbauen. Später gibt es dann die Gelegenheit, die
Bausteine der Klagemauer Stein für Stein wieder abzubauen, wenn der Konflikt
bereinigt werden konnte.

Peterßen (1999, S. 163) schlägt eine weniger an Vorhaben gebundene Form der Klagemauer vor, indem er eine Wandtafel vorschlägt, an der mit Karten Klagen, Aussagen zur eigenen Befindlichkeit oder Meinungsbekundungen ohne Gefahr, negativ sanktioniert zu werden, angeheftet werden.

R 4.2.5.13 Friedensgewebe

Friedensgewebe (vgl. Kaiser 1999, Praxisbuch 2, S. 39) werden auf einem großen, möglichst gemeinsam gebauten Webrahmen (möglichst aus Ästen zusammengenagelt, dazu Hammer, Äste, Nägel, Bindfadenrolle) in gemeinsamer Arbeit der Klasse hergestellt. Dazu werden Stoffstreifen aus Stoffresten geschnitten und in einer Kiste neben dem Friedensgewebe gelagert. Die Kinder haben die Aufgabe, das gemeinsame Friedensgewebe allmählich zu erstellen und dürfen zu bestimmten Zeiten, Anlässen oder auch während der Freien Arbeit am gemeinsamen Werk weiter weben.

R 4.2.5.14 Das Freundschaftslicht

Das Freundschaftslicht ist eine ritualisierte Form des Gemeinschaftstiftens mit in der Regel sehr positiver Stimmung. Es besteht in seiner Grundform darin, dass im Morgenkreis eine Kerze entzündet wird und weiter gegeben wird. Wer das erste Licht bekommt und wie es weiter gereicht wird, ist dann Frage des konkreten Rituals. Hier sind nur zwei Beispiele genauer ausgeführt:

a) In Klassen mit starker Mobilität wie etwa „Aussiedlerauffangklassen" ist es sinnvoll, dem zuletzt gekommenen „neuen" Kind die Kerze zuerst zu geben und ihm das Recht einzuräumen, das Kind anzusprechen bzw. auszusuchen, dem die Kerze als nächstes gereicht wird (Kaiser 1989).

b) Das letzte Geburtstagskind zündet die Kerze an und gibt sie an die Nachbarin / den Nachbarn weiter. Wer mag, kann dazu etwas Nettes sagen. Es sollen alle einmal an die Reihe kommen. Die Kerze kann den ganzen Schulmorgen brennen (Kaiser 1999, Praxisbuch 2, S. 66).

R 4.2.5.15 Kochtag oder Gibt's heute Pommes?

„Liebe geht durch den Magen" – so lautet ein altes Sprichwort. Wenn wir einmal von der die damit auch transportierten Bedeutungsebene absehen, wonach Frauen besonders angehalten sind, für ihre Männer zu kochen, steckt in diesem Sprichwort allerdings auch eine wichtige anthropologische Konstante, nämlich das Wissen um die Bedeutung der Ernährung. Mit der Geburt wird dieses Grundbedürfnis zum zentralen im Erleben eines Menschen, weil die Ernährung nicht mehr ohne weiteres gesichert ist. An die Ernährung ist unmittelbar auch die Frage der emotionalen Versorgung geknüpft.

Praxis Rituale   91

Kinder im Grundschulalter sind diesen existentiellen Situationen noch nicht lange entwachsen. Für sie ist die Ernährung noch eng mit der emotionalen Existenz verknüpft. Von daher ist es auch aus Gründen der Persönlichkeitsbildung außerordentlich bedeutsam, wenn auch die Schule die Aufgabe übernimmt, Kinder des öfteren nicht nur mit geistiger, sondern auch mit realer Nahrung zu versorgen.

Auch dies läßt sich gut in Rituale des Klassenlebens einfügen. Maria Wigger schlägt in diesem Zusammenhang vor: „An einem festgelegten Tag (z. B. jeden Freitag) kocht eine Gruppe für die Klasse und die Woche schließt mit einem gemeinsamen Mittagessen ab.

- Eine Kochkiste wird eingerichtet.

- Eine Kasse wird in die Kochkiste gelegt. Jede Schülerin zahlt zunächst 10 DM in die Kasse ein. Das Einsammeln und Buch führen übernimmt die erste Kochgruppe.

- Ein Haushaltsbuch wird angelegt, mit den Spalten: Kontostand, wieviel wurde ausgegeben, neuer Kontostand, wieviel hat das Gericht pro Person gekostet?

Eine Kladde für das wachsende Kochbuch liegt in der Kochkiste. Die erste Gruppe wählt im Laufe der Woche ihr Lieblingsgericht und besorgt das Rezept. Am Morgen des Kochtages wird der Einkaufszettel erstellt, die Mengenangaben der Rezepte müssen auf die Klasse hochgerechnet werden. Anschließend wird eingekauft und das Gericht zubereitet. Der Rest der Klasse arbeitet am Wochenplan. Der Tisch wird gedeckt und der Rest der Klasse wird zum Essen gebeten. Die Kochgruppe ist auch für den anschließenden Küchendienst zuständig und soll zum Schluss die Abrechnung für das Haushaltsbuch machen. Das Rezept wird in die Kladde geklebt oder geschrieben, so entsteht für Klassenfeiern ein wachsendes Kochbuch" (Wigger 2000, Typoskriptfassung). Es lassen sich sicherlich noch andere Formen der Ernährungsrituale entwickeln.

Wichtig ist allerdings dabei, dass das Essen in seiner emotionalen Bedeutung für das einzelne Individuum auch zu einer schulischen Angelegenheit von hohem Rang ritualisiert wird. Gleichzeitig wird damit ein wichtiger Lebensbereich, der der Hausarbeit (Kaiser 1992), schulisch aufgewertet. Denn Schule soll aufs Leben vorbereiten – und dazu gehört nicht nur die Berufsarbeit, sondern auch zur Hälfte die Hausarbeit.

R 4.2.5.16 Buchberichtewurm

Kinder können sich oft nicht vorstellen, wieviel sie nach und nach in der Klasse leisten. Dieses zu veranschaulichen ist eine wichtige Aufgabe, um das Selbst- und Leistungsbewusstsein der Klasse zu stärken.

Als eine konkrete Möglichkeit dazu bietet sich an, dass die wöchentlichen Buchberichte auf bestimmte einheitliche Papierformate übertragen werden und aneinander sorgfältig geheftet oder geklebt werden. So entsteht bereits nach einigen wenigen Monaten eine erstaunlich lange Papierschlange, die an der Decke der Klasse oder an anderen Stellen mit viel Erweiterungsplatz aufgehängt werden kann.

Szenisch könnte jede Erweiterung des Buchberichtewurms mit Zählen der Zahl der Bücher, die der Klasse schon bekannt sind oder mit Vorlesen der bekannten Buchtitel oder Buchautorinnen und Buchautoren eingeleitet werden, damit sich daraus ein fester ritualisierter Rahmen bildet.

R 4.2.5.17 Rote und gelbe Karten

Rote und gelbe Karten zu vergeben ist ein Regelsystem aus dem Fußball, das sich durch die Verwendung fast zu einem Ritual herausgebildet hat. In unserer durch den Fußballsport stark geprägten Kultur ist dieses Regelsystem hoch besetzt und positiv anerkannt.

Von daher ist der Transfer auf schulische Kontexte durchaus plausibel. Die roten und gelben Karten werden im Unterricht durch eine Person, möglichst wechselnd Schülerinnen und Schüler der Klasse, dann vergeben, wenn nach der vorher ausführlich diskutierten Klassenordnung ein Kind massiv gegen die vereinbarten Regeln des Fair-Play in der Klasse verstößt.

Hier sind wiederum Grenzen eines Rituals hin zur bloßen Disziplinierung sehr fließend. Wenn das Vergeben roter und gelber Karten annähernd ein Ritual werden soll, müssen vor allem die szenischen Bedingungen interessant und bedeutungsvoll gestaltet werden. So ist es denkbar, dass drei Kinder gleichzeitig auf den jeweiligen Paragrafen der Klassenordnung zeigen oder den Text leise murmeln, um den Sinn des Kartengebens über den bloßen Disziplinierungsakt hinaus zu verstärken.

R 4.2.5.18 Plusliste

Die Plusliste ist ein Verfahren, das eindeutig der Disziplinierung dient und hat von daher einen fragwürdigen Status im Rahmen von Ritualen. Das konkrete Konzept besteht dabei darin, dass für alle positiven Verhaltensweisen im Sinne der Regeln der Klasse von einem Kind, das an diesem Tag die Plusliste führt, einen guten Punkt notiert bekommt, wenn die Lehrkraft diesen Punkt mündlich vergeben hat. Dieses Ritual hat zur Folge, dass alle bewusst das Regeleinhalten verfolgen und dass die Lehrkraft von der Aufgabe entlastet wird, ständig für die Aufrechterhaltung der Regeln in der Klasse mit großem Aufwand zu sorgen.

Erfahrungen zeigen, dass Kinder im Grundschulalter außerordentlich positiv auf diese Form reagieren und durch das abwechselnde Protokollieren des Plus-

Praxis Rituale 93

punktestandes durchaus in der Lage sind, dies auch zu begutachten. Denn Kinder haben viel klarer, als wir uns vorstellen können, einen Begriff davon, was angemessenes Verhalten ist und was nicht. Sie können recht differenziert die jeweiligen sozialen Leistungen von sich selbst und den anderen aus der Klasse einschätzen.

R 4.2.5.19 Zauberritual

In der „Einführung in die Didaktik des Sachunterrichts" habe ich als einen Trick das Zauberritual genannt (Kaiser 1995). Damit meine ich, dass es auch bei sehr realistischen Unterrichtsintentionen durchaus angebracht ist, die magisch-mythischen und animistischen Denkweisen, die Kindern aus vorangegangenen Entwicklungsstufen bekannt sind (Wollring 1994), aufzugreifen. Einerseits können Kinder schon sehr früh zwischen Fiktion und Realität unterscheiden. So hat Theunert am Beispiel der Mediengewalt belegt, dass Kinder schon recht früh zwischen realer und fiktiver Gewalt unterscheiden können (Theunert 1994) und dort wie da unterschiedliche Maßstäbe anlegen.

Wir vernebeln also nicht ihre Erkenntnismöglichkeiten, wenn wir im Zuge schulischer Rituale eine fiktive Welt inszenieren. Aber wir schaffen dadurch eine spannungsvolle Atmosphäre.

Konkret geht es bei derartigen Zauberritualen darum, dass Kinder einen Gegenstand als fragwürdig, verändert oder staunenswert präsentiert bekommen. Dies könnte so aussehen, dass Wasser als Eiswürfel auf der Zauberschale mit Tuch verdeckt präsentiert wird. Die Lehrkraft behauptet: „Wenn ich jetzt meinen Zauberspruch sage und meinen Zauberstock auf dieses Ding unter dem Tuch lege, dann wird es in einer Stunde völlig verzaubert sein". Nach dem Spruch, z. B. „Abrakadabra – dreimal schwarzer Kater" dürfen die Kinder Vermutungen äußern. Nach einiger Zeit senkt sich das Tuch und wird feucht. Die Ausbeulung durch den Eiswürfel verschwindet. Wichtig für schulische Zauberrituale ist es, dass Kinder an dieser Aktion beteiligt werden und ihre Vermutungen zwischendurch äußern dürfen. Am Schluss muss der reale Kern des Zaubervorgangs aufgeklärt werden.

Für derartige Zauberrituale sollten in der Klasse als Utensilien bereitstehen: ein Zauberhut für die Lehrkraft, eine große flache Schale, ein großer flacher Teller, zwei Leinentücher und ein Zauberstab.

R 4.2.5.20 Amulett für schriftliche Arbeiten

Schule ist eine selektive Einrichtung. Leistungsüberprüfung ist unvermeidbar. Deshalb wäre es sehr wichtig, dass Kinder nicht durch Angst vor Versagen in diesen Überprüfungssituationen weniger Leistung bringen als sie könnten. Hier empfiehlt es sich besonders, durch Rituale vor Arbeiten die irrationale Angst zu reduzieren.

94 Praxis Rituale

Eine Möglichkeit ist es, sich analog den indianischen Amuletten einen kleinen Stoffbeutel mit glücksbringenden Objekten herzustellen und diesen Beutel vor Diktaten und anderen schriftlichen Leistungsüberprüfungen erst in die Hand zu nehmen, eine Minute gemeinsam ruhig zu denken und anschließend für die Dauer der Arbeit auf den Tisch zu stellen.

So ein Amulettbeutel lässt sich simpel herstellen. Benötigt werden dazu kleine Stoffquadrate und Bindfaden. Gemeinsam werden auf Unterrichtsgängen die haltbaren Objekte gesucht, von denen jedes einzelne Kind vermutet, dass sie ihnen Glück und Erfolg bringen. Kastanien, getrocknete Blätter, Federn, Buchekkern, Erlenzapfen, Tierfellhaare, Steine oder andere Dinge sind in diesem Kontext denkbar. Wichtig ist dabei, dass das einzelne Kind diesen Dingen Schutz- und Beruhigungswirkung zuschreibt. Die Dinge werden dann gemeinsam in den eigenen Stoff hineingelegt, von Stoff umschlossen und mit dem Bindfaden zugeknotet. Fertig ist das individuelle Amulett.

R 4.2.5.21 Woher?-Wand

Die Biografie eines Menschen ist eine wichtige Erfahrungsfolie, aus der heraus in vielen Situationen gedacht, gefühlt und gehandelt wird. In der Schule wird dieser Hintergrund jedes Kindes oft in merkwürdiger Weise ausgeklammert. Aber nur wenn ein Kind von der eigenen Herkunft abgeholt wird, kann es sich auch öffnen für Neues. Deshalb habe ich zuerst in einer Klasse mit Aussiedlerkindern die Idee der Herkunftswand erprobt (Kaiser 1989, Kaiser 1989b). Diese Wand bestand aus drei großen DIN-A-3-Tonpapierbögen. Auf den ersten kamen für jedes Kind je ein Bild aus der Herkunftsregion, auf den zweiten vom Weg und auf dem dritten Bogen war für jedes Kind Platz, um ein Bild aus der Gegenwart in der neuen Schulklasse zu zeigen. Zu Beginn wurden die Plätze für jedes Kind auf der „Woher?-Wand" umrandet und mit den Namen beschriftet. Die Kinder bekamen danach Bilder aus ihren Herkunftsregionen, die ich aus Büchern und anderen Quellen zusammengesucht hatte. Immer wieder gab es etwas Vertrautes, was die Kinder mit ihrer Vergangenheit in Verbindung brachten, sei es ein russisches Bahnhofsschild, ein Bauwerk russischer Stadtarchitektur, Kalksteinfelsen, Steilufer an Flüssen, Schafe in der Steppe, eine kirgisische Fladenbrotverkäuferin, usbekische Männer mit der typischen Kopfbedeckung u. v. a. m. Eine Sammlung derartiger Bilder lässt sich je spezifisch für die jeweilige Zusammensetzung einer Schulklasse vorbereiten.

In der nächsten Spalte werden Verkehrsmittel, Bilder aus den Auffanglagern für Asylbewerbende, Aussiedlerfamilien o.a. fotografiert.

Am leichtesten sind Bilder von der jetzigen Lebens- und Wohnsituation der Kinder und von der Klasse zu sammeln.

Die Erfahrung zeigt, dass dieses selbsterstellte „Geschichtsbuch" der Klasse für alle Kinder hohe Bedeutung hat, sie entwickeln von sich aus die Motivation, da-

Praxis Rituale   95

zu zu sprechen; anfangs werden ihnen einfache Kommentarsätze zu den Bildern
vorgegeben, die sie wegen des motivationalen Gehaltes der Fotos gern in verschiedenen Situationen wiederholen. So wird ein Ritual, zu einer bestimmten
Zeit in der Woche immer wieder diese „Woher-Wand" zu beachten und zu ergänzen, gleichzeitig zu einem wichtigen Mittel der Ich-Stärkung.

R 4.2.5.22 Ich-Buch

Das Ich-Buch hat immer mehr Bedeutung gerade für das erste Schuljahr bekommen, je mehr Ich-Identität und Sozialerziehung wichtig genommen werden. Für
Lehrerinnen und Lehrer gibt ein derartiges Ich-Buch auch diagnostisch wichtigen Aufschluss, weil authentische Kinderäußerungen, Hinweise über die Entwicklung von Selbstkonzept und Lebensvorstellungen jedes einzelnen Kindes erfahrbar werden, was im Unterrichtsverlauf oft nur schwer zu bewältigen ist.

Ein Ich-Buch der Klasse, das sich aus verschiedenen einzelnen Ich-Blättern der
Kinder zusammensetzt, ist eine wichtige Ergänzung zum gemeinsamen Proto-
kollbuch.

Konkret geht es bei einem Ich-Buch um eine Sammlung von Seiten zu bestimmten thematischen Anregungen rund um das Ich. Dazu gibt es eine große Zahl an
möglichen Anregungen. Hier seien nur einige mögliche Themen genannt, zu denen Kinder in das Ich-Buch malen oder schreiben können:

Der Buchstabe, mit dem mein Name anfängt
Mein Steckbrief (Name – Wohnort-Geburtstag – Alter)
Meine Fußabdrücke
Meine Handabdrücke
Meine Augenfarbe
Meine Haarfarbe
Meine Lieblingsfarbe
Wenn ich groß bin
Was ich am liebsten spiele
Meine Freundin / mein Freund
Ich werde immer größer
Gefühlsgeschichten (als ich traurig war, als ich besonders lustig war, als ich …)
Wovor ich Angst habe
Was wäre, wenn wir verzaubert sind
Was ich gut kann
Meine Wunsch-Kleidung
Meine Lieblings-Kleidung
Als ich ein Baby war
Meine Lieblingswitze
Mein Hobby
Mein Lieblingstier

Meine Lieblingsblume
So groß möchte ich sein
Mein Wunsch-Name
Mein Traumhaus
Die Wörter kann ich schon richtig schreiben
Die Mathe-Aufgaben kann ich ganz sicher rechnen
Mein bester Tag
Mein traurigster Tag
Fotos

Wichtig bei allen Ich-Buch-Themen ist es, dass die Kinder zur Themenstellung freie Hand bekommen, was genau sie auf ihr Blatt malen oder schreiben. Denn es ist ein Ich-Buch, bei dem es keine Vorschriften von Lehrkräften hinsichtlich der Inhalte geben darf.

Der kommunikative Austausch der Kinder über ihre Ich-Bücher macht es möglich, dass Kinder sich selbst besser kennen lernen, die Verschiedenheiten in der Klasse besser erkennen und sich über sozial-emotionale Themen austauschen.

Wegen der großen pädagogischen Möglichkeiten eines Ich-Buches, ist es sinnvoll, es als Ritual einzuführen, indem ihm ein besonderer Platz, ein besonderer Zeitraum in der Woche zugewiesen wird, an dem der Austausch der verschiedenen Ich-Buch-Ergebnisse stattfindet.

R 4.2.5.23 Freie Texte und Schreibkonferenz

Das Schreiben Freier Texte ist in der Fachdidaktik mittlerweile zum anerkannten Weg geworden (Röhner 1997). Ein vor allem von Gudrun Spitta stark verbreiteter Ansatz ist der der Schreibkonferenzen (Spitta 1992, Spitta 1996). Der Grundgedanke ist dabei, dass die individuell erstellten Freien Texte einer größeren Gruppe ungefähr Gleichaltriger, der Schreibkonferenz, zugänglich gemacht werden – in der Regel durch Vorlesen. Anhand eines bekannten und schrittweise zu erweiternden Kriterienkatalogs geben die anderen Kinder der Autorin / dem Autor Rückmeldungen. Kritische Anmerkungen und Hilfen für die Überarbeitung sind dabei wichtige Bestandteile.

Schreibkonferenzen stehen also zwischen dem individuellen Arbeiten und der letztendlichen öffentlichen Präsentation Freier Texte (Röhner 1997, Röhner u. a. 1998).

Der Gesprächskreis oder die Versammlung eignen sich hervorragend als Forum für eigene verfasste Texte (Friedrichs 1999). Aber auch kleinere Gruppen können der Ort für Schreibkonferenzen sein. Wichtig ist es dabei, dass Schreibkonferenzen nicht zu persönlichen Verletzungen führen, sondern sachlich ablaufen. Dazu ist die ritualisierte Form eine besondere Hilfe.

Praxis Rituale

Ein solches Schreibkonferenzritual muss Produkt der gemeinsamen Regelungen sein. Es könnte folgendermaßen aussehen:

Die Schreibkonferenz wird mit einem festen Klang (Glocke, Triangel zweimal anschlagen …) eröffnet.

Der Vorsitz der Schreibkonferenz geht reihum, dazu gibt es feste Listen.

Die Konferenzleiterin / der Konferenzleiter heftet an die Tafel einen Bogen mit der Kriterienliste.

Die Konferenzleiterin/der Konferenzleiter sagt, wer heute dran ist und trägt es in die Liste ein.

Text 1 wird vorgelesen.

Zuerst folgen die lobenden Hinweise.

Danach kommen die Kritikpunkte.

Zum Schluss die Verbesserungsvorschläge.

Text 2 wird vorgelesen.

Zuerst folgen die lobenden Hinweise.

Danach kommen die Kritikpunkte.

Zum Schluss die Verbesserungsvorschläge.

Text 3 wird vorgelesen.

Zuerst folgen die lobenden Hinweise.

Danach kommen die Kritikpunkte.

Zum Schluss die Verbesserungsvorschläge.

Die Konferenzleiterin / der Konferenzleiter fragt, welche Punkte für gute Texte jetzt noch ergänzt werden können und trägt sie ggf. noch auf den Bogen an der Tafel ein.

Die Konferenzleiterin / der Konferenzleiter läßt die Triangel dreimal klingen (oder andere akustische Signale) und beschließt die Schreibkonferenz.

Die Kinder gehen leise an ihre Plätze und arbeiten weiter an ihren Texten.

Die nächste Schreibkonferenz wird eröffnet.

R 4.2.5.24 Kummerkreis

Kinder brauchen zum Lernen Glücklichsein. Und Glücklichsein ist unmöglich, wenn nicht auch die negativen Seiten betont werden. Und Kinder haben Kummer, sehr viel Kummer, den ihre Lehrkräfte, aber auch die Wissenschaft kaum sehen[15]. Deshalb ist es wichtig, die Kinder mit ihrem Kummer zu Wort kommen zu lassen, damit sie diesen aussprechen und vielleicht Trost oder Hilfe von anderen bekommen.

---

[15] Detlef Pech u. a. haben darauf hingewiesen, dass Kinderkummer kein Forschungsgegenstand ist, aber in der Realität von Schulen recht vielgestaltig ist. Vgl. Pech, Detlef u. a.: Kinderkummer. In: Kaiser, Astrid / Röhner, Charlotte (Hg.): Kinder im 21. Jahrhundert. Münster: Lit Verlag 2000 b.

Ein derartiger Kummerkreis ist am besten aus aktuellem Anlass einzurichten. Er kann beginnen, wenn die Lehrkraft spürt, dass ein Kind traurig ist. Nur wenn dieses Kind es will, wird durch einen dumpfen Ton oder Klang, z. B. mit Bass-Klangstäben, der Kummerkreis eingeleitet. Für den Kummerkreis sollten die Kinder nicht bequem auf Stühlen sitzen, sondern vielleicht einander näher hokken. In die Mitte des Kummerkreises werden die beiden großen flachen Kummersteine gelegt oder die Kummerkiste gestellt. Daneben steht die Kiste mit den vielen kleinen Kummersteinen, das kann Tongranulat sein, kleine runde Kiesel oder stachlige Bucheckernfrüchte. Die Kinder werden gebeten, Kummer abzugeben. Wenn ein Kind sich meldet und „drankommt", sagt es, welchen Kummer es meint, nimmt einen kleinen Kummerstein und legt ihn in die Kummerkiste oder zwischen die großen flachen Kummersteine. Die anderen dürfen nun Ratschläge geben, wie dieser Kummer beseitigt oder verringert werden kann. Wenn das Kind einverstanden ist, wird diese Runde abgeschlossen.

Nun kann – wenn noch mehr Kinder ihren Kummer ablegen wollen – dieses Ritual wiederholt werden.

R 4.2.5.25 Die Erinnerungskiste

In dieser Kiste sind viele verschiedene Gegenstände. Schau sie Dir in Ruhe an! Vielleicht fällt Dir zu einem Gegenstand ein Erlebnis z. B. von großer Freude ein. Erzähle dieses Erlebnis im Stuhlkreis! Du kannst die Geschichte auch aufschreiben oder ein Bild dazu malen.

Du kannst auch andere Erlebnisse beschreiben, z. B.:

- ein Streiterlebnis
- ein Erlebnis, was dich besonders geärgert hat
- ein Erlebnis von Freundschaft
- ein Erlebnis von Glück
- ein Erlebnis, das richtig spannend war
- ein Erlebnis, welches dir besonders viel Spaß gemacht hat
- ein Erlebnis, bei dem Du etwas Angst gespürt hast (Kaiser 1999, Praxisbuch 2, S. 65 f.).

R 4.2.5.26 Klassengeheimnis

Kinder lieben Geheimnisse. Gemeinsames heimliches Wissen stärkt das emotionale Zusammengehörigkeitsgefühl. Dieser Mechanismus wird auch in der Wirtschaftswelt unter dem Etikett „Corporate Identity" genutzt. Dabei geht es wie bei Markenprodukten darum, dass gemeinsame Zeichen oder Symbole vereinbart werden. Aber auch Gruppen der Gleichaltrigen erfinden oft spontan derartige Zeichen der Zusammengehörigkeit. Diese lässt sich auch auf die Schule transferieren.

Praxis Rituale   99

So ist es sinnvoll, um die Stimmung in einer Klasse positiv zu verstärken, gemeinsam ein Zeichen der Klasse zu vereinbaren.

Derartige Zeichen können sein: bestimmte Formen, Farben, Bildsymbole, grafisch gestaltete Logos u. a.. Wichtig ist es, dass die Zeichen wirklich als interne Zeichen benutzt werden und noch nicht so schnell an die anderen Klassen verraten werden. Erst wenn diese dann herausfinden, dass beispielsweise die Klasse 2c immer einen Kreis unter die ausgestellten eigenen Werke zeichnet, dann kann dies auch als Markenzeichen der Klasse offiziell vertreten werden.

R 4.2.5.27 Leseratten-Treff

Auch das Lesen ist ein wichtiger Anlass, sich ritualisiert in der Klasse, mit den Parallelklassen oder als ganze Schule zu begegnen und die eigenen Leseerfahrungen mitzuteilen.

Ein solches Ritual könnte etwa mit dem gemeinsamen Gang zur Bibliothek verknüpft werden. In einem separaten Raum muss jedes Kind das Buch hochhalten, das es gelesen hat. Die anderen dürfen nun fragen. Anschließend folgt die Runde der Buchvorstellungen.

Wie dieses Ritual konkret gestaltet wird, hängt sehr von den räumlichen, organisatorischen und lesesozialisatorischen Bedingungen der Kinder ab. Aber um dem Lesen den ihm gebührenden Stellenwert einzuräumen, ist eine derartige Ritualisierung sinnvoll.

R 4.2.5.28 Abschiednehmen

Im Leben ist das Abschiednehmen unvermeidbar. In einer Risikogesellschaft nimmt durch räumliche Mobilität die Häufigkeit der Anlässe zu, die auch ein Abschiednehmen von Kindern aus der Klasse verlangen. Aber auch individuell haben Kinder viel Anlass, in der Familie das Abschiednehmen zu praktizieren. Diese lebenswichtigen Fähigkeiten sind im Schulalltag selten Lerninhalt. Doch das Leben in der Schule gibt allerhand konkrete Anlässe, sei es Weggang von Kindern oder Lehrkräften. Deshalb wäre es durchaus sehr produktiv, ein Ritual für das Abschiednehmen zu entwickeln, um diese realen Situationen deutlicher erfahrbar zu machen. In manchen Schulen mit altersgemischter Struktur wird das Abschiednehmen gemeinsam rituell praktiziert (vgl. Laborschule Bielefeld, Thurn 1997; Bambach 1992; Reformschule Kassel, Röhner u. a. Hg. 1998), aber auch in Schulen mit Jahrgangsklassen lässt sich der Abschied ernst nehmen (vgl. Röhner 1985).

Als Varianten für das gemeinsame rituelle Abschiednehmen bieten sich an:

■ Erinnerungsbuch, in das für jedes abgehende Kind eine Seite gestaltet wird

■ Erinnerungsbilderwand mit Bildern der weggegangenen Kinder

- Trauertuch (vgl. Kaiser 1999, Praxisbuch 2, S. 205) mit aufgenähten Stoffstükken als Erinnerungsstütze an das verabschiedete Kind
- Erinnerungssteine, die auf dem Ausstellungstisch gesammelt werden
- Erinnerungsfäden für jedes verabschiedete Kind

Einmalige Ereignisse? – Grenzen von Ritualen

In der pädagogischen Literatur werden allerdings noch viele weitere besondere Ereignisse unter dem Etikett „Rituale" empfohlen. So nennt Miller (1994) folgende Beispiele: gemeinsamer außerschulischer Aufenthalt (Fahrradtour, Wochenende auf einer Hütte) am Schulanfang (Miller 1994). Wenn diese Ereignisse einmal stattfinden, sind sie gerade keine Rituale. Solche großen Ereignisse wie eine Wochenendfahrt einer Klasse auf eine Hütte ist kaum in irgendeiner Weise regelmäßig rhythmisiert durchführbar.

Es ist zu befürchten, dass mit der Verbreitung von Ritualen als einem schulpädagogischen Erfolgsrezept auch die Begriffsschärfe von Ritualen weiter verschwimmt, so dass bald jede beliebige pädagogische Maßnahme als Ritual bezeichnet wird. Die zweite Gefahr liegt nicht auf seiten der Definition, sondern auf seiten der Praxis. Je mehr verschiedene Rituale in der Schule praktiziert werden, umso mehr schleift sich vom einzelnen Ritual die Besonderheit ab.

4.2.6 Räumliche Rituale

In der Reggio-Pädagogik (vgl. Krieg 1993; Dreier 1993; Göhlich 1990) gilt der Raum als der dritte Erzieher. Deshalb werden in den Kindertagesstätten der Region Reggio Emilia gerade die Räume mit besonderer ästhetischer Sorgfalt gestaltet. Wenige bedeutsame Objekte, sei es ein Spiegelzelt oder wunderschön fotografierte Speisen als Speiseplan für die eigene Essensplanung, strukturieren in diesen preisgekrönten pädagogischen Einrichtungen nicht nur die Räume selbst, sondern auch die Handlungen der Kinder. Etwas von dieser Faszination des gestalteten Raumes ist auch in den regulären Schulbetrieb hinüber zu retten. Die Faustregel ist dabei, in allen räumlichen Bereichen von Schule klare ritualisierte Anordnungen zu schaffen. Enja Riegel schlägt dafür mehrere Ebenen vor, um das Zusammenleben in der Schule zu gestalten und Konflikte lösen zu helfen:

- Schülertreff / Flure: Die Wände in den Fluren und Schülertreffs sind Ausstellungsflächen, um die Ergebnisse aus dem Fachunterricht, den Projekten oder festen Vorhaben einer Schulöffentlichkeit vorzustellen. Sie werden in regelmäßigen größeren Abständen erneuert.

- Klassenraum: Ausgestaltung als „Schulwohnstube' und als vorbereitete Lernumgebung

- Klassenraumtür: Geschlossene Tür bedeutet, 'wir wollen nicht gestört werden', offene Tür heißt 'Zutritt ist möglich' (Riegel 1994).

Praxis Rituale   101

- Neben Klassenraum, Tür und Flur ist auch das Schulgebäude, der Schulhof, das Schulgelände, die Nebengebäude und das gesamte Schulumfeld ein Ort produktiven Gestaltens. Bestimmte räumliche Gestaltungsmöglichkeiten sind auch ritualisiert in das Schulleben oder Leben der Schulklasse zu integrieren.

Allerdings gibt es neben diesen prinzipiell vorhandenen räumlichen Gestaltungsmöglichkeiten auch besondere räumliche Arrangements, die in Richtung von Ritualen aufzuarbeiten sind.

4.2.6.1   Den Klassenraum ästhetisch gestalten

R 4.2.6.1.1 Die Warteklammer

„In vielen Schulzimmern gehören Leseecken mittlerweile zum selbstverständlichen Bestandteil der Raumausstattung. Vielerorts ist jedoch der Platz dafür sehr begrenzt, so dass z. T. oft nur drei bis fünf Schüler die Schmökerecke nützen können. Gefragt ist sie jedoch bei fast allen Kindern. Um einen störungsfreien Wechsel zu ermöglichen, bietet sich die Idee der Warteklammer an. Die fünf Schüler, die in der Leseecke Platz haben, befestigen ihre Namensklammer an der roten Seite des Schildes, d. h. die Leseecke ist besetzt. Die Schüler, die aufgrund des Platzmangels warten müssen, befestigen ihre Klammer auf der grünen Seite. Der Schüler, welcher die Leseecke verläßt, ersetzt seine Klammer durch eine aus dem grünen Bereich und teilt diesem Kind mit, daß ein Platz frei ist" (Butters / Gerhardinger 1996).

R 4.2.6.1.2 Die Wandzeitung der Klasse

In der Freinet-Pädagogik sind neben vielen offenen Strukturen auch besonders klar ritualisierte Elemente zu finden.

Schultheis (1998) schlägt vor, im Umgang mit Konflikten und Problemen das Element der Wandzeitung aus der Freinet-Pädagogik mit Rubriken wie 'Ich kritisiere', 'Ich möchte gerne'…. zu übernehmen.

Eine derartige Wandzeitung, die den Prozess des Arbeitens auf einer Meta-Ebene unterstützt, kann viele Konflikte von der emotionalen Ebene in eine sachliche Auseinandersetzung münden lassen. Gerade Kinder, die sich mit ihren Wünschen nicht genug einbringen können, haben durch diese Form die Chance, sich durch schriftlichen Eintrag auf der Wandzeitung einzubringen. Weitere Rubriken für eine derartige Wandzeitung wären:

„Ich möchte mehr zum Thema … wissen."
„Meine Fragen zu diesem Thema sind …"
„Wenn ich Lehrerin / Lehrer wäre, würde ich …"

102   Praxis Rituale

Es ist wichtig, dass bei diesem Ritual die Rubriken erst schrittweise erarbeitet
werden, damit alle Kinder ihren Sinn verstehen.

R 4.2.6.1.3 Ecken der Klasse

Eine vom Arbeitskreis Grundschule e.V. schon früh in den 70er Jahren propa-
gierte Reformidee ist es, den Klässenraum in verschiedene Ecken aufzuteilen.
Beispiele für derartige Ecken sind Leseecke, Schreibmaschinenecke, Ausstellungstisch, Versuchsecke, Druckecke, Matheecke etc. Diese Vorschläge haben –
wenn wir heute Grundschulen anschauen – enorme Wirkung gezeigt. Die räumliche Strukturierung des Klassenzimmers in bestimmte Lernecken, denen unterschiedliche Arbeitsformen und Tätigkeiten zugeordnet sind (Schultheis 1998),
lässt sich im Sinne des Ritualkonzeptes noch vielfältig verfeinern.

R 4.2.6.1.4 Der besondere Tisch

Neben dem Ausstellungstisch ist es auch sinnvoll, einen besonderen Tisch in der
Klasse anzubieten, der durch besonders stimmungsvolle oder ästhetische Gestaltung einen Kontrapunkt zu der nüchternen Klassenraumatmosphäre bietet.
Die spezifische Gestaltung und das Motto des besonderen Tisches muss sich aus
den Gesprächskreisen ergeben. Thorsten Tiarks (Tiarks 2000a) schlägt beispielsweise vor, in der Klasse eine Glücksecke oder einen Glückstisch aufzustellen.
Sein konkretes Arrangement besteht aus Decken einer Duftlampe, Kerzen, Geschichten zum Thema, eventuell weiche Materialien wie Fleece, Teddy-Stoff o.ä.
Für besonders stimmungsvolle Arrangements wäre es auch angebracht, über einen abzudunkelnden Klassenraum zu verfügen. Auf diesen besonderen Tisch
werden nun – je nach von der Klasse gewähltem thematischen Kontext – bestimmte „Glücksbringer und Glückssymbole, Dinge zum Schmücken (Tücher,
o.ä.), wichtige Gegenstände der Kinder (Kuscheltiere, o.ä.)" (Tiarks 2000a)
aufzustellen. Dazu sollen die Kinder über die sie berührenden Fragen im Zusammenhang mit den Fragen des gemeinsamen Themas, z.B. Glück, aber auch
Angst, Freude, Freundschaft etc., sprechen und das Arrangement in bestimmten
Zeitabständen ergänzen oder modifizieren.

R 4.2.6.1.5 Symbole für verschiedene Dinge, Bereiche etc. in der Klasse

Mit der Namensnennung wird uns ein Lebewesen oder ein Objekt vertrauter.
Um auch für verschiedene Bereiche einer Schulklasse eine engere Beziehung zu
entwickeln, ist es durchaus angebracht, sie zu benennen oder wenigstens durch
Symbole voneinander zu unterscheiden. Für derartige symbolische Benennun-
gen in einer Klasse gibt es mehrere Einteilungskriterien:

Nach Farben:
Rot = Matheecke

Blau = Leseecke
Gelb = Ausstellungstisch
Grün = Blumenecke
Schwarz = Druckecke, Computerecke

Wichtig ist, dass diese farbliche bzw. symbolische Benennung ein von den Kindern selbst gewählter Vorgang ist.

Als weitere Möglichkeiten bietet sich an, die Ecken nach Tieren, Musikinstrumenten, abstrakten Symbolen oder frei erfundenen Kunstnamen (Nono-Ecke, Wima-Ecke etc.) zu benennen.

R 4.2.6.1.6 Puppen – Stofftiere – Klassenmaskottchen und andere

Viele Leselehrgänge gehen davon aus, dass Kinder attraktive Identifikationsfiguren brauchen, ob Fu, Rabe oder Tobi.

Klassenmaskottchen zur Unterstützung von Ritualen oder als eigenes Ritual werden aus vielfachen positiven Praxiserfahrungen oft vorgeschlagen (Gerdes 1997; Stegmaier / Wedel-Wolff 1997). Stegmaier / Wedel-Wolff (1997) bezeichnen diese treffend als stumme Helfer.

Um das Ritual zu verstärken, empfiehlt es sich, gemeinsam einen Namen für die Symbolfigur der Klasse zu geben. Das Ritual selbst sieht so aus, dass es regelmäßige Auftritte der Puppe / des Stofftieres / des Klassenmaskottchens in der Klasse gibt. Die Kommunikation mit dieser Symbolfigur zu Beginn der Unterrichtsstunde ist eine Möglichkeit, aber längst nicht erschöpfend. Gerade die emotionale Besetzung dieser Figuren durch Grundschulkinder ermöglicht es, diese in bestimmten wiederkehrenden Szenen auftreten zu lassen, z. B. wenn etwas Neues eingeführt wird, wenn gemeinsam geübt werden soll oder wenn Abschied von der gemeinsamen Lernsituation genommen wird und differenziert gearbeitet werden soll.

R 4.2.6.1.7 Web-Lesehaus

Rituale haben die Funktion, Geborgenheit zu stiften. Eine Möglichkeit ist es, die Leseecke zu einem Lesehaus umzugestalten. Dazu wird ein Holzgerüst zusammen mit den Eltern für die Leseecke gezimmert. Zwischen den waagerechten Balken werden Bindfäden gespannt. Dazu wird eine Kiste mit Stoffstreifen und Wollresten gestellt.

Die Kinder haben die Gelegenheit, in der Freien Arbeit aus dem vorhandenen textilen Material allmählich die Wände des Webhauses zu weben. So schaffen die Kinder sich selbst immer weiter ein geborgenes Haus für das Lesen, bis im Haus des Lernens ein selbsterstelltes Haus des Lesens entstanden ist.

104   Praxis Rituale

R 4.2.6.1.8 Ausstellungstisch

Schule muss sinnvoll sein. Das, was Kinder mühselig erarbeitet haben, sollte auch entsprechend gewürdigt werden. Schülerinnen und Schüler brauchen Adressatinnen und Adressaten für ihre Arbeit, um andauernde Lern- und Leistungsmotivation zu entwickeln. Dazu ist es sinnvoll, den Ausstellungstisch als Dauermuseum in der Klasse oder im Flur vor der Klasse zu institutionalisieren.

Wenn der Ausstellungstisch zu einer ritualisierten Einrichtung werden soll, müssen regelmäßige Formen des Umgangs damit eingeführt werden. Eine Variante wäre es, monatlich das Thema zu ändern oder in einer besonderes betonten Szene Neues auszustellen, z. B. alle Kinder stehen um den leeren Ausstellungstisch und sollen sich überlegen, wie er wohl morgen aussieht, wenn er zum Thema Wald, Wasser, Indianer, Bauernhof, gesundes Essen, oder … ausgestaltet ist. Anschließend werden die gemeinsam geplanten oder von einzelnen mitgebrachten Stücke aufgestellt.

Ein praktikabler Weg ist dabei auch, dass feste Ständer oder Plastikhüllen für die Beschriftung der Exponate grundsätzlich zum Repertoire der Klasse gehören, in die dann die jeweils erforderlichen Wörter oder Texte zur Erläuterung der Exponate eingefügt werden.

Ein weiteres Strukturelement ist die Verantwortlichkeit einzelner Kinder (turnusmäßig rotierend) für den Tisch. Erfahrungen zeigen, dass gerade bei Ausstellungstischen im Flurbereich oft Schilder vertauscht werden oder umfallen. Die Verantwortlichen für den Ausstellungstisch haben dabei in der Regel viel zu tun, die von der Klasse geplante Ordnung immer wieder herzustellen.

R 4.2.6.1.9 Schulkapelle

In der evangelischen Gesamtschule Gelsenkirchen [16] ist für Andachtszwecke eine eigene Schulkapelle im Zentrum des Schulgeländes errichtet worden. Dort ist die Gelegenheit für die drei in der Schule vorwiegend vertretenen Religionen, islamisch, evangelisch-christlich und katholisch-christlich, nicht nur die räumliche Ausgestaltung je spezifisch auszugestalten, sondern auch an einer Wand durch Bild und Text jeweils der Menschen zu gedenken, die die Gemeinschaft verlassen haben, Elternteile, Kinder oder Lehrkräfte.

4.2.6.2   Die Klassenraumtür anheimelnd gestalten

R 4.2.6.2.1 Tür für alle

Jedes Kind will in seiner sozialen Gruppe angenommen werden. Der Eintritt in die Schule ist ein sehr wichtiger Übergang von der Familie zur öffentlichen sozia-

---

[16] nach Informationen des Gründungsrektors, Prof. Dr. Rainer Winkel, vgl. auch das Themenheft der Zeitschrift Päd.Forum zur evangelischen Gesamtschule Gelsenkirchen, April 2000.

Praxis Rituale 105

len Existenz. Von daher ist es von hoher Bedeutung für jedes Kind, ob es auch in der Schulklasse angenommen wird. Dazu ist es wichtig, dass jedes Kind schon sieht, dass es dazu gehört. Eine Klassenraumtür, die so gestaltet ist, dass jedes einzelne Kind angenommen ist, ist ein wichtiges Hilfsmittel. Die Tür für alle kann auf verschiedene Weise in diesem Sinne gestaltet werden:

- Auf der Klassenraumtür sind Namensschilder von allen Kindern befestigt

- Auf der Klassenraumtür sind Fotos von allen Kindern befestigt

- Auf der Klassenraumtür sind selbst gemalte kleine Bilder (DIN A 6) von allen Kindern befestigt

- Auf der Klassenraumtür sind Umrisse bestimmter Formen aus Tonkarton in der Zahl der Kinder angebracht; die Formen (Birnen, Äpfel, Blumen, Bären, Marienkäfer, Schmetterlinge, Hasen, Igel, Bäume etc.), darauf sind Namen und/oder Bilder der Kinder befestigt

- Für jedes Kind der Klasse ist ein Wollfaden in der gewünschten Farbe an der Klassenraumtür befestigt

Alle diese Abbildungen sollen darauf hinweisen, dass die Klasse eine feste Gemeinschaft ist, die aber auch gleichzeitig aus unterschiedlichen einzelnen Menschen besteht. Die Ritualisierung der Tür für alle lässt sich etwa in der Weise gestalten, dass die Kinder bei Betreten der Klasse zuerst auf das eigene und oder auf ein anderes Bild schauen.

R 4.2.6.2.2 Türbriefkasten

An der Tür ist ein großer Briefkasten befestigt, in dem jeden Morgen entsprechend der Zahl der Kinder Bilder, Wörter oder Botschaften stehen, die auch mit der Projektthematik im Zusammenhang stehen. Die Kinder dürfen sich bei Eintritt in die Klasse einen Zettel aus dem Briefkasten herausholen und haben dann den eigenen Brief / das eigene Bild des Tages in der Hand. Sie können darüber im Morgenkreis reden oder einfach nur darüber nachdenken.

R 4.2.6.2.3 Namensgebung der Klasse

Für die Identitätsentwicklung sind Namen von großer Bedeutung. Dies ist nicht nur für Individuen, sondern auch für soziale Gruppierungen ein wichtiges Merkmal. Deshalb ist es wichtig, dass auch die Kinder einer Klasse sich selbst einen Namen geben und diesen Namen deutlich auf der Tür dokumentieren.

R 4.2.6.2.4 Inhaltsverzeichnis der Klasse

Eine sehr einfache Form eines Inhaltsverzeichnisses ist es, dass eine Klassenliste der Klasse an die Tür geheftet wird.

Diese Klassenliste lässt sich allerdings auch vielfältig variieren: So ist es denkbar, anstelle der Namen Symbole oder Fotos der Kinder auf dieser Liste nach außen sichtbar zu dokumentieren.

4.2.6.3 Besondere Plätze in der Klasse

R 4.2.6.3.1 „Nischen für uns"

Schule ist ein öffentlicher Raum, der für viele Kinder gleichzeitig da ist. Dies bedeutet eine ständige soziale Beanspruchung. Ständig muss jedes einzelne Kind sich in Relation zu über zwanzig anderen sehen und verorten und vor allem sich nicht ständig nur im Leistungsvergleich zu sehen, sondern als eigene Person.

„Nischen für uns" sind gekennzeichnet durch besondere persönliche Präsenz für jedes einzelne Kind. Das Spektrum der Möglichkeiten ist sehr groß, wie für jedes Kind eine individuelle Nische geschaffen werden kann. Hier seien einige Beispiele angeführt:

- eigener Haken: jeden Garderobenhaken durch Bild oder Namen kennzeichnen und nur diesem einen Kind zuordnen. Gerade diese nach außen sichtbaren Schilder lassen sich durch besonders sorgfältige Ornamente auffällig und schön gestalten.
- eigenes Fach für Bücher und Hefte
- eigene Mappenablage
- eigener Ordner
- persönlich beschriftete Ranzenablage
- Eigentumsfächer für persönliche Dinge ganz nach eigener Wahl – auch nicht mit der Schule unmittelbar zusammenhängende Stücke dürfen in die Eigentumsfächer gelegt werden.

R 4.2.6.3.2 Klassenmuseum

In einem adäquaten Schrank oder einer Vitrine mit Glastür werden die wesentlichen Exponate einer Klasse ausgestellt. Die Exponate sollen die Entwicklung der Klasse dokumentieren. So können folgende Objekte in einem Klassenmuseum stehen:

- Das Klassenfoto vom ersten Schultag
- Der Stein, über den am 2. Schultag gesprochen wurde
- Die Symbolpuppe für den Erstleseunterricht
- Ein heruntergefallenes Vogelei vom ersten gemeinsamen Unterrichtsgang
- Der erste Computerausdruck der Klasse
- Der Hut der Hauptfigur vom ersten selbst aufgeführten Theater beim zweiten Eltern-Kind-Nachmittag

Praxis Rituale   107

Dieses Klassenmuseum hat die Aufgabe, das Leben der Klasse nach und nach zu dokumentieren und somit analog zum wirklichen Museum für die „Nachwelt" zu präsentieren.

R 4.2.6.3.3 Rückzugsplatz

Schule ist ein öffentlicher Raum und kostet auch viel Kraft. Ständig muss jedes einzelne Kind sich in Relation zu über zwanzig anderen sehen und verorten, zusätzlich den schulischen Leistungsanforderungen entsprechen und gleichzeitig die Lehrkraft als positiv gesonnene Bezugsperson sich erhalten. Diese enormen emotionalen Anstrengungen machen es notwendig, dass Kinder auch mal von den sozialen und leistungsbezogenen Anforderungen Rückzugsmöglichkeiten haben. In der Laborschule in Bielefeld wurden in der Gründungsphase für die Eingangsphasen kleine Hütten für den zeitweisen Rückzug errichtet. In der Grundschule Gievenbeck (Benner / Ramseger 1981) wurde sogar ein zweiter Raum neben dem Klassenraum als Ruheraum eingerichtet. Die evangelische Gesamtschule in Gelsenkirchen wiederum ist baulich so konzipiert, dass kleine Häuser für die Klassen zur Verfügung stehen. In jedem dieser als Doppelhaushälften angelegten Gebäude gibt es entsprechend dem Konzeptansatz der Familienschule eigene Sanitärräume, Flur mit Garderobe und Schränke für persönliche Dinge (Cebul 2000, S. 101). Dies ist bei vielen gegenwärtigen Schulen aus räumlichen Gründen wohl kaum möglich, aber dennoch ist es denkbar, kleine Schritte in Richtung räumlicher Geborgenheit zu entwickeln.

4.2.6.4   Schulflurgestaltung

R 4.2.6.4.1 Schulflure als atmosphärevolle Lernumgebung

Schulen verschwenden häufig den zur Verfügung stehenden Raum, indem die Schulflure ausschließlich als Rennbahn in die Pausen hinaus genutzt werden. Dabei könnten die Flure auch Räume des Verweilens werden.

Eine Möglichkeit, diese Flächen zu nutzen, wäre nicht nur durch Bilder an den Wänden, sondern auch durch sonstige Exponate eine atmosphärevolle Umgebung zu schaffen. Jede Klasse hätte das Recht, für die Dauer eines Monats (am Anfang sind drei oder zwei Monate sinnvoll) ihre eigene Flurregion zu gestalten. Dafür gibt es vielfältige Möglichkeiten, von denen hier nur einige vorgestellt werden:

- Eine große Stoffbahn wird als „Himmel" über den Flur drapiert

- Eine große Pflanze wird im Kübel aufgestellt

- Auf einem Ständer wird ein kleines Exponat (Stein, Zweig, Pflanze) ausgestellt

- Ein Flur wird mit großen Packpapierbögen verkleidet, auf die die Kinder in weißen und braunen Naturfarben Höhlenmalerei-Tiere nachzeichnen
- Ein Reifenbeet wird auf dem Flur aufgestellt, d. h. aus drei übereinander getürmten Autoreifen wird ein Beet umgrenzt, mit Erde gefüllt und bepflanzt
- Eine Skulptur aus Müllbestandteilen
- Ein kleiner Sandberg, in den Muscheln gesteckt sind
- Ein selbst gewebter Teppich der Klasse
- Eine Webstation (Auf einem Tisch liegt ein großer Webrahmen, im Korb stehen Stoffstreifen zum Einweben zur Verfügung)
- Eine gemütliche Polsterecke
- Ein jahreszeitliches Exponat (Sonnenschirm, Schneeschieber, Herbstlaubbesen, Fahrradreifen fürs Frühjahr, Zweig mit Knospen fürs Frühjahr)
- Eine kompliziert übereinander gestapelte Pyramide aus verschiedenen Dosen oder anderen Gegenständen

R 4.2.6.4.2 Schulflure als anregungsreiches Schul-Museum mit Ausstellungstischen

Eine zweite Möglichkeit der Nutzung der Schulflure wäre durch die Bereitstellung besonderer Ausstellungstische gegeben.

Jede Klasse hat hier die Aufgabe, allmonatlich die Ergebnisse der eigenen Projektarbeit der Schulöffentlichkeit vorzustellen.

Hier sind viele Varianten denkbar, die von einfacher Präsentation, über Mitmach-Versuche, Rückmeldezettel für die Kinder, die die Ausstellung gesehen haben, Aufforderungen zur Ergänzung der Ausstellung und Denkfragen an das Publikum reichen.

4.2.6.5 Schulgebäude als Ort produktiven Gestaltens

Es gibt keine Architektur, an der nicht die Möglichkeit des Gestaltens gegeben wäre. Selbst bei denkmalgeschützten Schulhäusern mit der Auflage, keine baulichen Veränderungen vorzunehmen, gibt es viele Veränderungsmöglichkeiten, um ritualisierte Orte zu schaffen.

Weit verbreitet ist es heute an Schulen, für die Adventszeit einen Kranz an einer bestimmten Stelle im Schulflur an die Decke zu hängen, an einer bestimmten Stelle den Weihnachtsbaum aufzustellen.

Aber es lassen sich noch etliche andere räumliche Umgestaltungen denken, die von der gesamten Schule beschlossen und gemeinsam getragen werden können. Hier seien nur stichpunktartig Möglichkeiten vorgestellt:

- Stätten der Ästhetik
  - Türvolants: Stoffbahnen werden um bestimmte Fachraumtüren gehängt,

Praxis Rituale   109

um einen zeltartigen Eindruck für den Eingangsbereich zu schaffen
- Blumentisch, auf denen täglich eine neue jahreszeitliche Blume in die Vase gestellt wird
- Stätten der Besinnung
  - Ecke der Stille, gut mit Vorhängen gegen Schall isoliert, darin ein Korb mit schönen Gegenständen (Steine, getrocknete Getreidehalme, Muscheln etc.)
  - Drempel: Selbst erstellte Hürden, Hindernisse und Erhöhungen auf langen Fluren, die schön gestaltet sind und zum Verweilen einladen, um das Rennen in den Schulfluren zu verhindern
- Stätten des Austauschs und der Dokumentation
  - Symboltisch: Tisch mit schön drapierter Decke, dem Schulsymbol und schön gestalteten Karten, auf denen jeweils wichtige Ereignisse aus dem Schulleben mitgeteilt werden, die in einem Nachrichtenkorb für alle lesbar liegen
  - Ausstellungszentrum: eine Ansammlung von Ausstellungstischen zu Themen von verschiedenen Klassen
  - Zentrale Ausstellungsstellwände mit Flächen für jede Klasse

4.2.6.6   Gestaltung von Schulhof und umliegendem Gelände

R 4.2.6.6.1 Schulhof als Ort produktiven Gestaltens

Der Schulhof lässt sich in räumlicher wie auch in szenischer Hinsicht ritualisieren.

Unter räumlicher Ritualisierung lässt sich ein Konzept verstehen, bei dem der Schulhof in Zonen aufgeteilt wird, die für bestimmte Bewegungen oder für bestimmte Gruppen vorgesehen ist. Die Fußballplätze und Sandspielecken sind bereits klassische Anfänge für eine Funktionsdifferenzierung von Schulhöfen. Allerdings gehört zu einer Ritualisierung, dass dies von der Schulgemeinde gemeinsam beschlossene Regelungen sind und durch farbliche Kennzeichnungen oder andere Markierungsformen feierlich gemeinsam initiiert wird. Derartige räumlich strukturierte Ecken eines Schulhofes könnten sein:

- Fußballplatz
- Ruhezone
- Kletterberg
- Schattenbaum zum Erholen
- Sandkiste
- Tunnelröhren zum Durchkriechen und Verstecken
- Gartenzone / Beete
- Geschicklichkeitsparcours
- Frühstücksgarten (z. B. mit Bänken und Holztischen)

- Wege zu den verschiedenen Zonen
- Hüpfecke
- Flaniermeile
- Bauspielplatz
- Labyrinth

Diese hier beispielhaft vorgestellten Möglichkeiten lassen sich nicht synthetisch planen, sondern müssen von den gegebenen räumlichen Bedingungen und den Bedürfnissen der Schülerinnen und Schüler gemeinsam gestaltet werden. Wichtig ist es jedoch, dass dieses Regelsystem auch zu besonderer Respektierung der jeweiligen Möglichkeiten führt und gemeinsam getragen wird und nicht von außen aufgesetzt erscheint.

R 4.2.6.6.2 *Schulgelände und Nebengebäude als Ort produktiven Gestaltens*

In einer Schule mit lebendigem Schulleben gibt es viele Orte und Zeiten, in denen etwas Besonderes stattfindet, das auch in eine Form des Rituals überführt werden kann. Hier soll dies an vier Varianten der Schullebensgestaltung beispielhaft erläutert werden, nämlich

Salatbar
Brötchenkiosk
Fleckentfernungsdienst
Erste-Hilfe-Station

Alle diese – möglichst eigenständig von den Kindern der Schule zu organisierenden und zu führenden - Dienstleistungsstationen auf dem Schulgelände lassen sich als Rituale durchführen, wenn mindestens die folgenden Merkmale praktiziert werden:

- fester Standort auf dem Schulhof
- feste Öffnungszeit
- besondere räumliche Markierung, z. B. durch ein Absperrband oder ein Schild
- akustisches Signal, um die Öffnungszeit zu signalisieren, z. B. Gong oder Glocke
- besondere Kleidung der Kinder am Stand, z. B. weiße Haube oder Rotkreuz-Armbinde
- besondere farbliche Markierung des Standes
- Präsentation des Symbols für den Stand
- Wegweiser oder Hinweisschilder
- Ausgabe von Karten des jeweiligen Dienstleistungsstandes mit Symbol an alle diejenigen Kinder, die den Stand in Anspruch genommen haben
- Rückmeldebogen zum Angebot für die Nutzerinnen und Nutzer

Praxis Rituale   111

R 4.2.6.6.3 Schulumfeld als Ort produktiven Gestaltens

In der DDR war das Schulumfeld über Aufgaben der Pionierorganisationen systematisch in schulische Aufgaben eingebunden, so wurden soziale Aufgaben, wie alten Leuten zu helfen (Geiling / Heinzel 2000, S. 94) oder Altstoffsammelaktionen (ebd., S. 97) systematisch angeleitet. Im „Jahrespionierauftrag" (Heinzel 2000, S. 95) wurde eine langfristige Aufgabe festgelegt.

Schulen im Westen sind dagegen institutionell noch stark gegen ihr Umfeld abgeschottet. Dabei bietet sich eine Vielfalt an Handlungsmöglichkeiten, wie Schulen öffentlich in geregeltem Kontext auftreten können.

Hier seien nur einige Handlungsmöglichkeiten skizziert:

- Frühjahrskonzerte in schulnahen öffentlichen Anlagen, wo die Kinder die gelernten Lieder einfach der Öffentlichkeit präsentieren
- Altenhilfe im Schulumfeld
- Patenschaften für Kindergartenkinder im Schulumfeld
- Aktionen zur Müllvermeidung
- Verschönerungsaktionen
- Appelle, um Mitbürgerinnen und Mitbürger zum Nachdenken zu bringen (Kinder in anderen Ländern, Krieg und Frieden, Umweltschutz, …)

Die Möglichkeiten der Verbindung zum Schulumfeld sind schier unerschöpflich, wichtig ist allerdings, dass die jeweils ausgewählten Aufgaben in einer regelmäßigen, verantwortlichen Form durchgeführt werden und immer wieder in die Klassen zurückgemeldet werden.

4.2.7   Verantwortungsrituale

R 4.2.7.1 Ämter

Jedes Kind möchte in der großen Schulklasse persönlich bedeutsam sein. Deshalb ist es eine wichtige Regel festzulegen, dass jede Schülerin / jeder Schüler mindestens ein Amt, für die Klasse oder den Jahrgang hat. Auch in der Schule der DDR waren Ämter wichtige Strukturierungen des Alltags und wurden besonders hervorgehoben (Geiling / Heinzel 2000, S. 32). Dort wurde sogar mit der Pionierorganisation ein gesonderter Verantwortungsbereich für die Ämtereinhaltung vorgesehen.

Wichtig bei Ämtern ist es, dass sie nicht nüchtern bürokratisch eingeführt werden, sondern entsprechend den identitätsfördernden Zielen mit großer symbolischer Betonung ritualisiert behandelt werden. Dazu ist es elementar wichtig, dass öffentlich sichtbar klare Listen geführt werden, wer welches Amt hat. Aber auch die Amtseinführung sollte im Sitzkreis mit Handschlag oder anderen symbolischen Handlungen wie gemeinsamem Applaus erfolgen, um das Aufgabengebiet nicht nur gemeinsam zu umreißen, sondern auch zu verstärken.

R 4.2.7.2 Klassenrat

Mitbestimmung auch der Schülerinnen und Schüler über das schulische Geschehen war schon in der Reformpädagogik ein viel diskutierter Ansatz. Klassensprecherinnen und Klassensprecher als Institution sind bereits – zumindest für höhere Klassen – in unserem Schulsystem gesetzlich verankert. Als Resultat dieser Zeit gab es in der DDR den Gruppenrat, der sich aus den von der Pionierorganisation bestimmten Sprecherinnen und Sprechern der Klassen zusammensetzte und fest etabliert in den Schulklassen der DDR war (Geiling / Heinzel 2000b). Diese Institution war weniger Organ der Mitbestimmung als vielmehr aktivierendes und ausführendes Organ für spezifische Aufgabenbereiche der Klasse, insbesondere die Förderung schwächerer Schülerinnen und Schüler. Eine eher als Form der Mitbestimmung zu bezeichnende Institution der Schule ist der Klassenrat. Dieser ist zunächst einmal ein gemeinsames Zusammentreffen, um für die anstehenden Aufgaben bzw. Aktionen eine gemeinsame Absprache zu treffen oder gemeinsam Konflikte und Probleme zu besprechen, die alle bzw. mehrere Kinder angehen.

Am Ende der Woche findet beim Klassenlehrer / der Klassenlehrerin der Klassenrat statt. Alle sitzen im Kreis. Eine Schülerin / ein Schüler leitet den Klassenrat, ein/e andere/r führt Protokoll. Der Klassenrat wird vorbereitet durch eine Wandzeitung, die montags in der Klasse ausgehängt wird. Für den Klassenrat gibt es viele Varianten (vgl. Kiper 1997). Der Klassenrat ist formal zu vergleichen mit dem Gruppenrat, den es fest etabliert in den Schulklassen der DDR gab (Geiling / Heinzel 2000b, S. 28). Allerdings ist es in Hinblick auf Ritualisierung wichtig, dass die Regeln und Ordnungen gemeinsam gestaltet werden.

R 4.2.7.3 Jahrgangsrat

Vertreterinnen und Vertreter der vier zum Jahrgang gehörenden Klassen besprechen alle vierzehn Tage Probleme und Wünsche des Jahrgangs" (Riegel 1994). Diese Institution ist vergleichbar mit dem Freundschaftsrat der DDR (Geiling / Heinzel 2000b, S. 28). Wichtig ist allerdings, dass hier nicht von außen aufgesetzte Aufgaben behandelt werden, sondern vor allem aus dem Leben der Schule entwickelte. Auch hier lassen sich die Tagesordnung, das räumliche Arrangement und die Interaktionen in einer fest entwickelten Struktur entwickeln, die durch bestimmte Zeichen, Symbole oder Klänge begleitet werden.

R 4.2.7.4 Bitte Bedenkzeit!

Butters / Gerhardinger (1996) schlagen vor, dass auch die Zeit zur Bearbeitung von Aufgaben von der eigenen Selbsteinschätzung abhängig gemacht werden soll. „Zur Verantwortung gehört auch die Verantwortung für den eigenen individuellen Lernprozess. Wenn ein Schüler, belastet durch häusliche Probleme oder

Praxis Rituale 113

durch Streitigkeiten mit einem Mitschüler, innerlich abwesend ist und dem Unterrichtsgespräch nicht folgen kann, hat er die Möglichkeit, die Lehrkraft um Bedenkzeit zu bitten. Dabei vereinbart er sowohl die voraussichtliche Dauer der Bedenkzeit als auch den gewünschten Gesprächspartner (Mitschüler oder Lehrkraft). Im Gruppenraum oder einem anderen geschützten Ort kann er sich mit seinem Problem auseinandersetzen. Auf diese Weise ist es möglich, zwei wesentliche Postulate der themenzentrierten Interaktion von Ruth Cohn zu verwirklichen" (Butters / Gerhardinger 1996). Ein Ansatz nach Cohn ist die Norm „Sei dein eigener Chairman". Damit ist gemeint, dass die Schülerinnen und Schüler versuchen, sich ihrer eigenen Gefühle, Wünsche und Gedanken bewußt zu werden. Der zweite Grundsatz nach Cohn lautet: „Störungen haben Vorrang". Damit ist der Gedanke angesprochen, dass persönliche depressive, aggressive oder angstvolle Gemütsverfassungen und Verstörtheiten den einzelnen lähmen und die Gruppe unterminieren können (Butters / Gerhardinger 1996). Um diese massiven Störungsmöglichkeiten zu unterbinden bzw. nicht so wirksam werden zu lassen, bedarf es intensiver Reflexion und Selbsterfahrung. Um dafür Raum und Zeit zu erlangen, ist das Ritual „Bitte Bedenkzeit!" ein wichtiger Anfang.

4.3 Rituale in Fächern, Projekten, Lernbereichen und einzelnen Unterrichtsstunden

R 4.3.1 Der Lesethron

Gerade wenn in einer Schule das Schreiben freier Texte fachdidaktisch präferiert wird, ist es sinnvoll, diese Produkte kindlichen Schaffens auch ritualisiert und damit besonders hervorgehoben zu würdigen. Gerdes (1997) schlägt vor, von Kindern erstellte Texte mit Autorenmütze und Autorensessel dem Publikum (der Klasse) vorzustellen. In der Grundschule Huntlosen wird zum Unterstreichen der Bedeutung von Kindertexten der Lesethron als Ritual erprobt. Diese Vorleserituale haben nicht nur Verstärkungsfunktion, sondern können dazu beitragen, vertiefende Gesprächsanlässe zu schaffen (Gerdes 1997) – gerade weil für die ritualisierte Form mehr Zeit als im gesteuerten lehrkraftzentrierten Unterricht gebraucht wird.

„Gebraucht hierfür werden ein Podest (gut geeignet sind alte Paletten), ein alter Armsessel, zwei Meter Pannesamt und breites goldenes Schleifenband.

- Der Sessel wird auf das Podest gestellt und der Samtstoff großzügig als Überwurf drapiert, an den Armlehnen und den Beinen wird der Stoff mit goldenen Schleifen festgebunden.

- Auf diesem Thron wird täglich aus dem Wanderbuch und bei Bedarf aus dem Klassentagebuch vorgelesen. Auch eigene freie Texte oder Gedichte können auf diesem Thron präsentiert werden.

Wichtig ist, dass eine Schülerinnengruppe möglichst eigenständig diesen Thron zu Beginn des Schuljahres gestaltet. Der eigenen Kreativität sollen dabei keine Grenzen gesetzt werden. Der oben genannte Gestaltungsvorschlag kann dazu nur eine Anregung sein" (Wigger 2000, Typoskriptfassung).

Wichtig ist allerdings, dass das Vorlesen eigener Texte oder wichtiger fremder Texte die adäquate Bedeutung bekommt, um Aufmerksamkeit und Stille zu fokussieren. Dazu sind auch andere ritualisierte Inszenierungen als der Lesethron denkbar.

R 4.3.2 Der Thinking-Chair

Dieser besondere Stuhl zum Nachdenken im Klassenraum lässt sich inhaltlich in verschiedener Bedeutung besetzen. Er kann wie Schultheis vorschlägt, mehr disziplinierende Funktion haben, wenn er vorgestellt wird als Schaukelstuhl, zu dem man geschickt wird oder den man selbst aufsuchen konnte, wenn man über Verhalten nachdenken soll (Schultheis 1998). Er kann auch als Ort des freiwilligen Aufsuchens verstanden werden, als Stuhl, auf den die Kinder dann gehen, wenn sie besondere Fragen haben, sich dem Nachdenken widmen wollen oder einfach mal Ruhe vom schnellen Ablauf des Unterrichts suchen.

R 4.3.3 Ich-Buch

Ein Ich-Buch[17] aller Kinder der Klasse zu gestalten ist ein Weg, allen Kindern Chancen zu geben, sich mit seiner Persönlichkeit einzubringen. Als Ritual kann dieses Ich-Buch umgestaltet werden, wenn es zu bestimmten Zeiten (etwa vor bzw. nach der Frühstückspause) gemeinsam beachtet wird oder an einem bestimmten festen Ort der Klasse zur Ansicht aller deponiert wird. Wichtig ist es dabei, dass der wiederholende Charakter eines Rituals gewahrt wird. Die Anweisung der Kinder zu Beginn der Ich-Buch-Arbeit könnte etwa lauten:

„Hast Du Lust, ein Buch über Dich selber zu machen? In diesem Ich-Buch könnte stehen:

– Geschichten, geschrieben oder gemalt, die Du erlebt hast
– Bilder von Dir
– Steckbrief über Dich selbst
– Geschichten von früher
– Geschichten über Deine Familie
– Dein schönstes oder traurigstes Erlebnis
– Phantasiegeschichte: Wie möchtest Du sein?
– Das mag ich an mir, das nicht
– Was kann ich gut, was nicht so gut?
– Was will ich mal werden?" (Kaiser 1999, Praxisbuch 2, S. 67).

---

[17] vgl. Ich-Buch 1. Schj. R 4.2.5.22

Praxis Rituale   115

R 4.3.4 Ein Umweltbarometer

Bahlmann (2000, S. 87) schlägt vor, ein klasseneigenes Umweltbarometer für den Verbrauch von Verpackungen herzustellen. Dieses soll aus einem großen auf Pappe befestigten Pfeil dargestellt werden, der an eine freie Wand in der Klasse geheftet wird.

Auf diesem Umweltbarometer können Einschätzungen der Kinder zur Umweltschädlichkeit bzw. –freundlichkeit verschiedener Handlungen einer Klasse eingetragen werden, z. B. tägliche Menge an Restmüll nach dem Schulfrühstück, Energieverbrauch in der Klasse durch Messung der Zimmertemperatur u. a.

R 4.3.5 Rituale der Sinneswahrnehmung

Fühlkiste

Auch wenn der Umgang mit Fühlkisten u. a. Tastanregungen mittlerweile weit verbreitet ist, lässt sich dies auch thematisch integrieren. Dazu ist es sinnvoll, sehr schön mit Stoff oder anderem Dekor beklebte Kisten immer an einer bestimmten Stelle im Klassenraum für alle Kinder zugänglich zu machen. Für das jeweilige Sachunterrichtsthema wird die Fühlkiste wieder neu gefüllt – sei es durch eine jeweils dafür verantwortliche Gruppe oder anfangs durch die Lehrkraft. Für die übrigen Kinder besteht dann die Anregung, immer wieder die jeweiligen Objekte ertasten zu können (vgl. Kaiser: Praxisbuch handelnder Sachunterricht Bd. 1, 1996, S. 150).

R 4.3.6 Pro- und Contra-Spiel

Szenische Medienrituale eignen sich hervorragend für den Transfer auf die Schule. Die Form ist bekannt, die Rollenaufteilung ebenfalls, aber auch bestimmte sprachliche Wendungen.

Nach einer früher viel rezipierten Fernsehsendung mit dem Serientitel „Pro und Contra" lassen sich viele Unterrichtsthemen mit antinomischer Inhaltsstruktur bearbeiten. Wenn diese Kontroverse im Unterrichtsgespräch aufgetreten ist, dann wird zunächst These und Gegenthese an zwei Seiten der Tafel geschrieben. Solche Sätze könnten lauten: „Wir sind für einen extra Fußballplatz auf dem Schulhof." „Wir sind gegen einen extra Fußballplatz auf dem Schulhofgelände". Danach wird eine Vorabstimmung in der Klasse durchgeführt, wie viele Stimmen für Pro und wie viele es für Contra gibt. Dazu ist es wichtig, dass zunächst die Rollen verteilt werden, nämlich Sendungsleitung, Anwalt / Anwältin Pro wie auch Contra und je zwei Hauptzeugen für beide Seiten. An hervorgehobener Stelle – möglichst an einem vorn im Klassenraum aufgebauten Tisch – sitzen dann Anwältin / Anwalt für die Pro-Seite und Contra-Seite, wenn das Spiel eröffnet wird. Das Ritual sieht dann folgendermaßen aus: gendermaßen aus: Die Anwälte halten Plädoyers – Abwechselnd werden Zeugen für beide Seiten aufgerufen – Anschließend wird das Publikum gebeten, sich für weitere Zeugenaussagen zur Verfügung zu stellen (vorbereitete Argumentationshilfen können hilfreich sein, damit möglichst viele Kinder die Sicherheit haben, sich in dieses Ritual einbringen zu können).

R 4.3.7 Gerichtsspiel

Eine Variante des Pro-und Contra-Spieles bei Entscheidungsfragen ist das Gerichtsspiel. Kaum ein gesellschaftliches Ritual ist den Kindern aus den Medien derart vertraut wie das Gerichtsritual. So wird oft spontan die situationsadäquate sprachliche Formulierung wie „Einspruch, Euer Ehren" verwendet.

Das Gerichtsspiel eignet sich als Ritual zur Beurteilung von (historischen) Situationen (z. B.: War die Eroberung Südamerikas durch spanische Seefahrer gerechtfertigt) oder von gesellschaftlichen oder ethischen Entscheidungen (War der Bau der Talsperre und Abriss des Dorfes zu rechtfertigen?).

Konkret als Ritual werden nach intensiven unterrichtlichen Diskussionen als Abschluss die tragenden Rollen eines Gerichtsspiels besetzt, nämlich Richterin / Richter, Staatsanwältin / Staatsanwalt, Verteidigerin / Verteidiger, Angeklagte / Angeklagter. Diese müssen schriftlich eine Anklage bzw. Verteidigungsrede vorbereiten. Die übrigen Kinder der Klasse können als Zeuginnen oder Zeugen herangezogen werden. Als Variante und Erweiterung dieses Rituals kann auch ein Gremium von Schöffinnen und Schöffen für die Beratung bei der Urteilsfindung eingesetzt werden.

R 4.3.8 Talk-Show

Momentan sind Talk-Shows verschiedenen Niveaus weit verbreitet. Statt Dichterlesung, Gesundheitsfilm oder Übertragung politischer Debatten im Bundestag wird im Fernsehen immer stärker die Form der Talk-Show gepflegt. Dabei handelt es sich eigentlich nur um ein moderiertes Gespräch. Zuweilen ist es dabei allerdings möglich, dramatisierende Elemente durch Meinungskontraste oder Persönlichkeitsunterschiede der Beteiligten hervorzubringen.

Da die Talk-Shows im Fernsehen und anderen Medien eine hohe Verbreitung haben, ist das Anknüpfen an diese Kunstform leicht zu bewerkstelligen. Es gehören zu Ritualen vor allem drei Grundformen:

- eine Moderatorin / ein Moderator
- ein Name der Talk-Show (oft mit der moderierenden Person verknüpft)
- bestimmtes räumliches Arrangement
- feste sprachliche Wendungen bzw. Kommunikationskultur (z. B. darf Persönliches erfragt werden oder nicht, dürfen Fangfragen gestellt werden oder bleibt das Gespräch plätschernd klatschartig an der Oberfläche, wird Kom-

Praxis Rituale   117

munikation der Talkshow-Geladenen untereinander zugelassen oder werden alle Kommunikationsstränge immer wieder auf die moderierende Person zentriert?)

Eine derartige Talkshow als Ritual – etwa zum Abschluss einer thematischen Einheit oder aber zum Aktualisieren von Vorerfahrungen zu Beginn einer Unterrichtseinheit oder eines Projektes – ist geeignet, durch die Form eine breite Palette an Aspekten zur Thematik in der Klasse vorzustellen.

R 4.3.9 Rituale zur nachhaltigen Bildung

Spätestens seit der weltweiten Umweltkonferenz in Rio macht die Formel von der nachhaltigen Bildung die Runde. Danach wird nicht aufgesetzte Umweltaufklärung oder moralisch aufgesetzte Zeigefinger-Pädagogik verlangt, sondern eine Pädagogik, die die Persönlichkeit nachhaltig zu umweltbewusstem langfristigen Denken, Fühlen und Handeln orientiert.

Angesichts der weit gespannten Ziele einer nachhaltigen Bildung bietet es sich geradezu an, hierzu auch Rituale zu schaffen, die die komplexen Ziele auch nachhaltig von der Form her gesehen anbieten.

R 4.3.9a Dauerstauden

Ein wunderbares Beispiel hierzu habe ich in einer kleinen ländlichen Grundschule gesehen, der Grundschule Achternmeer[18]. Dort pflanzt jedes Kind eine Staude nach Wahl im ersten Schuljahr in den weitflächigen Schulgarten. Bald wird auch ein Namensschild zu jeder Pflanze hinzugefügt, damit jedes Kind sieht, welche Pflanze zu wem gehört. Im Laufe der vier Jahre werden die eigenen Pflanzen, die Ich-Pflanzen, besonders gepflegt. Nach Abgang des Kindes in die Orientierungsstufe bleiben die Pflanzen mit Schildern stehen. Kinder können immer wieder an den Ort ihrer Grundschulzeit zurückkehren, etwas für die eigene Pflanze tun oder auch Ableger mitnehmen.

R 4.3.9b Baum der Klasse

Ein vergleichbares Ritual schlägt Miller als Gemeinschaftsritual vor, bei dem Bäume gepflanzt und gehegt werden sollen: Jede Klasse pflanzt zu Beginn eines neuen Schuljahres einen Obstbaum auf einer großen Wiese, die zur Schule gehört. Die Pflanzung wird individuell von jeder Klasse gestaltet: Einladen der Eltern zur Mithilfe, Obstlied singen, um den Baum tanzen, feierlich dem Baum einen Namen verleihen, ein kunstvoll gestaltetes Messingschild mit dem Namen enthüllen, gemeinsames Pflaumenkuchenessen mit dem Wunsch, der Baum mö-

---

[18] Diese Schule erhielt 1997 den ersten Preis im vom Schneider-Verlag ausgeschriebenen Wettbewerb „Innovativer Sachunterricht".

ge in Zukunft viele Früchte tragen; da zur Pflanzung auch die Pflege gehört, kann man von immer wiederkehrenden Ritualen im Frühling und Herbst sprechen (Miller 1994).

Analog zur Baumpatenschaft lassen sich auch andere Naturobjekte in ein schuleigenes Projekt integrieren und dies als Ritual gestalten. So ist etwa bei einer Bachpatenschaft sinnvoll, neben der erforderlichen Naturschutzarbeit in der Schule an einer bestimmten Stelle eine Wasserprobe auszustellen, die den Renaturierungsgrad symbolisiert. Dazu werden an einer Schautafel die neuesten Aktionen und Messergebnisse aufgestellt. Auch als Klanginstallation, um die Bewegung des Wassers zu veranschaulichen, gibt es Möglichkeiten, Kinder einen Ort des stillen Zuhörens, des gemeinsamen Nachdenkens und der Orientierung der Aufmerksamkeit auf das gemeinsame Vorhaben zu schaffen.

4.4 Rituale für die Freie Arbeit und differenzierte Gruppenarbeit

4.4.1 Freie Arbeit

In der Freien Arbeit besteht in besonderem Maße die Gefahr, dass Wahlmöglichkeiten mit Beliebigkeit und Offenheit mit Diffusität verwechselt wird. Deshalb ist es durchaus nicht widersinnig, über Rituale auch in die Freie Arbeit Struktur hineinzubringen. Dazu gibt es allerdings bislang in der Literatur kaum Vorschläge. Einer wäre, zu Beginn der Freiarbeit ein eigens erfundenes Freiarbeitslied zu singen (Freudenberger-Lötz 1996). Andere Formen der Ritualisierung ließen sich auf der Ebene des Materialarrangements denken. M. E. ist es sinnvoller, anstatt Rituale aus anderen Bereichen zu transferieren, aus den Merkmalen der Freien Arbeit spezifische Formen der Strukturierung von Differenziertheit zu entwickeln. Zu letzterem Ansatz seien hier einige Beispiele angeführt:

R 4.4.1.1 Abgrenzung: Der rote Kegel

Insbesondere szenisch sind gerade in der Freien Arbeit Abgrenzungsrituale von Bedeutung, weil damit jedes Kind sich die eigene Arbeitsatmosphäre deutlicher schaffen kann. Butters und Gerhardinger (1996) schlagen ein Abgrenzungsritual unter dem Titel „Der rote Kegel" vor. Damit meinen sie konkret: „In Phasen der freien Arbeit, in denen von den Schülern eine Vielfalt verschiedener Arbeit mit unterschiedlichen Materialien in wechselnden Sozialformen durchgeführt werden, muss das Recht des einzelnen Schülers, in Ruhe arbeiten zu können, besonders beachtet und respektiert werden. Um störende verbale Kommunikation zu vermeiden, stellt derjenige, der absolut in Ruhe arbeiten möchte, einen roten Kegel auf seine Bank. Solange dieses Symbol der Abgrenzung für alle sichtbar ist, darf der Schüler von keinem anderen (Lehrkraft eingeschlossen) gestört werden" (Butters / Gerhardinger 1996).

Praxis Rituale 119

Auch hier ließen sich viele Varianten in der Form denken, wichtig ist, dass ein klares ritualisiertes Regelsystem auch für die Freie Arbeit geschaffen wird, das von allen anerkannt und mit praktiziert wird.

Die wichtigste Form der Ritualisierung liegt allerdings auf der Seite des Materialarrangements. Hier müssen verschiedene Funktionen, die sonst im Handeln der Lehrkräfte geleitet werden, ritualisiert angeboten werden, wie Hilfe-Geben, Hilfe-Suchen, Arbeitsstand dokumentieren, weitere Arbeit anregen, Arbeitsstand bewerten etc.

R 4.4.1.2 Helfer-Kärtchen für Flüsterkinder

Das Lern- und Arbeitstempo im Unterricht ist so vielfältig wie die Kinder selbst. Hier ist ein großer Bedarf, dieses klar zu regeln, wenn nicht ständige Nachfragen von Kindern aus verschiedenen Richtungen Überforderungssituationen für Lehrkräfte hervorrufen sollen. Gleichzeitig ist die Verschiedenheit von Kindern aber geradezu ein wichtiges Gut, weil sich daraus wechselseitige Anregungen ergeben können. Gerdes (1997) schlägt vor, für fertig gewordene Kinder, die nun anderen helfen können, gezielt die Hilfeaufgabe zu betonen. So ist es möglich, bestimmte Kinder zu „Flüsterkindern" zu ernennen und dies mit der Überreichung einer Karte feierlich zu dokumentieren. Wer über eine derartige Helferkarte verfügt, darf nun sowohl von den anderen um Hilfe gebeten werden als auch aktiv durch den Raum gehen und anderen Kindern auf Wunsch flüsternd helfen.

R 4.4.1.3 Karteikasten

Als dauerhafte Strukturierung von differenzierten Arbeitsphasen eignet sich ein Karteikasten zum Selbstgestalten. Damit ist zunächst einmal ein Karton mit leeren Karteikarten für Notizen, Fragen, Ideen und Erkenntnisse der Kinder gemeint (vgl. Kaiser 1998, Praxisbuch 2, S. 16). Dieser Karteikasten sollte noch in mehrere Abteilungen durch höhere Pappen abgeteilt werden. Ein Beispiel für einen derartigen Kasten mit Karten zur eigenständigen Übung beschreibt Peterßen unter dem Stichwort Lernkartei (1999, S. 178 ff.). Sinn dieser Form der Strukturierung des eigenen Arbeitsprozesses ist es, im Sinne des Meta-Learning (Peterßen 1999, S. 192) die eigenen Lern- und Denkprozesse bewusst zu steuern. Für gemeinsame Vorhaben, Projekte oder Unterrichtseinheiten eignen sich folgende Facheinteilungen dieses Karteikastens, u. a. Fragen, erstes Wissen, Ideen und Ergebnisse. Durch eine ritualisierte Form kann dies an Bedeutung gewinnen, weil alle Kinder zur gemeinsamen Thematik etwas beitragen und durch die Karteikarten der anderen im weiteren Lernfortgang begleitet werden.

R 4.4.1.4 Tagesfarbe

Auch szenisch ist es wichtig, die Freie Arbeit zu strukturieren und von anderen Lernphasen zu unterscheiden, um Kindern, die nicht so leicht selbstorganisiert arbeiten, Hilfen zu geben. Butters / Gerhardinger (1996) schlagen für diese Zeit vor, eine „Tagesfarbe" zu deklarieren. Damit meinen sie Folgendes: „Lehrkräfte, die in der Freiarbeit einen Wochenarbeitsplan einsetzen, benutzen häufig eine Tagesfarbe. Im Morgenkreis einigen sich die Schüler auf eine gemeinsame Farbe und markieren damit auf ihrem Plan alle an diesem Tag erledigten Aufgaben. Neben einer gemeinsamen Einigung gibt es natürlich auch die Möglichkeit, jeden Schüler frei nach seiner momentanen Stimmung selbst seine Tagesfarbe wählen zu lassen" (Butters / Gerhardinger 1996).

R 4.4.1.5 Auszeit

Schule ist nicht nur für Lehrkräfte, sondern auch für jedes einzelne Kind anstrengend – weniger wegen der einzelnen Lernaufgaben als vielmehr wegen der vielen gleichzeitigen interpersonalen Beziehungen und Veränderungen. Darum ist es wichtig, Kindern auch Pausen zu ermöglichen – und zwar nicht nur die verordneten gemeinsamen, sondern auch individuelle. Sustek (1995) schlägt vor, dass Kinder jederzeit im Unterricht Auszeit nehmen können und einen anderen Raum bei persönlichen Problemen aufsuchen dürfen. Freie Arbeitsphasen bieten den strukturellen Rahmen für selbstbestimmte Pausen. Um deren Wert zu steigern, empfiehlt es sich, diese hervorgehoben zu ritualisieren.

Für die Auszeit gibt es verschiedene Möglichkeiten der Signalisierung:

■ Das Kind, das Auszeit nimmt, hängt sein Namensschild vom Klassenbaum ab und legt es so lange darunter, bis es sich wieder so gestärkt fühlt, um am Arbeitsgeschehen der Klasse teilzunehmen.

■ Mit Klebeband wird der eigene Name im Klassentagebuch kurzfristig übergeklebt.

■ Ein besonderes Auszeitschild wird auf den eigenen Arbeitsplatz gestellt.

R 4.4.1.6 Wo bin ich gerade?

Farbbänder oder Karten für die Einzelarbeit / Freie Arbeit sollen den eigenen Stand des Lernprozesses nach außen zeigen und zur Selbstvergewisserung beitragen. Als Kategorien, denen jeweils eine Farbe zugeordnet werden kann, sind denkbar:

■ Ich denke und will nicht gestört werden
■ ich mache, was ich tun soll
■ ich kann mich nicht gut konzentrieren
■ ich möchte mehr zu diesem Thema lernen
■ Ich möchte mit Partnerinnen / Partnern arbeiten

Praxis Rituale

- Ich langweile mich etwas
- Ich möchte schnell vorankommen und will keine Fragen

Diese oder andere Farbschilder strukturieren nicht nur den Prozess der Freien Arbeit, sondern ermöglichen sowohl gezieltere Hilfestellung wie auch die Selbstreflexion des eigenen Arbeitens im Sinne von Metakognition.

R 4.4.1.7 Schulschuhe

Eine Variante des Schulschuhrituals ist es, die Schuhe nur für die Freie Arbeit auszuziehen und dafür die Klassensandalen oder die 'Schulschuhe' aus dem Fach zu nehmen (s. o.), weil in dieser Zeit der Leseteppich oder das Lesehaus betreten werden kann.

R 4.4.1.8 Gesprächszeit

Die Dominanz einzelner Kinder, besonders von bestimmten Jungen, entspricht der Alltagserfahrung vieler Lehrkräfte. Oft führt dies dazu, dass dies im Kontrast zu den sozialerzieherischen Intentionen des Gesprächskreises steht. Deshalb ist es wichtig, um jedes einzelne Kind zur Geltung kommen zu lassen, ritualisiert Möglichkeiten anzubieten, um mit dem/der KlassenlehrerIn einen gemeinsamen Gesprächstermin außerhalb des eigenen Klassenraumes zu vereinbaren. So besteht die Chance, dass alle Kinder als Person / Gesprächspartner ernst genommen werden (Miller 1994). Um diese Gesprächszeit zu ritualisieren, ist es sinnvoll, durch ein Schild oder Symbol die Gesprächszeit für alle anzubieten und einen Anmeldekarton bereit zu stellen, in den Kinder hintereinander ihren Namenszettel zur Anmeldung einreichen.

R 4.4.1.9 Lernzonen

Die Freie Arbeit bringt durch die dabei präsentierte Vielfalt an Materialien für viele Kinder das Problem, dass sie kaum noch durchschauen, welche Möglichkeiten es gibt. Deshalb ist es durchaus sinnvoll – ähnlich wie es Peterßen (1999, S. 187) für Projekte vorschlägt – verschiedene Zonen im Klassenraum einzurichten, die nach Themen oder Fachgebieten geordnete Aufgaben oder Fragen enthalten. Auch eine Differenzierung nach Schwierigkeitsgrad (vgl. Bönsch 2000) der Aufgaben oder nach Grundwissen bzw. Vertiefungswissen lässt sich in verschiedenen Lernzonen unterbringen.

R 4.4.1.10 Diverse Freiarbeitsregeln

Manche als Rituale vorgeschlagenen Möglichkeiten erweisen sich vollends als bloße Regelsammlung. So führt Hinz (1999) für die Freiarbeit folgende Rituale an: „Sachgerechter Umgang mit Materialien, Beginn der Arbeit, Einführung in das Material mit der Drei-Stufen-Lektion durch den Lehrer, Abgabe der beendeten und nicht fertiggestellten Arbeiten, Beendigung der Arbeit, Arbeit bei 'offenen Türen', Arbeit außerhalb des Klassenzimmers, Dokumentation der Arbeit durch Lehrer und Schüler" (Hinz 1999, S. 21). Diese Regeln können allerdings auch in einen ritualartigen Charakter überführt werden, wenn sie durch besondere Schilder visualisiert werden, die gemeinsam erstellt werden und in der Situation an einem bestimmten Platz in der Klasse aufgestellt werden.

4.4.2 Gruppenarbeit

Gruppenarbeit kann als Vorschlag in der Schulpädagogik (vgl. Meyer 1996) auf eine lange Tradition zurückgreifen, allerdings zeigt die Empirie des Unterrichts, dass bislang noch nicht sehr viel davon in der Praxis verankert worden ist.

Schon Gaudig (1922) verwies auf die besondere sozialerzieherische Bedeutung der Gruppenarbeit, indem er zwischen den beiden Seiten, der Arbeitsteilung und Arbeitsvereinigung, unterschied. Gruppenarbeit hat so verstanden wesentlich mit dem kooperativen Zusammentragen von Gruppenarbeitsergebnissen zu tun. Diese neuerdings mit Teamfähigkeit bezeichnete Kompetenz wird auch als Produkt von Ritualen angesehen: „Teamfähigkeit ist eine komplexe psychische Disposition, die sich in Verhaltensmustern konkretisiert, die jedes Individuum in einer bestimmten Bandbreite erlernen kann, die auch als soziale, kommunikative oder interpersonale Kompetenz bezeichnet wird. Die Herausbildung dieser Kompetenz vermag durch die Pflege von Ritualen, die Momente der Reflexion und Vorsatzfassung enthalten, gefördert zu werden" (Sustek 1996, S. 35). So verstanden ist Gruppenarbeit also nicht allein eine Sozialform zur Effektivierung der Lernergebnisse, sondern auch eine des sozialen und emotionalen Lernens.

R 4.4.2.1 Karten für die Gruppenarbeit

Gruppenarbeit läuft oft so ab, dass die Kinder zusammensitzen, ein oder zwei Kinder den inhaltlichen Prozess in die Hand nehmen und der Rest der Gruppe beobachtend teilnimmt. Damit alle dieses selbstorganisierte Arbeiten strukturierter wahrnehmen, sind Rituale von großer Bedeutung. So können verschiedene Farbkarten den Typus der Gruppenarbeit symbolisieren, z. B. Aufgaben lösen = gelb; vergleichen = rot; Beispiele finden = blau; beobachten, entdecken = grün; verschiedene Gesichtspunkte herausarbeiten = lila; etc. Neben diesen Farbsymbolen ist es auch sinnvoll, die erwarteten Arbeitsergebnisse festzuhalten, z. B. vorher zu definieren, wie viele Aspekte mindestens bei der Arbeit herausgefunden werden sollen. Dementsprechend enthält die Gruppe 5 Karten (oder 4, 6, 7), auf die sie die bei der Sache / dem Text die jeweils gefundenen Gesichtspunkte notieren sollen und ein großes Zusatzblatt für weitere Gedanken.

Praxis Rituale   123

R 4.4.2.2 Gruppenspionage

Eine wichtige Seite der Gruppenarbeit ist die Arbeitsvereinigung (vgl. Gaudig
1912), d. h. das Zusammentragen von arbeitsteiligen Gruppenarbeitsergebnissen. Wenn die Ergebnisse in einem Auswertungskreis zusammengetragen werden, führt dies oft zu längeren Verbalphasen, die viel Aufmerksamkeit seitens
der Zuhörenden verlangen. Deshalb ist es sehr sinnvoll, das Zusammentragen
der Ergebnisse durch ein Reiseritual einzuleiten. Gemeint ist damit, dass nach
einem bestimmten Signal, z. B. ein Triangelanschlag, Gong oder Symboltafel ein
Kind aus jeder Gruppe das Recht hat, Spion für die anderen Gruppen zu sein.
Dieses Kind darf reihum beobachten oder nach Ergebnissen fragen und die Ergebnisse der Spionage den Kindern der eigenen Gruppe mitteilen[19]. So werden
die Ergebnisse der anderen Gruppen eher motiviert und besser portioniert von
den einzelnen Gruppen wahrgenommen.

R 4.4.2.3 Reise in die Gruppen

Die umgekehrte Variante der Gruppenspionage empfiehlt Miller. Danach beauf-
tragt die Gruppe ein Kind als Expertin / Experten und stellt diesem Kind die Aufgaben, nach einer Gruppenarbeitsphase die SchülerInnen aller anderen Gruppen über die Arbeit, die Ergebnisse der eigenen Gruppe zu informieren. Deshalb geht jeweils ein(e) SchülerIn aus jeder Gruppe auf die Reise und informiert
die anderen Gruppen (Miller 1994). Als Ritual wäre diese Form ebenfalls durch
optische oder akustische Signale gesondert einzuleiten.

R 4.4.2.4 Methode 66

Die Methode 66 kann auch als Methode 77, 55 oder 44 variiert werden. Peterßen
zählt sie zu den Kommunikations- und Kooperationsmethoden (Peterßen 1999,
S. 201) und meint, dass 6 Kinder für 6 Minuten sich zu einer Thematik austauschen. Durch die kurze Zeitspanne und die ritualisierte Struktur ist es leichter
möglich, dass spontane Äußerungen zur Thematik gesammelt werden können.
Peterßen empfiehlt diese Methode zur Erhebung der Lernvoraussetzungen. Insofern würde dieses Ritual auch in die Gruppe der Anfangsrituale für Projekte
oder Unterrichtsvorhaben einzuordnen sein.

R 4.4.2.5 Gruppenturnier

Gruppenarbeit ist nicht nur eine Methode für arbeitsteilige Auseinandersetzung
zu Projektthemen, sondern auch ein Weg, um Wissen anzueignen und zu üben.
Peterßen (1999, S. 135) schlägt vor, am Ende von Gruppenarbeitsphasen zum

---

[19] Hier muss allerdings darauf geachtet werden, dass insgesamt ein kooperatives Klima vorherrscht.
Gruppenspionage kann unter konkurrenten Bedingungen in der Klasse auch zu einer Verschär-
fung von Konflikten führen.

Wissenserwerb Gruppenturniere zu veranstalten. Dabei sollen nach der Arbeitsphase in Form eines Wettbewerbs soviel wie möglich Fragen, die auf Fragekärtchen notiert werden, von den beteiligten Gruppen beantwortet werden. Als regelmäßiger Abschluss von wissensrelevanten Gruppenphasen kann auch dies als Ritual gestaltet werden.

4.4.3 Projektrituale

Gruppenarbeit ist oft Teil eines größeren thematischen oder projektartigen Zusammenhangs. Hinz (1999) schlägt als Ritual vor, einen vernetzten integrierten Unterricht zu praktizieren. Er fordert dafür das strikte Einhalten einer ritualisierten Struktur, zu der mehrere Prozessmerkmale zählen, nämlich: „Gemeinsame Planung der Unterrichtsepoche, Dokumentation der Arbeiten, Präsentation der Epochenergebnisse" (Hinz 1999, S. 22).

Die Projektrituale in der Klasse sind durchaus auch vergleichbar mit denen bei übergreifenden Schulprojekten, so dass diese an dieser Stelle nicht näher aufgeschlüsselt werden, nämlich: Morgenmeldung (s. o.), Projektboten (s. o.), Präsentationsenthüllung (s. o.) und tosender Beifall (s. o.). Hier seien nur einige spezifisch in Klassenprojekten einzusetzende Rituale vorgestellt:

R 4.4.3.1 Blitzlicht-Runde zu Beginn eines Projektes

Mit dieser Form ist gemeint, dass die Methode des Blitzlichts (vgl. Peterßen 1999, S. 47 ff.), also des schnellen Zusammentragens von Assoziationen und spontanen Gedanken zu einer Thematik von jeder einzelnen Person der Gruppe/ Klasse, als regelmäßiges Ritual zu Beginn eines Projektes eingesetzt wird. Die zentrale Regel der Methode Blitzlicht formuliert Peterßen: „Alle kommen der Reihe nach zu Wort und nehmen Stellung zu einer vorher vereinbarten Frage … Jeder spricht nur ganz kurz (1–2 Sätze) und äußert seine persönlichen Vorstellungen, Erwartungen in Ichform. … Niemand beruft sich nur auf den Vorredner. … Alle anderen Teilnehmer sind genaue Zuhörer. … Es finden keine Diskussionen statt" (Peterßen 1999, S. 48). Das Blitzlicht nimmt also noch nicht den späteren Arbeitsprozess vorweg, sondern stellt die Lernvoraussetzungen aller assoziativ nebeneinander.

Wichtig ist trotz des deskriptiven Anspruchs, dass am Schluss der Blitzlichtrunde auch die wichtigsten Ergebnisse protokollmäßig festgehalten werden oder in die Planung der nächsten Arbeitsschritte oder der Gruppeneinteilung einfließen.

R 4.4.3.2 Ideensalat zu Beginn eines Projektes

Der Ideensalat (Peterßen 1999, S. 155) ist ein dem Brainstorming verwandter methodischer Ansatz. Dabei werden aber nicht bloß freie Assoziationen gesammelt, sondern Ideen zum jeweils geplanten Arbeitsprozess.

Praxis Rituale   125

Der Ideensalat kann ritualisiert erfolgen, indem etwa mehrere Stapel gleich großer leerer Karten bereit gestellt werden. Die Kinder dürfen dann nach der An-
fangsrunde zur Thematik soviel wie möglich Ideen auf die einzelnen Karten
schreiben. Jede mit einer Idee beschriftete Karte wird in einen Ideenkorb gelegt,
der vielleicht durch Blätter oder anderen Dekor als Salatkorb kenntlich gemacht
worden ist.

R 4.4.3.3 Abschlussquiz

Projekte haben nicht nur die Funktion, Zusammenhänge aufzudecken, sondern
auch grundlegendes Wissen themengebunden zu erwerben. Insofern sind auch
Wissensfragen nicht artfremde Methoden im Rahmen von Projekten, sie stören
aber, wenn sie in Form einseitiger Lehrkraft-Kind-Abfragerei ablaufen, den Verlauf von Projekten. Allerdings lassen sich Phasen des Wissensabtestens eher in
Form eines festen Rituals in Projekte einfügen. Vor der Präsentation der Ergebnisse ist es sinnvoll, das Quiz (vgl. Peterßen 1999, S. 246f.) zu veranstalten, wie
es etwa an den Hochschulen der USA gang und gäbe ist. Varianten zum Ab-
schlussquiz sind Einstiegsquizformen, um das Vorwissen abzutesten. Für ein derartiges Quiz ist es wichtig, die Fragen aus dem bisherigen Unterricht bzw. zur Sy-
stematik des Lerninhalts zu notieren, um sie dann in der Situation möglichst
schnell zu stellen.

4.5 Rituale in Gesprächskreisen

Das gemeinsame Denken im Gespräch setzt voraus, dass Rituale der Versiche-
rung wechselseitigen Wohlwollens und Regeln der Gesprächsführung eingeübt
werden. Gerade um den sehr komplexen Prozess bei Gesprächskreisen zu strukturieren und ihm mehrere Ebenen zu verleihen, sind hier zumindest Regeln besonders wichtig. Wollen wir allerdings, dass diese Formen in Gesprächen quasi
wie selbstverständlich von allen Beteiligten als deren eigenes Bedürfnis praktiziert werden, müssen die Regeln auch emotional bedeutsam für alle ritualisiert
vollzogen werden. Hier sollen einige Rituale zur Entwicklung einer differenzierten Gesprächskultur vorgestellt werden.

R 4.5.1 Farbbänder für den Gesprächskreis

Um den Stellenwert des einzelnen Redebeitrags selbst zu reflektieren, empfiehlt
es sich, diesen vorher nach Typologie einzuschätzen, ob es sich um eine Frage,
Kritik oder Ergänzung handelt. Dazu ist es sehr hilfreich, wenn verschiedenfarbige Farbbänder jeweils einen Typus von Redebeitrag verabredungsgemäß kennzeichnen und die Kinder jeweils zu jedem Redebeitrag auch eine adäquate Meldung vorbringen. Für den Anfang reicht es, wenn anstelle der Farbbänder ver-

schiedene Varianten des Meldens verabredet werden, die sich nach drei Dimensionen unterscheiden:

- Ich habe eine Frage
- Ich sehe das anders
- Ich will dazu noch was sagen

R 4.5.2 Erzählstein (Sprechstab)

Vom Erzählstein (oder Sprechstab) im Sitzkreis ist schon früh in der Literatur berichtet worden (Hasse 1994; Gerdes 1997). Dementsprechend ist seine Verbreitung relativ weit gelungen. Das Muster dieses Rituals sieht relativ simpel aus: „Alle Erzählsequenzen innerhalb des Morgenkreises werden durch den Einsatz des Erzählsteines geregelt. Dieser gibt die einfache Regel vor, indem er der Schülerin, die den Stein in der Hand hält, das alleinige Rederecht zugesteht. Alle anderen hören während dieser Zeit zu. Der Gebrauch des Erzählsteines sollte jedoch sparsam sein, um nicht jede authentische Kommunikationsform zu ersticken" (Wigger 2000, Typoskriptfassung).

Die Funktionen des Erzählsteins können von vielen verschiedenen anderen Gegenständen ausgefüllt werden: Gesprächsstab, transparent und gefüllt mit den Namen aller Kinder der Klasse – eventuell zusätzlich auf kleinen Karten geschriebene gute Vorsätze (auf laminiertem Papier), Sprechkarten oder Sprechfrüchte. Wichtig ist nur, dass dieser eine einmal eingeführte Gegenstand im Mittelpunkt des Interesses steht und immer wieder eingesetzt wird. Die Bedeutung dieses Erzählsteins lässt sich auch durch die Sorgfalt seiner Aufbewahrung verstärken, z. B. indem er in einem bestimmten schönen Glasgefäß aufbewahrt wird oder auf ein zartes Wattepolster gebettet wird oder in schön gemeinsam mit Kernen beklebte Schachteln gelegt wird. Wichtig an der rituellen Bedeutung ist, dass die Spannung bei allen aufrecht erhalten wird und gemeinsam die Kommunikationssituation durch das Erzählstein-Ritual mehr Gewicht bekommt.

R 4.5.3 Reißverschlussprinzip bei der Gesprächsführung

Abwechselnd ist ein Mädchen oder ein Junge beim Unterrichtsgespräch dran.

Dieser Methode zur Dämpfung männlicher Redegewalt und -lust – insbesondere vor großen Auditorien – bedienen sich mittlerweile Frauen verschiedener politischer und gewerkschaftlicher Gremien. In der Schule ist die Durchführung denkbar einfach, weil in Gesprächskreisen die männliche Selbstdarstellungssucht dadurch gebremst wird, dass nach jedem Redebeitrag eines Jungen gleich ein Mädchen an der Reihe ist. Damit können aber nur themenbezogene Wortbeiträge etwas gerechter verteilt werden; mit dieser Methode gelingt es nicht, Zwischenrufe und Störungen der Jungen, die die Aufmerksamkeit der Lehrkraft auf sich ziehen, zu bremsen.

Praxis Rituale

R 4.5.4 Sitzregeln im Stuhlkreis

Neben der Lehrkraft sitzt auf der einen Seite ein Mädchen, auf der anderen ein Junge.

In diesem Falle geht es einmal umgekehrt darum, weibliche Rangvorteile zugunsten gleicher Entwicklungsmöglichkeiten der Jungen zu beschneiden. Mädchen haben qua Sozialisation mehr Möglichkeiten und vor allem gesellschaftliche Erwartungen als Stütze hinter sich, um Nähe zu ihrer Lehrerin herzustellen, während sich Jungen in dieser Frage auf den ersten Blick bedeckt halten. Gerade in der grundschuldidaktisch wichtigen Dimension, dass auch Jungen lernen, Gefühlsqualitäten deutlicher wahrzunehmen und zu schätzen, ist das Suchen von Nähe eine wichtige Lernerfahrung. Um diese Erfahrung auch für Jungen zu entwickeln, ist es sinnvoll, im Sitzkreis die eine Seite dicht neben der Lehrerin für Jungen, die andere für Mädchen zu reservieren. Jungen haben jedenfalls nicht von vornherein den Mut, derartige Bedürfnisse zuzugeben und überlassen sonst den in dieser Hinsicht schnelleren Mädchen das Feld.

R 4.5.5 Die Zeitwächter

Nicht nur im Bundestag muss ein klares Minutenreglement herrschen, wenn verschiedene Meinungen geäußert werden sollen und nicht nur einige Großredner zu Wort kommen sollen. Auch in Gesprächskreisen in der Schule besteht die Gefahr der Monopolisierung der Runde. Butters / Gerhardinger (1996) schlagen deshalb vor, das Zeitmanagement zu ritualisieren: „Wir alle kennen den starken Mitteilungsdrang der Grundschüler und die daraus entstehende Schwierigkeit, in Erzählkreisen allen gerecht zu werden und jedem das Wort zu erteilen. Zwei Schüler (Zeitwächter) nehmen am Vortag oder in der Vorviertelstunde eine bestimmte Anzahl von Schülermeldungen (z. B. durch Abgabe der Namensklammer) entgegen. Diese Kinder dürfen dann am nächsten Tag bzw. in der ersten Unterrichtsstunde im Erzählkreis so lange sprechen, bis die Eieruhr x-mal abgelaufen ist. Die Zeitwächter wachen über die Redezeit und den geordneten Wechsel der Erzählkinder" (Butters / Gerhardinger 1996).

R 4.5.6 Der Erzählteppich

Der Sitzkreis kann szenisch verändert werden und damit bestimmte Gesprächsformen und -inhalte fördern. Während der Stuhlkreis mehr eine sachliche, wenn auch sozial zugewandte Form bereits vom szenischen Arrangement her darbietet, kann der Sitzkreis auf Sitzkissen oder Teppichfliesen schon mehr persönliche Nähe der Kinder untereinander herstellen. Besonders intensive emotionale Nähe kann der Erzählteppich herstellen. In einigen Gruppen der Laborschule Bielefeld (Thurn 1997) spielt der Erzählteppich (Bambach 1989) über Jahre hinweg eine wichtige Rolle, um die subjektive Erzählfreude von Kindern anzuregen.

Auch aus anderen Praxiserfahrungen wird deutlich, wie inspirierend das Erzählen auf dem Erzählteppich sein kann. Dazu gibt es verschiedene Formen – sei es in der Form des Gruppenerzählteppichs, auf dem erzählende Person und Zuhörende gemeinsam hocken oder in Form des Einzelerzählteppich allein für die erzählende Person: „Besondere Ereignisse im Leben der Schüler (z. B. auch besondere Wochenenderlebnisse) dürfen diese auf dem Erzählteppich der Klasse mitteilen. Dieses Ritual motiviert die Schüler sehr, weil sie für kurze Zeit eine exponierte Stellung innehaben" (Butters / Gerhardinger 1996).

R 4.5.7 Der runde Tisch

„Nicht selten kommen nach der Pause zwei oder mehrere Kinder aufgeregt zur Lehrerin, weil sie in der Pause miteinander einen Streit oder eine Rauferei ausgetragen haben. Alle am Konflikt Beteiligten setzen sich dann innerhalb des Stuhlkreises der übrigen Klassenkameraden an den runden Tisch. Hier rollen sie das Geschehen nochmals auf und verhandeln ohne Einmischung der Zuhörer in der Ichform. Die eigenen persönlichen Reaktionen werden dabei ausgesprochen und verallgemeinernde Interpretationen so gut wie möglich vermieden. Die Zuhörer greifen nur dann ein und geben Ratschläge, wenn Alternativvorschläge für eine andere Möglichkeit der Konfliktbewältigung gewünscht oder benötigt werden" (Butters / Gerhardinger 1996).

R 4.5.8 Ich denk' mit

An der Grenze zwischen Meta-Learning und Disziplinierung stehen Formen der Reflexion von Gesprächsinhalten anderer Kinder mit bewertendem Charakter. Hier kommt es sehr stark auf das Klassenklima an, ob diese Form nicht in einen verlängerten Arm der abwertenden Funktion von Leistungen mündet oder tatsächlich fördert und strukturiert. Deshalb sei der folgende Vorschlag nur mit Vorsicht zu überprüfen: „Immer wieder werden die Schüler im Laufe eines Vormittags aufgefordert, falsche Äußerungen von Mitschülern zu bemerken und richtigzustellen. Als nonverbales Zeichen des Mitdenkens heben sie die Hand und drehen diese wie ein Fähnlein im Wind. Das momentan agierende Kind wird so auf ruhige Art und Weise zum Überdenken seiner Antwort angeregt" (Butters / Gerhardinger 1996).

R 4.5.9 Ritual Demokratie

Rituale in der Schule haben den Sinn, nicht nur für die Gegenwart Stabilisierung zu geben und atmosphärevolle Lernumgebungen zu schaffen, sondern auch zukünftige situative Handlungsformen einzuüben. Für kontroverse Debatten im Kreis empfiehlt es sich, demokratische Abstimmungsverfahren zu üben. Dazu gibt es verschiedene Rituale beim Auszählen im Kreis nach den Fragen: Wer stimmt zu? Wer sieht diese Eigenschaft auch? Wichtig ist es bei diesen Auszählungen, dass nicht nur die Mehrheitsmeinung siegt, sondern dass auch der Minderheitenschutz gewährleistet wird.

R 4.5.10 Karten zur Strukturierung des Gesprächskreises

Rituale haben laut Definition auch die Funktion, das Alltägliche in ein besonderes Licht zu rücken. Auch eine so alltägliche Form wie der Gesprächskreis mit seinen Regeln lässt sich besonders gestalten. So ist es sinnvoll, verschiedenfarbige Karten zur Kennzeichnung des jeweils geplanten Gesprächsbeitrages zu verwenden. Ein erster Schritt in dieser Richtung wäre die Unterscheidung zwischen eigenem Beitrag und Ergänzung zu dem, was ein anderes Kind gesagt hat.

Später kann die zweite Karte auch wie eine Stafette von dem Kind abgeholt werden, zu dem man einen ergänzenden / kritischen oder sonstwie bezogenen Beitrag bringen will. Voraussetzung ist, dass jedes Kind vor sich einen Stapel mit mindestens fünf gleichfarbigen Karten hat, auf denen der eigene Name steht. Diese Karten mit dem eigenen Namen werden dann auf Wunsch an die Kinder stillschweigend weitergereicht, die etwas zum eigenen Beitrag sagen wollen.

Eine dritte Variante der Strukturierung des Gespräches durch Karten ist in der Unterscheidung der inhaltlichen Themen. Jedem Thema, das diskutiert wird, wird eine Nummer zugeordnet. Die Nummernkarten liegen in der Kreismitte. Jedes Kind kann sich die Zahl auswählen, die vorher durch die Gesprächsleitung einem Thema zugeordnet worden ist.

Eine vierte Variante von Karten, die verschiedenfarbig und durch Fragezeichen oder andere Zeichen gekennzeichnet werden, bezieht sich auf die verschiedenen formalen Ebenen von Gesprächsbeiträgen, die es bei der Wortmeldung zu unterscheiden gilt, nämlich

- Fragen ?,
- Meinungen !,
- Gedanken –

Dieser Weg lässt sich auch mit einer weiteren Differenzierung verschiedener Beiträge auch in der Selbstreflexion verbinden, nämlich

- Ideenkarten
- Erinnerungskarten
- Punktekarten (zur Bewertung von Phänomenen, Problemen, Handlungsweisen, ästhetischen Produkten etc.)
- Fragekarten
- Meinungskarten
- Gedankenkarten

Wichtig bei diesen Strukturierungsformen ist es, dass die gesamte Klasse das System schrittweise aufbaut und die Kinder nicht kognitiv überfordert werden.

R 4.5.11 Gesprächsthemen – „Stocknagel"

Im Laufe der Schulzeit werden viele verschiedene Gesprächskreise gemacht, die leicht in Vergessenheit geraten können. Um das Gewicht jedes einzelnen Themas zu betonen, empfiehlt es sich, als Ritual einen Gesprächsthemen – „Stocknagel" einzuführen. Damit ist gemeint, dass die jeweiligen Themen der problemzentrierten Gespräche am Schluß durch ein kleines Klebebild am Sprechstab -analog den an Wanderstöcken befestigten „Stocknägeln") dokumentiert wird. Allmählich wird der Sprechstock immer stärker ausgestaltet und der Klasse wird deutlich, wie vielfältig sich alle schon mit verschiedenen Inhalten beschäftigt haben. Auch der Rückbezug auf schon früher geführte Gesprächskreise ist so leichter möglich.

R 4.5.12 Gesprächsthemen – Wandzeitung

Sinnvolle Rituale müssen immer auch der Vernunft aller Beteiligten zugänglich sein. Eine derartige Möglichkeit besteht darin, dass am Schluss jedes Gesprächsthemas in der Klasse zusammengefasst wird, worum sich der Kern des Gespräches gedreht hat. Diese Reflexion des eigenen Lernprozesses wird in ein kurzes Statement oder einen Begriff zusammengefasst und an die Gesprächsthemen-Wandzeitung geheftet. Nach einiger Zeit können diese Gesprächsthemen in Form eines Clustering gruppiert werden. Danach werden wieder die neuen Themen gesammelt bis schließlich in regelmäßigem Abstand das nächste Clustering vorgenommen wird. So wird einerseits die Vielfalt der Themen durchschaubar, aber auch immer wieder ins Gedächtnis gerufen und erweiterter Reflexion aller zugänglich gemacht.

R 4.5.13 Positive Verstärkung

Die Schule ist und bleibt eine Institution des Leistungsvergleichs. Alle Kinder suchen darin nach Anerkennung ihrer Leistung. Dies kann auch ritualisiert geschehen, indem es für die ständig gewünschte positive Verstärkung nach vorher vereinbarten Regeln (z. B. alle klatschen, wenn jemand großen Mut hatte, eine Gegenmeinung zu begründen) Erfahrungsmöglichkeiten zu schaffen.

R 4.5.14 Selbstregulierung

Zwar sind Rituale immer in einen bestimmten Kontext eingebunden. Aber manche Rituale können sich auch fast unbemerkt vollziehen. Sie enthalten dementsprechend sehr viel vorherige symbolisch vermittelte Auseinandersetzungen. Eine sehr wirksame rituelle Form ist in Gesprächskreisen die Selbstregulierung von Regeln. Maschwitz (1998) schlägt dazu eine Möglichkeit vor: Wenn mehr als einer redet, halten alle inne, sobald sie es merken. Andere Varianten der Selbstregulierung wären darauf zu achten, dass die Redebeiträge anderer beachtet werden oder dass die jeweils redende Person angeschaut wird.

Praxis Rituale 131

R 4.5.15 Fish-bowl (Aquarium)

Diese Form der Gesprächsorganisierung, Peterßen (1999, S.38) nennt sie Aquarium, besagt strukturell, dass der Gesprächskreis aus einem Außenkreis und einem Innenkreis hergestellt wird. Nur der Innenkreis hat das Rederecht, während alle Teilnehmenden des Außenkreises zuhören. Bei bestimmten Signalen oder nach zeitlichen Konventionen besteht die Möglichkeit, dass einige den Innenkreis verlassen und die Plätze für andere Kinder aus dem Außenkreis zur Verfügung stellen.

Als Ritual lässt sich die Fish-bowl-Methode regelmäßig für die Auswertung von Arbeitsphasen oder den Abschluss von Projekten bzw. Vorhaben einsetzen.

R 4.5.16 Kreisfokus

Ein wichtiger Ansatz für Gesprächskreise ist, dass der eigentliche Inhalt besonders fokussiert wird, sei es ein Beobachtungsobjekt, ein Buch, eine Materialsammlung, ein mathematisches Problem oder ein Versuchsaufbau.

Deshalb ist es wichtig, die Kreismitte besonders rituell zu gestalten. Eine schöne einfarbige Decke für die Kreismitte, eine Kerze in der Mitte, eine Lupe als Symbol dafür, dass jetzt alle besonders genau auf den daneben liegenden Gegenstand achten sollen, sind nur einige wenige Möglichkeiten, den Kreisfokus zu gestalten. Wichtig ist dabei, dass das einmal gewählte Arrangement kontinuierlich beibehalten wird – egal ob es sich um Buchpräsentationen, Beobachtungsobjekte oder ein Kunstwerk handelt.

Es ist wichtig – egal mit welcher rituellen Form der Gesprächsführung, immer wieder den Prozess der gemeinsamen Gesprächsführung bewusst zu gestalten und mit den Kindern zu besprechen, um Möglichkeiten des „Meta-Learnings" zu fördern.

Für gelungene Gesprächsphasen ist es sinnvoll, durch positive Verstärkung auch der Lehrkraft die Kinder zu motivieren, weiter im kommunikativen Kompetenzerwerb fortzuschreiten. Denn darin liegt der eigentliche Sinn von Ritualen zur Gesprächsführung.

4.6 Rituale zum psycho-motorischen und emotionalen Lernen

Gerade weil Unterrichtsstunden oft eine große Anspannung von Kindern verlangen, ist es zu tradiertem Methodenwissen geworden, innerhalb von Unterrichtsstunden häufigen Methodenwechsel zu planen, um die Aufmerksamkeit zu fokussieren. „Entspannungsphasen, gezielt in den Unterricht eingebaut, ermöglichen die dringend erforderliche Rhythmisierung von Anstrengung und Anspannung einerseits und Entspannung andererseits" (Weich 1998, S. 13).

Neuerdings werden gerade für diese Funktion Elemente in Stunden verschiedener Art eingefügt, um die Kinder zu Ruhe und Aufmerksamkeit zu animieren.

Diese Möglichkeit hat an Aktualität gewonnen, nachdem die Diskussion über veränderte Kindheit und die – vermeintliche – Zunahme an Verhaltensproblemen wie Konzentrationsstörungen und Schlafstörungen (Weich 1998, S. 13) und sogar psychosomatischer Beeinträchtigungen von Schülerinnen und Schülern wie „Magen-Darm-Probleme" (Weich 1998, S. 13) stärker in den Mittelpunkt der Aufmerksamkeit gerückt ist.

Aber auch die emotionalen Ziele insgesamt sind in den letzten Jahren stärker in die pädagogische Debatte aufgenommen worden.

4.6.1 Rituale des Gefühlsausdrucks

Bestimmte arrangierte Möglichkeiten des Gefühlsausdruck haben zunächst eine rein didaktische Funktion. Es geht dabei um bestimmte emotionale Lernziele von denen angenommen wird, dass sie im alltäglichen Leben nicht oder zumindest nicht hinreichend genug erlernt werden. Häufig geht es dabei um Gefühlsdimensionen, die etwa bestimmten subkulturellen Gruppen nicht zugestanden wird, wie Dominanz, Widerstandsfähigkeit, Zärtlichkeit oder Empathie (Röhner 1984). Charlotte Röhner hat diesen Ansatz des gezielten emotionalen Lernens in Anlehnung an Vopels Interaktionsspiele erstmals grundschulpädagogisch transferiert und einem breiteren Publikum vorgestellt. Gerade im Kontext der Geschlechterdebatte spielen diese Dimensionen eine bedeutsame Rolle (Kaiser 1997; Thies / Röhner 2000). Es herrscht zwar ein großer Konsens in der Frage, Kindern auch emotionale Möglichkeiten zu eröffnen, die sie von allein nicht ohne weitere Hilfe schaffen, aber das Praxiswissen ist zu dieser Frage ausgesprochen dürftig.

R 4.6.1.1 Wie geht es dir?

Die Symbolik von freundlichem oder traurigem Gesichtsausdruck mit einfachen Zeichnungen ist Kindern sehr vertraut. Als Ritual ist es möglich, im Abschlusskreis durch Umhängen eines freundlichen bzw. traurigen Pappgesichts die eigenen Gefühle auszudrücken. Butters / Gerhardinger schlagen vor, dies als Anlass zu nehmen, dies gezielt für zwei Kinder zu ermöglichen: „Zwei Kindern (freiwillige Meldung) wird durch das Umhängen eines freundlichen bzw. traurigen Pappgesichts am Tagesende die Möglichkeit gegeben, im Abschlusskreis über ihre Gefühle an diesem Vormittag zu reflektieren" (Butters / Gerhardinger 1996). Durch die ritualisierte Struktur wäre es möglich, nach und nach allen Kindern den Mut zu machen, ihre wahren Gefühle in der Gruppe offenzulegen und nicht bei oberflächlichen Rückmeldungen zu bleiben, sondern fokussiert diese beiden Kinder zu beachten.

Praxis Rituale

R 4.6.1.2 Stimmungsbarometer / Gefühlsbarometer

Stimmungsbarometer stellen den Versuch dar, sich selbst der jeweiligen Stimmung zu vergewissern. Dazu könnte für jedes Kind eine Skala von 1 bis 100 auf einem Pappstreifen markiert werden und mit einer verschiebbaren Büroklammer das eigene Stimmungshoch oder Stimmungstief am Tisch zur Selbsteinschätzung dokumentiert werden (Kaiser 1999, Praxisbuch 2, S. 67). Eine Variante des Stimmungsbarometers für den Tagesabschluss stellen Butters / Gerhardinger (1996) vor: „Zum Ende des Schultages markieren die Schüler mit einem Strich oder einem Punkt auf dem Stimmungsbarometer, wie sie sich gerade fühlen. Danach können sie, wenn sie wollen, mündlich, schriftlich oder bildhaft ihre Empfindungen ergänzen: 'Ich freue mich so, weil …'; Ich habe Angst vor …'; Heute fühle ich mich …'. Auf diese Weise werden die Schüler intensiv in ihrer Selbstwahrnehmung geschult. Zugleich aber erleben sie auch stärker die Gefühle der anderen und sie lernen, sich gegenseitig zu helfen."

Eine Variante des Stimmungsbarometers ist das Gefühlsbarometer (aus: Tiarks (Glück) 2000). Ein Gefühlsbarometer kann neben der von Tiarks vorgestellten Kleeblattform auch mit den Blanco-Lernspielscheiben hergestellt werden. Auf die untere Scheibe können sehr viele Adjektive zum Ausdruck verschiedener Gefühle gesammelt werden. Wenn die obere Scheibe mit der Aussparung gedreht wird, taucht immer wieder ein neues Wort für Gefühle auf. Jedes Kind dreht gleichzeitig sein eigenes Gefühlsbarometer zu Beginn der Stunde so weit, dass es das am besten zutreffende Gefühl des Augenblicks einstellen kann.

Das Gefühlsbarometer kann noch differenziert werden, indem jedem Gefühl auch als Veranschaulichung eine bestimmte Farbe zugeordnet wird.

Beide Formen dienen der Möglichkeit, für Kinder den Weg zur emotionalen Selbsteinschätzung zu eröffnen. Gleichzeitig wird durch die ritualisierte Form die Selbstverständlichkeit unterschiedlicher Gefühle unterstrichen.

R 4.6.1.3 Das Wutkissen

Schule tendiert als Institution zu Schönfärberei. Diktattexte enthalten eher süßlich-liebliche Wörter (Brügelmann / Richter 1994). Auch die Sozialerziehung ist eher auf die Betonung von Freundschaft und Zusammenhalt orientiert als an Konflikten. Dadurch verschwinden diese jedoch nicht, sondern können nur umso destruktiver – weil unbearbeitet – wirken. Deshalb ist es wichtig, gerade gezielt solche Rituale auszuwählen, die auch negative Gefühle zulassen. Butters / Gerhardinger (1996) nennen ein Ritual in diese Richtung „Das Wutkissen". Damit meinen sie den folgenden konkreten Ablauf: „Eines der Sofakissen, das von den Kindern für die Leseecke oder den Sitzkreis mitgebracht wurde, ist das Wutkissen. Immer, wenn sich ein Kind über etwas furchtbar ärgert und einen Wutanfall bekommt, kann es das Wutkissen nehmen und daraufboxen und -schlagen.

Vielleicht will es das Kissen danach noch in die Wutecke schleudern. Bestimmt ist dann alles leichter, die Wut ist abgeflaut und das Kind kann wieder in Ruhe mitarbeiten" (Butters / Gerhardinger 1996).

R 4.6.1.4 Streitbuch

Das Streitbuch der Klasse ist ein wichtiges Mittel der Sozialerziehung und bietet eine produktive Ritualisierung von alltäglichen Konflikten. Deshalb wird es hier ausführlich dargestellt.

In der Praxis der ersten Schuljahre sind Streitsituationen nicht wegzudenken. Um soziale Kompetenz zu entfalten (vgl. auch Biskup 1996), sind diese Konflikte wichtige Anknüpfungspunkte. Gleichzeitig sprengen sie in ihrer Dynamik oft das gesamte Unterrichtsgeschehen. Faktisch wird dabei durch die häufiger in Konflikte involvierten Jungen die Aufmerksamkeit massiv auf diese Jungen gelenkt und von der jeweils anstehenden gemeinsamen inhaltlichen Thematik abgelenkt.

Als Kompromiss zwischen der Notwendigkeit, Konflikte weiter zu bearbeiten und doch die gesamte Lerngruppe nicht durch diese partiellen Auseinandersetzungen zu dominieren, empfehle ich das Führen eines Streitbuches der Klasse. Das Konzept soll hier nur stichpunktartig vorgestellt werden:

Praxisanleitung Streitbuch:

MATERIAL:	Ein selbst geheftetes Buch mit vielen hellen unbeschrifteten Seiten; möglichst auch mit der Möglichkeit, weitere Seiten ergänzend hinzuzufügen. Praktikabel sind folgende Heftformen: Spiralbindung, Sammlung gelochter Blätter mit Heftstreifen, Klemmordner. Aber auch gebundene Formen von Kladden, Heften oder Blöcken sind einsetzbar. Hier fehlt nur die Alternative des nachträglichen Einheftens von Seiten.
Einführung:	Bei einem aktuellen Anlass eines Streites in der Klasse.
Begründung der Einführung:	„Wir müssen genau wissen, was beim Streit los war" – also nicht als Bestrafung definieren.
Grundritual:	Alle Kinder, die am Streit beteiligt gewesen sind, malen nacheinander eine Seite dazu, wie sie den Streit sehen. Wenn ein Kind fertig ist, gibt es das Streitbuch aufgeschlagen an das andere beteiligte Kind.
Umfang:	Jedes Kind hat eine Seite. Am Schluss darf es einen Satz oder ein Wort dazuschreiben oder der Lehrerin / dem Lehrer diktieren.
Einbindung in Rituale:	In regelmäßigen Abständen im Wochenabschlusskreis über die bisherigen Eintragungen im Streitbuch reden, Veränderungen betrachten, über Verhaltensalternativen beraten.
Zeiten für Streitbucheintragungen:	Unmittelbar auf die Konfliktsituation folgend; weitere Präzisierung der Bilder oder Aussagen ist während der Freien Arbeit möglich.
Ergänzungen:	Veränderungen nachträglich dazu heften, wenn die Streitparteien in der Lage sind, eine neue Sicht des Konfliktes zu bieten.

Das Streitbuch bietet vor allem Chancen der Ritualisierung des Kontaktes von beiden Kontrahenten beim Austausch des Buches. Daneben ist es wichtig, feste Zeiten – wie die Abschlussrunde – für die Aufarbeitung der Streitbuchinhalte zu öffnen (vgl. Kaiser in: Kaiser / Wigger u. a. 2000).

R 4.6.1.5 Streitbilder

Bei diesem Ritual geht es um eine ähnliche Aufgabe wie beim Streitbuch, aber in verkürzter Form, dass lediglich in jeder Situation zwei Sichten von zwei Seiten gemalt bzw. zusätzlich beschriftet werden.

Als Ritual könnte dies folgendermaßen eingeführt werden:

- Kinder berichten von einem Streit.

- Ein Kind mit dem Amt der Streitwächterin / des Streitwächters hebt eine rote Karte hoch, die mit „Achtung" oder ähnlichen Bedeutungen belegt ist.

- Daraufhin wird eine halbe Minute stilles Nachdenken für alle aus der Klasse eingeleitet.

- Am Schluss der Nachdenkphase bekommen beide Seiten je ein Blatt in derselben Farbe und müssen das Streitgeschehen aus ihrer Seite darstellen.

- Am Schluss des Tages wird von der Streitwächterin / dem Streitwächter eine blaue Karte gezeigt. Sie ist das Signal für die Lösungsphase. Nun werden die beiden Versionen des Streites von beiden Seiten der Klasse vorgestellt.

- Abschließend sollen Lösungsvorschläge gesammelt werden. Je zwei Vorschläge aus der Klasse werden für beide Seiten von nicht beteiligten Kindern der Klasse vorgetragen.

R 4.6.1.6 Wortebrunnen

In Schulklassen nimmt in den letzten Jahren die verbale Gewalt zu. Schimpfwörter, deren Sinn oft gar nicht verstanden werden, kursieren auch schon in Grundschulklassen. Verbale Belehrungen oder Missbilligungen durch Lehrkräfte zeigen dabei wenig Wirkung. Deshalb ist es sinnvoll, um die aggressionssteigernde Eigendynamik derartiger verbaler Beschimpfungen etwas zu bremsen, ein Ritual zu praktizieren, bei dem böse Wörter in einen schön gestalteten selbst erstellten Wortebrunnen hineingeworfen werden.

Als Brunnen lässt sich ein großer Tonblumentopf verwenden, der außen von allen mit guten Wörtern beschriftet wird. Der Wortebrunnen steht an einem festen Platz in der Klasse, daneben liegen viele unbeschriftete Kärtchen. Sobald ein böses Wort in der Klasse fällt, haben diejenigen, die dies in den Mund genommen haben, die Aufgabe, die bösen Wörter in den Brunnen zu werfen. Dafür müssen sie vorher aufgeschrieben werden.

R 4.6.1.7 Versöhnungsritual (s. o. R.2.6.6)

R 4.6.1.8 Die freundlichen fünf Minuten

Dieses von Butters / Gerhardinger vorgeschlagene Ritual ist nicht nur für den Tagesanfang einsetzbar, sondern eignet sich für verschiedene Phasen des Unterrichts zur emotionalen Stabilisierung.

Praxis Rituale

Die freundlichen fünf Minuten sollen bewirken, dass jeden Tag ein anderes Kind ritualisiert Mittelpunkt positiver Worte wird. Die Durchführung ist simpel: „Der Schüler, der zum Tagesbeginn ein Herz umgehängt bekommt, wird von der Klasse fünf Minuten mit freundlichen Worten verwöhnt" (Butters / Gerhardinger 1996).

R 4.6.1.9 Gefühlsbaum

Der Gefühlsbaum ist wie der Rechtebaum ein großer verzweigter Ast, der neben der Eingangstür zur Klasse oder an einer anderen für alle zugänglichen Stelle in eine große Bodenvase oder einen mit Sand gefüllten Eimer gesteckt wird. Neben dem Gefühlsbaum liegen viele an eine Fadenschlaufe geklebte runde Kärtchen, auf denen Gefühle grafisch (Smily) oder mit Worten vorgefertigt sind. Außerdem gibt es etliche Blanco-Karten ohne Beschriftung. Dazu gibt es auch eine Liste von Adjektiven, aus denen Kinder heraussuchen können, welches Gefühl sie nun im Augenblick haben, damit sie diese auf eine unbeschriftete Karte aufschreiben können.

Das Ritual sieht so aus, dass die Kinder zu einem bestimmten Zeitpunkt gemeinsam still sind und in sich gehen, über die aktuellen Gefühle nachdenken und die eigene Gefühlslage den anderen durch Aufhängen der Ich-Karte an den Gefühlsbaum mitteilen.

R 4.6.1.10 Die „Gute-Wünsche-Decke"

Mit dem Ritual der "Gute-Wünsche-Decke" schlägt Claudia Schomaker (2000) vor, dass Kinder sich intensiv mit denen aus der Klasse gedanklich beschäftigen, die im Krankenhaus liegen. Als Ritual der Aufmunterung schlägt sie vor, dass alle Kinder aus Stoffresten bestimmte ansprechende Formen wie z. B. Kleeblatt, Mond, Herz oder bestimmte Figuren ausschneiden. Darauf sollen Wünsche oder wenigstens die Namen der absendenden Kinder geschrieben werden. Die Stoffformen mit Text werden dann auf eine für besonders wichtige Anlässe in der Klasse liegende Decke vorsichtig mit Stopfnadeln und Fäden aufgenäht.

Gerade die Dauer des Nähvorganges macht es möglich, in Gedanken auch wieder Kontakt mit dem erkrankten Kind der Klasse aufzunehmen.

R 4.6.1.11 Wunschbaum

Mit dem Wunschbaum–Wunschtraum-Ritual (Kaiser / Zierke 2000) soll erreicht werden, dass jedes Kind sich der eigenen und der anderen Wünsche bewusst wird. Dabei soll auf weißem bzw. braunem Fotokarton der Umriss eines Baumstammes und einer Wolke gezeichnet und ausgeschnitten werden. Danach werden aus grünem Tonpapier mehrere Blätter ausgeschnitten!

Die Kinder sollen sich überlegen, welche Rechte sie sich am meisten wünschen. Jeder Wunsch wird jeweils auf ein Blatt geschrieben. Das dürfen Rechte sein, die sich auf das Leben in der Schule, zu Hause oder auch an anderen Orten und auf das Leben anderer Menschen beziehen.

Die Kinder sollen die Blätter mit den unerreichbaren Wunschtraumrechten mit Klebstoff oder mit Bindfaden an der Wolke befestigen! Die Blätter mit den verwirklichbaren Rechten befestigen sie am Baum. Damit es zu einem dauerhaften Ritual in der Klasse wird, soll die Wolke und der Wunschbaum so in der Klasse angebracht werden, dass alle die eigenen Wunschrechte der Klasse ständig vor Augen haben und so ständig an die Verwirklichung der Rechte erinnert werden!

R 4.6.1.12 Unser Freundschaftsbuch

In einem Freundschaftsbuch werden Fotos aller Kinder der Klasse auf DIN-A-4-Bögen Tonpapier geklebt. Für positive Freundschaftsbekundungen und Geschichten muss neben den Bildern noch ausreichend Platz sein.

Die mit Fotos beklebten Seiten werden aufeinandergelegt, mit einem Locher werden auf jeder Seite zwei Löcher gestanzt, durch die eine Kordel zur Befestigung gezogen wird. Das fertige Freundschaftsbuch wird immer wieder zu bestimmten Zeiten in die Mitte des Stuhlkreises gelegt. Nach und nach werden Geschichten zur Freundschaft mit diesen Kindern, aber auch lustige oder traurige Geschichten mit ihnen zu den Fotoseiten eingeklebt (vgl. Kaiser 2000b, S. 63).

R 4.6.1.13 Freundschaftsbotschaften

Auf kleine Zettel schreiben die Kinder ihren eigenen Namen. Diese Loszettel werden von jedem Kind je einmal gezogen. Nun weiß es, für welches Kind es eine Freundschaftsbotschaft schreiben soll. Danach muss aus einem Stapel von verschieden farbigen Tonpapierkarten eine passende Farbe für das Kind auf dem Loszettel ausgesucht werden. Im dritten Schritt wird darauf eine Freundschaftsbotschaft geschrieben.

Anschließend wird die Botschaft in einen Briefumschlag gelegt und mit Namen des Kindes, dem die Botschaft gilt, beschriftet. Die Briefumschläge werden verteilt, dürfen aber während der Schulzeit nicht geöffnet werden, sondern erst zu Hause (vgl. Kaiser 2000b, S. 61).

4.6.2 Imaginative Entspannungsrituale: Vorstellungsbilder

Im Rahmen motorisch-emotionaler Lernanregungen spielen die imaginativen Entspannungsrituale etwa unter dem Etikett Fantasiereisen einen besonderen Stellenwert. Ihnen wird in manchen Artikeln fast wundergleiche Wirksamkeit zugesprochen. So heißt es: „Durch das Praktizieren von Entspannungstechniken

Praxis Rituale   139

wird die Fähigkeit erworben, jederzeit und überall die vegetative Umschaltung
des Körpers einzuleiten, z. B. von Leistung zu Erholung, von Aggression zu Ruhe … Die Konzentrationsfähigkeit wird gesteigert" „Insgesamt werden durch
die Entspannung Ängste abgebaut und mehr gesundes Selbstbewusstsein aufgebaut" (Weich 1998, S. 13). Sicherlich sind derartige Erwartungen etwas zu weit
gegriffen – zumindest gibt es keine hinreichend überzeugenden Untersuchun-
gen, die dies belegen könnten, weder die beruhigende noch gar die präventive
Wirkung (Weich 1998, S. 14). Dennoch sind die behaupteten Effekte nicht ganz
abzuweisen. Zumindest zeigen Praxiserfahrungen, dass Grundschulkinder
durch derartige Entspannungsformen zu Ruhe kommen und dies auch gern tun.

Gleichzeitig ist bei allen diesen Formen darauf zu achten, dass die Grenzen von
Schule und Therapie deutlich gewahrt werden. „In der Schule kann und darf
grundsätzlich keine Therapie stattfinden. Komplette Formen der progressiven
Muskelrelaxation, des autogenen Trainings (AT), des Yoga o. ä. können nicht
und dürfen nicht durchgeführt werden" (Weich 1998, S. 14). Aber auch pädagogisch gewendete Formen, die lediglich einzelne Elemente therapeutischer Formen aufgreifen und modifiziert entwickeln, stoßen an Grenzen. Denn nicht alle
Kinder sind in der Lage, den Intentionen derartiger Übungen gemäß sich zu verhalten (vgl. Weich 1998, S. 15).

R 4.6.2.1 *Fantasiereisen*

„Die Fantasiereise ist eine Möglichkeit, kindgemäß und auch gefühlsbetont,
gleichsam in eine Traumreise eingekleidet, einen entspannten Zustand gezielt
herbeizuführen. Durch die körperlichen Veränderungen, wie Entspannung der
Skelettmuskulatur, Gleichmäßigkeit und Verlangsamung der Atmung, Vermin-
derung des Sauerstoffverbrauchs, Absinken der Herzfrequenz und Veränderungen der elektrischen Hirnaktivität, werden Veränderungen im emotionalen Erleben hervorgerufen" (Weich 1998, S. 13).

„Mit zunehmender Übungsdauer werden die Entspannungseffekte schneller
und intensiver erlebt" (Weich 1998, S. 13).

Für die Durchführung von Fantasiereisen empfiehlt Weich (1998, S. 15) mit einer
ruhigen Stimme als Lehrkraft zu beginnen und dabei eine Musik mit 60 Schlägen
pro Minute, die dem Ruhepuls entsprechen, als stetig langsamer werdende Begleitung erklingen zu lassen. Dabei wird eine Geschichte zur Vorstellungsbil-
dung langsam erzählt. Diese Geschichte sollte nur offene positiv formulierte
Wendungen enthalten und Spielraum für das eigene Fantasieren eröffnen. Wichtig ist auch, dass bei Fantasiereisen durchaus die Gesetze der Logik außer Kraft
gesetzt werden dürfen (Weich 1998, S. 16). So darf bei Vopels Fantasiereise
„Härte 13" der Mensch mit der fantasierten Härte 13 alle Stoffe und sogar den
Erdball durchdringen (Vopel 1992). Am Schluss einer Fantasiereise sollte in umgekehrter Richtung die Geschichtenspannung abgeschlossen, die Sprache wie-

der schneller werden, tief ein- und ausgeatmet werden und die Augen wieder geöffnet werden (Weich 1998, S. 16).

Peterßen (1999) schlägt wiederum 5 formale Schritte für Fantasiereisen vor, nämlich 1. Rahmen schaffen, 2. Einleitung und Entspannung, 3. Durchführung (frei oder gelenkt), 4. Zurückholen, 5. Auswertung. Am Ende sollte auch bei ritualisierten Fantasiereisen eine Feed-back-Runde stehen (Weich 1998).

R 4.6.2.2 Stiller Champignon

Gerade wenn im Unterricht sehr viel Aktion gelaufen ist, sind Rituale des Sammelns und Abbaus von Hektik sehr wichtig. Ich habe aus einer Spielidee vor 22 Jahren urplötzlich das Ritual spontan erfunden, als in der Schulküche nach dem Zubereiten der Gemüsesuppe, die einen auf den liegen gebliebenen Gemüseschalen auszurutschen drohten, die anderen noch Vorbereitungsruhe brauchten und die dritten sich gegenseitig stießen und boxten. Das erste von mir erprobte imaginative Ruheritual kann folgendermaßen angeleitet werden:

„Hockt Euch alle wie Champignons auf den Boden! Hört zu!:

Es war einmal eine Wiese mit vielen Champignons. Sie wuchsen jedes Jahr wieder. Sie wurden größer und größer, zogen sich im Herbst wieder unter die Erde zurück und kamen im nächsten Jahr wieder. Im Winter waren sie unter der Erde mit ihren Wurzeln tief im Boden. Die Kälte oben konnte ihnen nichts anheben. Sie sammelten Kraft bis zur Wärme im nächsten Jahr. Dann konnten sie sich wieder aus dem Erdboden erheben. Neben ihnen wuchsen ihre Freunde, die sie nie verließen. Die Menschen gingen immer weniger nach draußen und kauften nur noch Champignons aus Kellerzüchtungen. So blieben die Champignons auf der Wiese immer stehen. Inmitten von wunderschönen Blumen, festen Gräsern und saftigen Blättern, die gegen die Sommerhitze Schatten spendeten. Die Champignons stehen still, sie wiegen sich kaum merkbar hin und her. Sie stehen und vergehen, stehen und vergehen. So wie der Atem geht, ruhig, ein und aus, ein und aus. Alles bleibt. niemand verletzt die Champignons, weil die Kühe nicht mehr auf die Weide geschickt werden. Die Wiese bleibt bestehen, sie wächst jedes Jahr wieder neu. Sie war voller bunter Blumen. In ihrer Mitte wuchsen Champignons. Sie wuchsen jedes Jahr wieder" (Kaiser 1996, Praxisbuch 1, S. 154).

R 4.6.2.3 Kapitän-Nemo-Fortsetzungsgeschichten

Diese von Petermann (1996; 2000) entwickelten und immer wieder vorgeschlagenen Ruhegeschichten haben den Vorteil, dass sie auch von ihrem fiktiven Gehalt her sehr ansprechend sind. Konkret geht es dabei um Fortsetzungsgeschichten, bei denen das angesprochene Kind sich unter Wasser bewegt, die ursprünglich „als Ritual zur Vorbehandlung von aggressiven Kindern" (Petermann 1996, S. 4f.) gedacht waren. In die sprachlich vorgestellten Einstiegsbilder, wie etwa

Praxis Rituale   141

der Delphinritt (Petermann 1996, S. 5) werden immer wieder an das autogene
Training anknüpfende Aussagen zur Körperwahrnehmung eingebunden, z. B.
„mein linkes Bein ist ganz ruhig" (Petermann 1996, S. 5). Die zur Imagination
anregenden Impulse sind in Einstiegsbilder und Erlebnisbilder für den Hauptteil
untergliedert. Petermann ordnet diesen Ritualen in erster Linie verschiedene
physiologische Entspannungswirkungen zu (Petermann 1996, S. 14 ff.). Sie erwartet aber auch psychische Auswirkungen, etwa „daß emotionale Reaktionen
wie Freude, Wut oder Angst vermindert auftreten" (Petermann 1996, S. 20) und
dass kognitive Veränderungen im Sinne einer geistig frischen, ausgeruhten Person bewirkt werden können.

R 4.6.2.4 Anti-Streit-Pulver

Das Anti-Streit-Pulver ist ein Ritual, das durch den Placebo-Effekt wie auch
durch die symbolische Beachtung im Ritual und Selbststeuerung wirkt. Das Arrangement dieses Rituals ist denkbar einfach, es wird an der Klassenzimmertür
eine Tüte mit „Anti-Streit-Pulver" befestigt. Vorher wird im Sitzkreis über die
Wirksamkeit dieses Pulvers gesprochen.

Den Kindern ist nun selbst freigestellt einzuschätzen, ob sie vor Verlassen der
Klasse oder bei der Rückkehr vom Hof ein wenig von diesem Pulver nehmen.
„Wer beim Gang in die Pause merkt, daß er viel streitlustiger ist, als ihm eigentlich lieb ist, der hat noch an der Klassenzimmertür Gelegenheit, tief in die Tüte
mit dem Anti-Streit-Pulver zu greifen. Die Tüte ist leer- und doch nicht leer für
die, die von dem Pulver nehmen wollen" (Winkler 1994).

R 4.6.2.5 Vampirspiel

Eine Erweiterung des Ansatzes imaginativer Anregungen stellt die Kombination
aus szenischer Anregung und körperlicher Ausführung dar, wie es Lintzen / Middendorf-Greife (1998) in einer großen Sammlung an Karteikarten vorstellen.
Hier soll nur zur Verdeutlichung eines dieser Spiele vorgestellt werden, die die
Autorinnen in Kursen zur Mädchenstärkung erprobt haben.

Das Vampirspiel wird mit verbundenen Augen im Raum gespielt. Alle Mädchen
bewegen sich, ein Mädchen hat die Vampir-Rolle und versucht, die anderen zu
beißen. Wenn ein Kind „gebissen" worden ist, muss es laut aufschreien und wird
so selbst zum Vampir und versucht nun, die anderen zu „beißen".

4.6.3   Ruherituale

R 4.6.3.1 Mandala-Ausmalen

Der Marktführer in dieser Richtung ist gegenwärtig das Mandala-Malen. Es
wurde schon sehr früh empfohlen (Sustek 1995). Es unterscheidet sich nicht viel

von den Ausmalvorlageheften, die in der Nachkriegszeit als Kinderbeschäftigung angeboten wurden. Ein mit klaren Umrissen vorgefertigtes Kreisgebilde mit differenzierter innerer Strukturierung wird zum farbigen Ausmalen durch die Kinder vorgegeben. Da diese Formen sehr schön gestaltet sind und es viele verschiedene regelmäßige Flächen gibt, üben diese Mandalas tatsächlich Anziehungskraft auf die Kinder aus.

Beim ursprünglichen Sinn der Mandalas im buddhistisch beeinflussten Kulturkreis gibt es allerdings eine tiefere Bedeutung. Mandalas sind dort archetypische Symbole, die unterbewusste Wahrnehmungen ausdrücken. Sie symbolisieren durch die geschlossene harmonische Form die Vollkommenheit und sprechen durch die Kreisform das Ganze von Welt und Schöpfung an.

Die Mandalas haben eine klare innere Ordnung, sie beginnen und enden in der Mitte, aus der die weiteren ornamental wirkenden Formen sich in dezentraler Richtung fortbewegen. Die um die Mitte gelagerten geometrischen Formelemente sind allesamt miteinander verbunden und stehen in einer strukturellen Beziehung zur Kreismitte wie zur Gesamtform des Kreises.

Die Mandala-Form weist Analogien zu Formen in der Natur auf (Schneckenhaus, Jahresringe, gefüllte Blüten) und tauchen in Kunstformen (Kirchenfenster, Rondelle in Barockgärten) auf.

Es ist aber auch denkbar, die ausgemalten Mandalas durch gegenständliche Gestaltungen zu ersetzen. Eine Möglichkeit wird von S. Zierke (Zierke 2000) vorgeschlagen, nämlich ein Nussschalen-Mandala. Die Aufgabe ist dabei, auf buntes oder weißes Tonpapier mehrere Nusshälften (z. B. Erdnuss, Haselnuss, Walnuss, Pistazien, Mandeln), Samen oder Kerne (Pfeffer, Gewürznelken, Sonnenblumenkerne) in eine selbst gestaltete Mandala-Form zu legen und anschließend mit Klebstoff auf der Unterlage zu befestigen.

Mandalas werden verschiedene Förderdimensionen zugeschrieben, wie Übung von Form- und Farbempfinden, Feinmotorik, Selbstsicherheit, innere Gelassenheit, Ordnung, Sicherheit, Zufriedenheit, Konzentrationsfähigkeit oder sind gar von schöpferischer Energie.

Die Ruheförderung scheint aus Beobachtungen in Schulklassen belegbar zu sein, so dass gerade in dieser Hinsicht die Praxisregel sinnvoll zu sein scheint: Am Schluss des Ausmalens oder Aufklebens lässt sich eine Mandala-Bilder-Meditation anschließen, um die gewonnene Ruhe zu intensivieren.

R 4.6.3.2 *Malen nach Musik*

Das Malen nach Musik ist ein sehr einfach herstellbares Ritual. Wichtig ist, dass alle Kinder einen bequemen Platz auf dem Boden haben und jedes für sich einen großen Bogen Papier und weiche Bleistifte. Zu meditativer Musik darf jedes Kind für sich malen. In der Literatur wird neuerdings häufig eine eher einengen-

Praxis Rituale   143

de Variante vorgeschlagen, nämlich das Malen nach Musik durch Ausmalen von
z. B. Mandalas (Bichler 1997). Die entspannende Wirkung des Malens nach Musik scheint aber größer zu sein, wenn es sich dabei um persönlichen Gefühlsausdruck handelt. Die Art des Malens kann sich im Laufe der Zeit von Bleistiftlinien
zu Pinselformen verändern.

R 4.6.3.3 Labyrinth-Meditation

Eine Vorform des Mandala-Malens stellt die Empfehlung dar, ein Labyrinth
(z. B. das Labyrinth von Chartrés), mit einem Stift oder einem Finger langsam
nachzuzeichnen und allmählich die Mitte aufzuspüren (Bichler 1997). Auch hier
lassen sich verschiedene spiralförmige Formen entwickeln, die zu einer bestimmten Zeit den Kindern als Ruheritual angeboten werden.

R 4.6.3.4 Knuddelkopf

„Auf einen mit Quarzsand gefüllten und zugeknoteten Luftballon wird ein Gesicht gezeichnet. Besonders unruhigen Schülern wird der Knuddelkopf in Störsi-
tuationen wortlos auf den Tisch gelegt. Durch das feste Drücken und Knuddeln
des Ballons verändert dieser seine Form und wirkt beruhigend auf das Kind"
(Butters / Gerhardinger 1996).

4.6.4   Psycho-motorische Entspannungsrituale

R 4.6.4.1 Zauber-Atem

Vopel (1994) schlägt viele verschiedene Wege vor, mit dem Atem zur Entspannung zu kommen. Ob Seufzen, tief oder flach zu atmen, ob sich selbst zu kräfti-
gen durch Atmen – es gibt vielerlei Möglichkeiten, sich selbst in neue Gefühlsla-
gen oder Erfahrungen „hineinzuatmen". Deshalb lohnt es sich, den Zauber-
Atem als Ritual an einer bestimmten Stelle im Tageslauf oder situativ (vor Dikta-
te oder nach der Frühstückspause oder wenn einige Streit hatten) fest einzuplanen. Am besten ist es, die Zauber-Atem-Übung durch ein Bildsymbol (Wolke
z. B.) einzuführen und eine feste Gruppierung einzuhalten, z. B. Stehkreis vor
der Tafel oder Reihen auf dem Leseteppich. Dann beginnt die Lehrkraft leise an-
zukündigen, wohin der Zauber-Atem diesmal führt.

R 4.6.4.2 Körperstrecken – Körperhaltung – Körperbewegung

Durch den Körper gehen die Gefühle und Entwicklungsmöglichkeiten hindurch.
Deshalb können wir an der Körpersprache oft so genau die Gefühlslage verstehen (vgl. Rosenbusch 1995). Zum Teil ist die Gefühlslage den betroffenen Personen gar nicht so genau bekannt, während Außenstehende sehr wohl den gramge-
beugten Rücken, den flink davoneilenden Bewegungsrhythmus oder die schwer-

fällige Sitzhaltung auffällt – zumindest als emotionaler Gesamteindruck. Um die eigene Körpersprache flexibler zu gestalten, ist es sinnvoll bestimmte Bewegungsvariationen zu beherrschen. Diese in einem Ritual zu üben, bei dem mal Körperstrecken, mal Beugen oder mal das Zusammenballen der Fäuste zur Aufgabe zählt, ist ein sinnvoller Weg, den eigenen Weg des Körperausdrucks bewusst zu üben und dabei gleichzeitig motorische Ausdrucksmöglichkeiten in der Schule generell eröffnet zu bekommen.

R 4.6.4.3 Yogazyklus

Auch Yoga für Kinder ist in Form bestimmter Rituale durchzuführen. Schomaker (2000, S. 108) führt dazu aus: „Yoga belebt müde Glieder und macht wieder munter. Diese Übungen kommen aus Indien. Die Menschen dort haben in der Natur und bei Tieren ganz bestimmte Bewegungen beobachtet. Diese Bewegungen tun auch uns Menschen gut und geben Kraft. Sie sind nicht schwer, deshalb kann sie jeder leicht erlernen. Man sollte bequeme Kleidung tragen.

Die Katze

Diese Übung tut gut, wenn der Rücken müde ist. Stellt euch auf alle viere wie eine Katze. Wenn ihr einatmet, hebt ihr den Kopf an und lasst den Rücken hängen. Wenn ihr ausatmet, macht ihr einen Katzenbuckel. Dehnt den Rücken hoch! Zwischendurch könnt ihr auch miauen. Nach der Katzenübung fühlt sich der Rücken wieder weich und kräftig an."

R 4.6.4.4 Schüttelübung

Für eine Schüttelübung schlägt Claudia Schomaker folgende Anweisung vor: „Sie hilft, wenn ihr müde und angespannt seid. Schüttelt den ganzen Körper! Fangt bei den Knien an. Schüttelt alles, auch Hände und Finger. Nur eure Füße müssen fest am Boden stehenbleiben. Während ihr euch schüttelt, lasst ihr alles von euch abfallen. Alles, was ihr nicht gebrauchen könnt.

Weg damit! Spürt ihr nun, dass euer Körper wieder frisch geworden ist?" (Schomaker 2000, S. 109).

R 4.6.4.5 Der Löwe

Die Übung „der Löwe" eignet sich als Ritual in Klassen, bei denen Aggressionen und Konflikte eine große Rolle spielen. Eine mögliche Anweisung zur Übung „der Löwe" könnte lauten:

„Habt ihr euch geärgert oder seid ihr ungeduldig? Dann kniet euch hin, und setzt euch auf die Fersen. Die Hände ballt ihr zu Fäusten. Legt sie auf die Knie und atmet tief ein. Richtet euch innerlich auf! Beim Ausatmen streckt ihr die Zunge heraus und spreizt die Finger. Gleichzeitig brüllt ihr wie ein Löwe, tief aus dem Bauch. Wiederholt die Übung mehrmals" (Schomaker 2000, S. 109).

Praxis Rituale

R 4.6.4.6 Edu-Kinästhetik

Auch wenn hier zu Vorsicht vor der vermeintlichen allseitigen Heilwirkung des kinesiologischen Ansatzes geraten wird (vgl. auch Peterßen 1999, S. 50), sind diese Brain-Gym-Übungen wichtige Ergänzungen. Sie können zu Beginn eines Schultages einen festen ritualisierten Stellenwert bekommen – zumal die Dauer recht kurz ist. Welche Körperseiten oder -teile überkreuz zusammenbewegt werden, ob Hände mit Füßen, Zehen mit Fingern, die Arme als Elefantenrüssel bei den Händen verschränkt, ist dabei nicht primär. In der Literatur gibt es vielfältige Anregungen (vgl. Dennison 1995). Wichtig ist, dass die Kinder sich des Grundgedankens des Kreuzens beider Körperseiten bewusst werden und nicht überfordert werden, sondern Spaß an derartigen Übungen haben.

R 4.6.4.7 Partnermassage: „Marslandung"

Massagevarianten, die an bestimmte Sachunterrichtsthemen gebunden sind, breiten sich allmählich im Grundschulalltag aus, Wettermassage auf dem Rücken eines anderen Kindes, bei dem die Regentropfen etwa mit klopfenden Fingerkuppen auf dem Rücken imitiert werden (vgl. Praxisbuch 1, Kaiser 1996, 221) oder die Pizzamassage (Biermann u. a. 1995), um eine Sensibilität für Taktiles zu erwerben, sind mittlerweile sehr verbreitet. Tiarks (2000a) schlägt als eine Variante dieser Körpermassageformen die Partnermassage „Marslandung" vor. Er empfiehlt als Eingang die folgende Handlungsanregung: „Geh mit einer kleinen Gruppe und einer Lehrkraft in einen anderen Raum! Findet euch zu zweit zusammen! Das eine Kind liegt auf dem Bauch, das andere sitzt daneben. Tauscht nach dem ersten Durchgang". Diese Einleitung kann bereits durch beruhigende Meditationsmusik begleitet werden. Als imaginative Geschichte zur Begleitung der Massage hat er folgenden Text entwickelt: „Der Rücken ist jetzt die Marsoberfläche. Ein Raumschiff landet (die gesamte Handfläche). Dann steigt erst ein Mensch aus, dann zwei und immer so weiter, um die Oberfläche zu erkunden (ein, zwei, drei, … Finger laufen auf dem Rücken umher). Danach beschließen die Menschen, sich hier niederzulassen. Um etwas bauen zu können, muss erst alles platt und eben gemacht werden (Hand streicht mit etwas Druck von der Mitte zu den Seiten). Nach und nach entstehen einige Häuser (mit zwei, drei Fingern auf Stellen des Rückens drücken). Eine richtige Straße wird gebaut (mit den Knöcheln des Zeige- und Mittelfingers mit etwas Druck über die Oberfläche fahren). Was kann noch gebaut werden? (Vorschläge der Kinder mit einbeziehen, sowohl was gebaut wird, als auch wie es mit den Fingern umgesetzt wird.) …"

Zum Schluss sollen in einer Rückmelerunde die Gefühle und Erfahrungen bei der Massage ausgetauscht werden.

R 4.6.4.8 Schlummertuch

Im Vorschulalter ist das Ritual des Schlummertuches weit verbreitet. Der Sinn dieses Rituals liegt darin, rein pragmatisch, ein symbolträchtiges und angenehm anzufühlendes Objekt zu wählen und dabei die legitim anerkannte Regression in frühere Entwicklungsphasen zu vollziehen, bei denen Geborgenheit und Aufgehobensein als Gefühl nachgeholt werden kann. Wenn jedes Kind ein Kummertuch oder Schlummertuch in der Klasse an einem besonderen Platz aufbewahren darf, ist es in den Augen der peer-group nicht mehr so problematisch, wenn ein Kind aus der Klasse Bedürfnis nach dem schützenden Tuch hat und sich aus dem Klassengeschehen kurz zurückzieht. Dazu müssen allerdings noch genauere Regeln in der Klassen entwickelt werden, z. B. wie lange der Rückzug dauern kann, welche Körperhaltungsvarianten dabei zugelassen sind und welche Plätze es gibt. Selbstverständlich muss auch das Verhalten der übrigen Klasse – z. B. Lautstärkeregelung – geklärt werden.

R 4.6.4.9 Rhythmikspiele

In der vorschulischen Erziehung spielen Rhythmikspiele eine große Rolle. Jakkel (1999, S. 21 ff.) stellt diese beispielhaft auch für die Grundschule vor. Sie unterscheidet diese nach den folgenden vier Teilbereichen:

- mit Fingergeschick
- mit Handgeschick (z. B. Klatschspiele)
- mit Laufgeschick (z. B. Tanzspiele)
- mit Körper-und Darstellungsgeschick

M. E. wird hier eine Einengung möglicher Rituale auf diese mehr dem vorschulischen Bereich entnommenen Möglichkeiten vorgenommen, auch wenn sicherlich punktuell auch derartige Ansätze in die Schule integriert werden. Viele allerdings unterfordern das Anspruchsniveau heutiger Grundschulkinder und sind überzogen kindertümelnd[20], wie das folgende Beispiel eines sensu-motorischen Sprech-Bewegungsspiels zeigt:

„Guten Morgen, ihr Beinchen! Wie heißt ihr denn?"
„Ich heiße Hampel."
„Und ich heiße Strampel"
„Ich bin das Füßchen Übermut."
„Und ich bin das Füßchen Tunichtgut."

Diese Form von Ritualen entspricht nicht den o. g. aufklärerisch-demokratischen Intentionen. Zumeist handelt es sich zudem – gerade bei Fingerspielen – um Formen, die sich weniger für den Klassenunterricht eignen, sondern eher

---

[20] Vgl. zur Kritik der Kindertümelei in der Heimatkunde: Kaiser, Astrid: Einführung in die Didaktik des Sachunterrichts. Baltmannsweiler 1996, Kap. 2.

dialogisch durchgeführt werden können. Sie sind auch nicht Rituale, die sich in den Rahmen schulischer Lerninhalte einfügen und bedeutsame Lernerfahrungen transportieren, sondern haben für sich gesehen einen inhaltlichen Kontext, der allerdings nicht produktiv mit weiteren Inhalten gefüllt werden kann, weil er schon mit den kindertümelnden Inhalten gefüllt ist.

4.6.5 Sensorische Entspannungsrituale

Zu diesem Bereich zählen zunächst wenig als Rituale erkenntliche traditionelle sensu-motorische Fingerspiele oder Körperberührungen in Verbindung mit Versen. Jackel (1999) fokussiert ihr Verständnis von schulischen Ritualen überwiegend auf diesen Komplex, der eher dem vorschulischen Bereich zuzuordnen ist. Hier liegt die Funktion des Rituales weitgehend in der Beruhigung des Kindes – zumeist auf ein einzelnes konzentriert – und ist weniger mit der Anregungsseite des schulischen Kontextes zu verbinden. Deshalb werden hier nur wenige Rituale aus diesem Bereich herausgegriffen, die sich auch im schulischen Kontext spezifisch entwickeln lassen.

R 4.6.5.1 Tastobjekte

Kükelhaus (Kükelhaus / Zur Lippe 1982) galt mit seiner in den 80er Jahren viel beachteten Ausstellung zur Förderung der Sinne als außerordentlich richtungsweisend.

Mittlerweile sind Fühlkisten u. a. Formen nicht mehr aus dem Grundschulalltag wegzudenken. Häufig befinden sich die zumeist mit Naturmaterialien befüllten Fühlkisten außerhalb des eigentlichen unterrichtlichen Geschehens ohne inhaltlichen Kontext zum real durchgeführten Sach- oder Projektunterricht. Wenn diese wenigstens in Ritualform in die Prozessstruktur von Unterricht eingebunden werden, verlieren sie ein wenig den isolierten Status.

Die Tastobjekte sollten in dieser ritualisierten Verwendung möglichst einmal in der Woche an einem bestimmten Tag gewechselt werden, die Tastkisten /-beutel oder –tücher sind immer an derselben Stelle im Raum untergebracht und auch der Zeitpunkt des Tastens sollte regelmäßig stattfinden und in den Tagesablauf organisch eingebunden werden.

Als derartige Tastobjekte eignen sich u. a.: Muscheln, Steine, Nüsse, Zapfen, Blätter, Fellteile, Samenkörner, Holzobjekte, Stoffe, Plastikfiguren, Moos, Metallringe, Unterlegscheiben, verbrauchte Stifte, alte Taschenrechner u. a. kleine Bürogeräte, Haarspangen, Schleifen u. a. Dekorobjekte, Lupen, Linsen, Flöten, u. v. a. nicht durch einfachen Tastdruck zerstörbare Objekte.

R 4.6.5.2 Schildkröten-Spiel

Das Schildkröten-Fantasieverfahren (Petermann 1996; 2000) besteht aus einer Vorphase, in der die Kinder durch Sprache veranlasst werden, sich in die spezifischen Bewegungen einer Schildkröte hineinzuversetzen. Wenn diese spezifischen Bewegungen gut eingeübt sind, kommt es darauf an, zu einer bestimmten Zeit des Tages, diese Bewegung mit dem Ziel des Abbaus von Aggressionen mehrere Wochen lang als Ruheritual zu praktizieren. Dabei wird der verbale Impuls gegeben, sich in den Panzer zurückzuziehen, wenn man irgendwo anstößt oder andere berührt.

R 4.6.5.3 Blindenführung

Mit einer imaginativen Einstimmung beginnt dieses bekannte Bewegungsspiel, das sich gut eignet, um eine Projektphase einzuleiten. Zu sanfter Musik sollen sich alle Personen paarweise durch den Raum bewegen. Eine Person, die die Blindenrolle spielt, muss sich die Augen blickdicht verbinden lassen und wird nun von der anderen Person so durch den Raum geführt, dass andere Personen und Gegenstände nicht berührt bzw. gar angestoßen werden. Wenn die Musik aufhört, endet auch die gemeinsame Blindenführung.

Dieses Ritual eignet sich hervorragend, um gegenseitiges Vertrauen zu üben und ist damit ein guter Einstieg in schwierigere Arbeitsphasen in der Schule.

4.7 Rituale, um das Lernen zu lernen

4.7.1 Theoretische Vorbemerkungen

Lernen ist ein produktiver menschlicher Vorgang. Lernen kommt durch Aktivität und Motive der einzelnen Menschen zustande. Denn Lernen ist ein eigenaktiver, selbsttätiger Prozess. Damit Lernen überhaupt beginnt, muss seitens der Lernenden ein Widerspruch zwischen subjektiven Fähigkeiten und der erfahrenen gesellschaftlichen wie natürlichen Realität wahrgenommen werden. Die Eigenaktivität der Lernenden stellt dabei ein wichtiges produktives Moment dar. Sie ist nicht direkt abhängig vom energieaufwendigen Lehren, das einseitig betont leicht nur „Lehr-Lern-Kurzschlüsse"[21] auslöst. Lehren kann nur orientieren, tatsächliches Lernen heißt Handeln und Kommunizieren. Deshalb muss das Lernen der Kinder im Mittelpunkt der Grundschulreform stehen.

---

[21] Dieser Begriff wurde von Klaus Holzkamp in seinem Buch entwickelt: Holzkamp, K.: Lernen. Subjektwissenschaftliche Grundlegung. Frankfurt a. M. 1993.

Praxis Rituale   149

Erst im Wechselspiel von Anregung und Frage, Angebot und Staunen sowie Herausforderung und Problem kann Lernen sich entwickeln.[22]

Lernen ist besonders produktiv, wenn dabei die zentralen **lernoptimierenden Möglichkeiten** eingeschlossen werden. Dazu zählen:

- Produktivitätszuwächse beim Lernen dadurch, dass Kinder von Kindern lernen
- Produktivitätssteigerung durch differenziertes, an Lernvoraussetzungen anknüpfendes Lernen
- Motivationssteigerung[23] und Kompetenzerweiterung durch praktische Kontexte von Lernen
- Fokussierung und Motivationssteigerung durch sinnvolles Lernen

Darüber hinaus ist es von großer Bedeutung, inwieweit die Lernenden ihren eigenen Lernprozess bewusst steuern können und im Sinne von Metakognition (vgl. Perterßen 1999, S. 192f.) ihre eigenen Lernprozesse reflektieren können. Dazu zählt metakognitive Bewusstheit wie auch Handlungs- und Methodenkompetenz (ebd.).

Lernen zielt in einer Informationsgesellschaft nicht mehr auf eine Ansammlung von Faktenwissen, sondern hat die Aufgabe **Begründungswissen, Zusammenhangswissen und Erschließungswissen** zu entfalten.

Darüber hinaus gilt es generell, das eigenaktive weiterführende Lernen durch **Lernen des Lernens** anzuregen.

Die wesentlichen Prinzipien dabei[24] sind:

a) für die didaktische Planung

- Metakognition und Selbstreflexion
- Methodisch angeleitete Umweltaneignung
- Systematisierung von Informationsfülle
- Erwerb verschiedener Arbeitstechniken

---

[22] Um weitergehende Lernaktivitäten zu animieren, bedarf es einer Spannungssituation – oder zumindest einer Diskrepanzerfahrung. Dahin können Lernanregungen führen, wenn sie so strukturiert sind, dass sie an die Lernvoraussetzungen der Lernenden anknüpfen. Eine zweite Variante zu diesem Ziel liegt in der dialogischen sozialen Struktur von Lernen. Damit ist gemeint, dass sich Verstehen als Austausch von Meinungen, Kontroversen und Sinnkonstruktionen durch Perspektivenübernahme der anderen Personen entwickelt.

[23] Die Valenz oder das Motiv bzw. das Relevanzverständnis von Lernenden zu einem bestimmten Lernobjekt scheint die wichtigste Bedingung zu sein, überhaupt Aktivitäten als Grundbedingung der Dynamisierung von Lernen hervorzurufen. Deshalb ist sinnvolles Lernen zugleich auch motivationsfördernd.

[24] Vgl. Kaiser, Astrid: Lernen durch Lernen des Lernens. In: Hempel, Marlies (Hg.): Lernwege der Kinder. Baltmannsweiler 1999.

b) für die methodische Gestaltung des Lernprozesses[25] sind aus der Forschung über eigenständig lernende Schülerinnen und Schüler die folgende Lernformen herauszufiltern:

- peer coaching (Lernpartnerschaft)
- Monitoring (Arbeitsheft)
- Modeling (Ausführungsmodell)
- Evaluation (Arbeitsrückblick)
- Reflection (Mitdenken)
- Conferencing (Klassenkonferenz)

Dieser sehr kompliziert klingenden Begriffe können ganz einfach in der Grundschule umgesetzt werden, wenn wir uns gleichzeitig vor Augen führen, wozu diese Begriffe gedacht sind. Dazu seien hier stichpunktartig einige praxisnahe Erläuterungen vorgenommen:

Peer coaching meint, dass die Lernenden sich gegenseitig anregen, ihre Lernerfahrungen austauschen und miteinander durch Diskutieren und gemeinsame Lernstrategien weiter lernen.

Monitoring heißt, dass Kinder ihren eigenen Lernprozess gleichzeitig von außen sehen. Konkret hieße dies etwa, dass Kinder wissen: Jetzt kommt die Zeit, in der möglichst viele Projektergebnisse den Eltern vorgestellt werden und dies auch so betrachten oder indem Kinder Dokumentationshefte oder –tafeln von Unterrichtseinheiten herstellen und damit das Gelernte noch einmal „Revue passieren lassen".

Modeling heißt, dass die Lernschritte und –verfahren anderer Schülerinnen und Schüler beobachtet werden und auf das eigene Verhalten übertragen werden. Im kommunikativen Grundschulunterricht ist gerade dann, wenn Zeit für die Arbeit in Gruppen gelassen wird, Kinder auch einmal in Ruhe den Arbeitsprozess anderer beobachten können, schon der Keim für das Modeling-Prinzip angelegt. Eine nicht mehr als Stundenschule angelegte verlässliche Grundschule ist durch die offene Zeit zwischen formalisierten Belehrungsstunden geradezu prädestiniert dafür, dem Modeling Raum zu geben.

Evaluation heißt, dass Kinder gemeinsam Lernarbeit leisten und aus den gemachten Erfahrungen lernen oder sogar ihre Ergebnisse selbst qualitativ bewerten. Ein recht weit in der Praxis entwickelter Ansatz in der Grundschule ist der der Schreibkonferenzen. Die Reformschule Kassel hat diese bereits im 3. Schuljahr zu einer selbstverständlichen Einrichtung gemacht (vgl. Röhner u. a. Hg. 1998). Die Kinder schreiben dort regelmäßig pro Woche freie Texte und bilden selbstständig Schreibkonferenzen zur qualitativen Verbesserung ihrer Texte. Dort ist das Prinzip „Kinder lernen von Kindern" auch ohne die Hierarchie des Helfens in die Tat umgesetzt.

---

[25] vgl. Beck, Erwin / Guldimann, Titus / Zutavern, Michael (Hg.): Eigenständig lernen. St. Gallen 1996.

Praxis Rituale 151

Reflecting meint, dass Kinder auch außerhalb ihrer eigenen Betroffenheit über Unterrichtsverläufe nachdenken können, also zum Beispiel fragen, woran es lag, dass man selbst so wenig Bilder für die Projektpräsentation hergestellt hat. Hier geht es primär darum, in der Arbeitsrückschau die Wirksamkeit der individuellen und der gemeinsamen Lernarbeit zu überprüfen.

Conferencing verlangt immer wieder, auch gemeinsam über die Ergebnisse zu sprechen und diese untereinander auszutauschen, also eine Gruppierung der Gleichberechtigten und voneinander Lernenden zu werden und nicht der unterlegenen Schülerinnen und Schüler zu werden.

Strukturen, in denen Kinder von Kindern lernen, haben bereits per se eine derartige Meta-Ebene von Unterricht eröffnet. Ein passives Erleiden und mit Wissensmassen traktiert zu werden ist so nicht möglich. Aber die Intensivierung der Lernergebnisse kann durch derartige Verfahren des Lernens von Lernen entwickelt werden.

Demokratische Strukturen können nicht nur als Ziele von Bildung deklariert werden, sondern müssen bereits in den Formen des Lernens erfahren und weiterentwickelt werden können. Dazu gehört eine stärkere Gewichtung im Bildungsprozess von Gespräch, Diskussion, Dialog, Erzählen, Vergleich alternativer Untersuchungsmethoden und Theorien, Austausch von Erfahrungen und Wahrnehmungen, von Deutungen und Gedankengängen. Diese Formen lassen sich gut ritualisiert verwirklichen.

Lernen muss **in der Methode** bereits das Ziel stärkerer **Praxisorientierung** enthalten. Methoden des Lernens und Lehrens wie Experimente, Beobachtungen, Dokumentationen, Präsentationen und Erkundungen sind wichtige Schritte, das Lernen mit den Bildungszielen zu verbinden.

Lernen muss die gesamte Persönlichkeit der Lernenden ansprechen und sie **vieldimensional** fördern. Auch von daher sind Rituale mit ihrer Wirkung auf die einzelne Person wichtige Hilfsmittel, um das Lernen zu lernen.

Rituale und die Prinzipien des Lernens haben etwas gemeinsam: Sie sind szenische Arrangements im Lernumfeld, die auf zukünftiges Handeln ausgerichtet sind, sie bestehen aus zwei Schichten, der unmittelbaren äußerlich sichtbaren und der tieferliegenden Bedeutung und sie treten aus dem Alltag des Lernens durch ihren besonderen Charakter heraus.

4.7.2 Praktische Beispiele

Die Möglichkeiten für Rituale des Lernen-Lernens ist unerschöpflich. Einige praktische Ansätze sind bereits unter den Abschnitten Gruppenarbeit und Freie Arbeit thematisiert worden, wie z.B.:

■ Thema der Woche / Bild der Woche (s.o.)

152   Praxis Rituale

- Bild hochstellen, um Thema der Gruppenarbeit zu visualisieren (s. o.)
- Karteikasten, um Stand des Lernens zu dokumentieren (s. o.)
- Ich denk' mit (s. o.)
- Bitte Bedenkzeit! Ein Schild (s. o.)
- Gesprächsthemen – „Stocknagel" (s. o.)

R 4.7.2.1 Rituale zur Lernoptimierung

Alles Lernen bedarf einer bewussten Steuerung der lernenden Person. Denn ohne die eigenaktiven Lernmotive wird Lernen nicht erfolgreich sein. Wichtig ist dabei, dass für alle Lernenden die Aufgabe, die möglichen Lern- bzw. Recherchewege und das Ziel durchschaubar sind. Das Fokussieren auf die wesentlichen Elemente des Lernprozesses lässt sich auch als ritualisierte Methode umsetzen.

Praktikabel in diesem Zusammenhang ist ein beklebter Schuhkarton mit zwei aufgeklebten Briefumschlägen an den gegenüberliegenden Schmalseiten. Auf den Briefumschlag auf der einen Seite wird ein Fragezeichen als Symbol für die Aufgabe gezeichnet, auf die gegenüberliegende Seite ein Ausrufezeichen als Symbol für die Antwort oder das Ergebnis.

Auf den länglichen Seiten stehen die bereits in der Klasse erworbenen Methoden des Wissenserwerbs und werden laufend ergänzt. Beispiele für derartige Methoden wären:

- Interview mit Experten
- Im Lexikon nachschlagen
- Ein Buch dazu lesen
- Einen Versuch durchführen
- Erwachsene beobachten
- Etwas sammeln
- Die Sammlung ordnen

Im Inneren des Kartons liegen Bücher, Lexikonartikel, Impulskarten u. a. Hilfen für den Lernweg – bezogen auf die jeweilige Frage.

Zu Beginn einer selbstständig zu bearbeitenden Aufgabe wird gemeinsam auf eine leere Karteikarte die genaue Aufgabenformulierung in der Sprache der Kinder notiert. Diese wird in den Frage-Briefumschlag gesteckt. Im Antwortbriefumschlag stecken 20 bis 30 leere Karten, auf die jedes einzelne Kind sein Lernergebnis schreiben darf.

R 4.7.2.2 Advance Organizer

Reflection ist neben Monitoring, Modeling und Evaluation eine der zentralen Zugangsweisen des Lernens des Lernens.

Eine erste Form in diese Richtung ist es, dass den Lernenden die nächsten Lernschritte und Lernaufgaben offen gelegt werden. Dazu zählt etwa ein Überblick über die geplanten folgenden Lernphasen – einschließlich der dazu erforderlichen Organisationshilfen. Diese als advance Organizer (vgl. Peterßen 1999, S. 35) bekannte methodische Form lässt sich als Ritual zu Beginn einer Unterrichtseinheit aber auch eines Unterrrichtstages oder gar einer Unterrichtsstunde durchführen.

R 4.7.2.3 Mind-mapping

Mind-mapping (Peterßen 1999, S. 204) ist eine Technik zur Visualisierung von Gedankenzusammenhängen und drückt die netzartigen Zusammenhänge von Wissen in einer grafischen Netzstruktur aus. Dabei werden Oberpunkte und Unterpunkte sowie ihre Beziehungen zueinander in Verbindung gesetzt.

Als Ritual hat das Mind-mapping seinen Stellenwert zu Beginn einer Unterrichtseinheit, um die Vorerfahrungen der Klasse zu strukturieren, aber auch zur grafischen Präsentation von Ergebnissen.

R 4.7.2.4 Clustering

Clustering ist eine dem Mind-mapping vergleichbare, aber weniger anspruchsvolle Form der grafischen Darstellung (vgl. Peterßen 1999, S. 56). Hier soll nur eine einfache Form der Gedankengliederung grafisch entwickelt werden. Vorangegangen sind freie Assoziationsketten zu einem thematischen Stichwort, die erst anschließend einer gedanklichen Gliederung unterworfen werden. Wichtig ist, dass der Ausgangsbegriff vorgegeben wird.

Als Ritual lässt sich das Clustering bei zusammenfassender Gruppenarbeit von individuellen Notizen einführen.

R 4.7.2.5 Feedback

Auch die Fremdeinschätzung ist eng mit der Selbsteinschätzung verbunden. Deshalb sind alle Formen des Feedbacks zum gelaufenen Unterricht auch gleichzeitig Formen der Selbstreflexion. Peterßen (1999, S. 95ff.) schlägt neben dem traditionellen schulischen Feedback durch Leistungsbeurteilung der Lehrkräfte verschiedene Formen des eigenaktiven Feedbacks von Schülerinnen und Schülern vor:

- 3 mal 3 Feedback (gemeint ist, dass zur letzten Stunde / Einheit jeweils drei positive, drei negative Dinge und drei Verbesserungsvorschläge genannt werden)
- Feedback-Zielscheibe (gemeint ist eine grafische Aufarbeitung von verschiedenen Sektoren / Kategorien und Ausprägungsgraden, (vgl. Peterßen 1999, S. 97)

- Selbsteinschätzungsbogen

Wenn eine dieser Formen des Feedbacks regelmäßig am Ende des Tages oder einer thematischen Einheit stehen, kann durch szenische Arrangements daraus ein Ritual entstehen.

4.8 Rituale: Kinder lernen von Kindern

4.8.1 Theoretische Einführung

Bisher haben sich die Innovationen in Grundschulen vor allem auf Seiten der Gestaltung veränderter Schule durch die Lehrkräfte niedergeschlagen. Eine wichtige Dimension von Öffnung und Abkehr von der alten Belehrungs-Hierarchie, die das Unterrichten wesentlich erleichtern könnte, ist bislang in der Grundschuldebatte noch wenig beachtet worden. Ich meine konkret den Gedanken „Kinder lernen von Kindern" (vgl. Scholz 1996).

Dieser Gedanke ist keineswegs neu. Peter Petersen führte durch altersgemischtes Lernen schon in den 20er Jahren Systeme des Lehr-Lernens zwischen älteren und jüngeren Schülerinnen und Schülern ein. In den anglo-amerikanischen Ländern sind Tutoriats-Beziehungen feste Bestandteile des Bildungswesens. Der ehemalige hessische Kultusminister Holzapfel führte in einem Spiegelgespräch 1996[26] aus: „Neben dem traditionellen Unterricht muss es Phasen geben, in denen die Schüler selbstständig arbeiten. Das wird in der Informationsgesellschaft, in der sich das Wissen ständig wandelt, immer wichtiger. Ich denke auch an Stunden, in denen ältere Schüler den jüngeren etwas erklären und beibringen."

Wenn wir genauer unter die Oberfläche blicken, werden wir aber entdecken, dass sich erste Keime dieses Weges bereits in den Grundschulen entwickeln. Ich habe in den letzten Jahren bei Schulbesuchen etwa die folgenden Szenen gesehen, die schon in die Richtung „Kinder lernen von Kindern" gehen:

Beispiel 1: Im Mathematikunterricht wurde an der Tafel das neue Problem erklärt. Die Lehrerin spürt, dass es einige Kinder von ihrer eigenen Erklärung nicht begreifen. Sie bittet jetzt ein Kind, das die Aufgabe verstanden hat: „Sandra, erkläre du es bitte noch einmal den anderen Kindern!"

Beispiel 2: Oliver fragt, wie das Wort „Mafia" geschrieben wird. Die Lehrerin sagt: „Lass dir von Jannick helfen, im Wörterbuch nachzugucken."

Beispiel 3: Daniel hat gegen die Klassenregeln verstoßen. Im Klassenrat wird – ohne Einmischung einer Lehrperson – unter den Kindern über Sanktionen beraten.

Im Alltagswissen ist an Grundschulen bekannt,

---

[26] Heft 5/1996.

Praxis Rituale

- dass Kinder Gleichaltrigen gut etwas erklären können
- dass die Sprache der Gleichaltrigen oft besser verständlich ist als ein von Erwachsenen vorbereiteter Lehrbuchtext
- dass Kinder von ihresgleichen eher eine Mahnung, sich an Regeln zu halten, annehmen können als von Erwachsenen
- dass für Kinder die Gruppe der Gleichaltrigen außerordentlich wichtig in der Schule ist und dass sie schon allein daraus Motivation ziehen können.

Wir müssen uns nun fragen, warum dieses pädagogische Wissen nicht offen ernst genommen wird, sondern allenfalls nebenbei oder gar heimlich angewendet wird. Wenn dies tatsächlich ein Potenzial zur Verbesserung der Lernqualität ist, warum geben wir diesem Weg nicht Raum im Rahmen des Grundschulalltags. Gerade die verlässliche Grundschule, wenn sie nicht als Stundenschule mit zusätzlichen Ersatzlehrkräften betrieben wird, hätte auch den Zeitrahmen für tatsächliche Freie Arbeit mit Themengruppen ganz aus den Ideen der Kinder, mit Übungszeiten, in denen ältere Kinder jüngeren helfen, aber auch mit Zeiten, in denen die Kinder selbstgesteuert miteinander sich Wissen und Kenntnisse aneignen. Aber auch im üblichen Unterricht wird zu wenig daran gedacht, den Lernanregungen durch andere Kinder Entfaltungsmöglichkeiten zu eröffnen. Bestenfalls in der Stillarbeit wird dieser Weg durch den Hinweis „Hilf mal deinem Tischnachbarn!" ansatzweise betrieben.

In den USA wird unter dem Etikett „peer-education" oder „peer-teaching" ein weites Feld neuen pädagogischen Denkens entwickelt. Auch aus den neuen Bundesländern ist der Gedanke der Verantwortung der Klasse für das Lernen aller aus schon fast grauen Vorzeiten der DDR noch bekannt. Damals war es gang und gäbe, dass auch der Pioniergruppe die Aufgabe gegeben wurde, dafür zu sorgen, dass alle das Klassenziel erreichten (Geiling / Heinzel 2000b, S. 29). „Immer bereit zum Lernen" war ein anerkannter Pionierauftrag (Geiling / Heinzel 2000, S. 95). Damals wurden klassische Lehreraufgaben direkt an die Pioniergruppenleiter delegiert, wie dafür verantwortlich zu sein, dass der Pionierknoten bei allen Kindern der Klasse zu bestimmten Anlässen exakt geknotet ist (Geiling / Heinzel 2000b, S. 31). Dies hat einerseits die Bedeutung, dass Kinder in ein zentral geleitetes System eingebunden wurden und es gab damals eine Vielzahl an Einpassungsritualen (Geiling / Heinzel 2000b, S. 30). Gleichzeitig wird damit auch die Eigenverantwortung angesprochen, die bei Kindern auch das Gefühl der persönlichen Bedeutsamkeit vermittelt – zumindest wenn ihnen diese leitenden und ordnenden Funktionen übertragen wurden. Doch heute gibt es zunehmend Schulen in alten wie neuen Bundesländern – dort wie in Brandenburg eher der Not folgend, weil kleine Schulen in einzelnen Gemeinden ansonsten geschlossen werden müssten –, in denen altersgemischtes Lernen fest eingeplant ist (vgl. Laging 1999). In diesen Konzepten steht vor allem der Gedanke des Helfens im Vordergrund. Kinder lernen von Kindern kann allerdings auch in anderer Hinsicht verstanden werden. Die Pioniergruppen werden aus der Retroperspektive auch heute noch mit besonders positiven Erinnerungen bedacht, weil das Erleben der Gleichaltrigenkultur noch über ein Jahrzehnt später bei den jungen Erwachsenen außerordentlich positiv besetzt ist (Geiling / Heinzel 2000b, S. 29).

Zum Konzept „Kinder lernen von Kindern" gehören neben den Hilfe-Partnerschaften mindestens noch diese folgenden Aspekte:

- Das Wissen und Können von Kindern wird ernst genommen. Das, was einzelne Kinder wissen, wird in den gemeinsamen Gesprächskreis oder in das Projektlernen eingebracht und hat Gewicht für den weiteren Verlauf des Unterrichts. Das Vorwissen der Kinder wird so quasi zum eigentlichen Lehrplan (Carle 1995 / Carle 2000). Insofern ist dies Konzept im weitesten Sinne auch ein Beitrag zur Herstellung der Kinderrechte in unserem Lande[27].

- Der seit Jahrzehnten geforderte Rollenwechsel der Lehrkräfte vom klassischen Pauker hin zur Beratung von Lernprozessen kann dadurch, dass den Gesprächen und Lehr-Lernprozessen innerhalb der Kindergruppe ein wesentlicher Raum zugebilligt wird, einen wichtigen Schritt weiter ausgebaut werden.

- Kinder werden in ihren anthropologischen Besonderheiten beachtet. Das heißt, der Unterricht wird so gemacht, dass zwischen den Kindern lebendige Lerndynamik und Lernlust geweckt wird.

In diesem Sinne sind die folgenden Praxisbeispiele von Ritualen zu verstehen.

4.8.2   Praktische Beispiele für Rituale „Kinder lernen von Kindern"

R 4.8.2.1 Einzel-Patenschaften von Kindern höherer Klasse

Hier sollen nicht die Merkmale und Prinzipien altersgemischten Lernens näher vorgestellt werden (vgl. Laging 1999), sondern nur ausschnittweise die ritualisierte Form von Einzelpatenschaften.

Der pädagogische Sinn der Patenschaften, dass ältere Kinder jüngeren helfen, aber auch ihnen Geborgenheit und Sicherheit bieten, dafür allerdings selbst an Bedeutung im Schulleben finden und somit den Sinn ihrer Tätigkeit anschaulich erfahren, muss auch in der Form der Rituale zum Ausdruck kommen. Von daher sind folgende Möglichkeiten der Ritualisierung von Einzelpatenschaften sinnvoll:

- Feierliche Vorstellung und Begrüßung von Patenschaftspaaren auf dem Schulhof

---

[27] vgl. Kaiser, Astrid: Kinder zu Wort kommen lassen. In: Carle, Ursula/Kaiser, Astrid (Hg.): Rechte der Kinder. Baltmannsweiler: Schneider 1998.

Praxis Rituale

- Tragen eines gemeinsam symbolisch gestalteten Patenschaftsbuttons
- Benutzen eines gemeinsamen Partnerschaftsheftes, in das gemeinsame Lernaufgaben, aber auch kurze Mitteilungen und gegenseitig gewidmete Bilder eingetragen werden
- Patenschaftstag: Die Patenschaftspaare sagen öffentlich, was sie als nächste gemeinsame Lern- oder Erlebensaufgabe vorhaben

R 4.8.2.2 Patenschaften durch höhere Klassen

Auch eine gesamte dritte oder vierte Klasse kann die Patenschaft für eine neue erste Klasse übernehmen. Für diese Form lassen sich die folgenden Einzelrituale entwickeln:

- Vorbereitung und Herstellen der Schultüte für die Einschulungsfeier
- Vorbereitung des Klassenschmucks der neuen ersten Klasse für den ersten Schultag
- Patenschaftswand: Die Patenschaftsklassen heften Bilder und Texte zur Dokumentation der Klassenpatenschaft an einer öffentlich sichtbaren Patenschaftswand an.

R 4.8.2.3 Lerntandems

Im Fremdsprachenlernen ist die Bildung von Lerntandems eine erfolgreiche Methode. Dabei geht es darum, sich wechselseitig eine Fremdsprache beizubringen, die die andere Person nicht kann. Beide beteiligten Personen dieses Tandems tragen so dazu bei, dass jede etwas Neues lernt. Diese Methode lässt sich auch innerhalb von Schulklassen für vielfältige Lerntandems übertragen.

Dabei wird der Tatsache Rechnung getragen, dass Kinder verschieden sind und verschiedene Kompetenzen in die Schule mitbringen. Für Lerntandems empfiehlt es sich, in einem Dreischritt zu verfahren. Zunächst sollten in einer Gesprächsrunde alle Kinder sagen, was sie alles können. Dabei muss darauf geachtet werden, dass nicht nur klassisch schulisches Können betont wird, sondern auch alle wichtigen außerschulischen motorischen oder emotionalen Kompetenzen. Im zweiten Schritt werden diese Kompetenzen auf Zettel notiert und auch das Lernangebot. Jedes Kind darf zunächst nicht mehr als zwei Zettel beschriften und aufhängen. Derartige Zettel könnten etwa in einer dritten Klasse folgendermaßen aussehen:

> Ich weiß genau, wie unser Hund beruhigt werden kann, wenn er etwas Fremdes wittert. Mona.
>
> ---
>
> Wer will das lernen?
>
> ---
>
> Ich will einem Kind zeigen, wie ich das zu Hause mit unserem Hund mache. Mona

> Ich kann Handstand ohne Abstützen an der Wand. Jana
>
> ---
>
> Wer will das lernen?
>
> ---
>
> Ich will Handstand ohne Abstützen vormachen und einem Kind beibringen. Jana

> Ich kann mit der Gitarre Lieder begleiten. Ole
>
> ---
>
> Wer will das lernen?
>
> ---
>
> Ich will einem Kind drei Griffe auf der Gitarre zeigen. Jan

Im dritten Schritt soll sich jedes Kind der Klasse das Anschlagbrett für Lerntandems anschauen und aussuchen, was es lernen will. Für den Anfang sollte sich jedes Kind nur maximal zweimal eintragen.

Wenn alle Kinder ihre Lernwünsche eingetragen haben, gibt es fünf Minuten Vorbesprechungszeit, um die Arbeit der Lerntandems anzustoßen.

Am Schluss wird auf dem Anschlagbrett mit einem gemeinsamen Zeichen eingetragen, wenn die Lern-Lehr-Aufgabe abgeschlossen ist. Danach kann sich ein weiteres Kind eintragen oder es wird eine neue Karte „Ich kann …" angeheftet.

R 4.8.2.4 *Hilfekarte aufstellen*

In allen Grundschulen ist es bekannt, dass während der Einzelarbeits- oder Freiarbeitsphasen die Kinder immer wieder ihre Lehrkräfte bestürmen, weil sie etwas wissen wollen oder Hilfe suchen. Dadurch wird gezieltes Fördern einzelner Kinder ständig unterbrochen. Da auch Kinder in der Lage sind, anderen zu helfen und damit die Lehrkräfte zu entlasten, ist es für flexible Hilfen sehr sinnvoll, dass dieses in ritualisierter Form zugelassen wird. Dazu ist es wichtig, dass für den Fall des Hilfebedarfs Karten vorbereitet werden, die auf dem Schultisch als symbolischer Hilferuf aufgestellt werden können. Damit gezielt geholfen werden kann, empfiehlt es sich, auf den Karten durch Zeichen oder Farbgebung auszudrücken, in welchem Bereich Hilfe gesucht wird, z. B. bei der Rechtschreibkorrektur, beim Bedienen des Computers in der Klasse, beim Vorlesen längerer Texte, beim Lösen von Mathematikaufgaben etc.

R 4.8.2.5 Hilfesysteme unter Kindern

Hilfesysteme unter Kindern waren in der DDR ein zentraler Bestandteil des informellen und formellen schulischen Geschehens (Geiling / Heinzel 2000b, S. 30). Die Hilferituale waren hochspezialisiert in allen Einzelheiten ritualisiert. So waren die Pioniergruppen wie die Elternschaft und Klassenleitung in abgestufter Stellung für das Errreichen der Lernziele bei allen Kindern verantwortlich. Patenschaften gehörten zum rituellen System selbstverständlich dazu. Gleichzeitig ist dieses System ein auch nach neueren pädagogischen Diskursen hochaktuelles, weil es an den Prinzipien der peer-education schon sehr früh festgehalten hat.

R 4.8.2.6 Alarmstufe

Bei diesem Ritual darf ein Kind durch Aufstellen einer Karte am Arbeitstisch (z. B. rot = Achtung, sofort Hilfe; orange = Hilfe ist schon nötig; gelb = ein wenig Hilfe brauche ich heute noch) die Dringlichkeit des eigenen Hilfebedarfs abgestuft mitteilen und somit andere Kinder animieren sofort oder möglichst bald zur Hilfe zu diesem Kind zu gehen. Ausgleichend wäre immer noch die Möglichkeit gegeben, dass Kindern durch die Lehrkräfte geholfen wird, wenn die selbst organisierte Hilfe nicht effektiv genug funktioniert.

5 Rituale neu erfinden – Erfindungstools

Ein wesentliches Merkmal der Ritual-Definition in der Ethnologie bezieht sich darauf, dass die dazu gehörigen kulturellen Handlungen und Erscheinungen aus der Sicht der jeweiligen Beteiligten unverzichtbar sind (Streck 1998, S. 49). Auf schulpädagogische Fragen übertragen heißt dies, dass es für Rituale essentiell ist, wenn sie motivational von allen Beteiligten in der Klasse positiv besetzt sind, kein von außen im Sinne von Top-down entstandenes System diese Rituale lenkt, wie es etwa in hierarchisch organisierten Strukturen (vgl. Geiling / Heinzel 2000) der Fall ist. Die erste Stufe eines Rituals wäre der gemeinsame Konsens über seine Existenz, möglichst aus der gemeinsamen Planung heraus.

Gleichzeitig ist es wichtig, dass auch die Betroffenen von Ritualen, also die Schülerinnen und Schüler, in die Lage versetzt werden, Rituale aktiv zu verändern und damit neu zu gestalten. Dies wäre dann schon die zweite Stufe des Rituals, wenn es in den Prozess der Umgestaltung einbezogen ist und doch gleichzeitig solange als Ritual fest strukturiert praktiziert wird, solange dies nicht neuen gemeinsamen Regeln unterworfen wird. Denn „die Ambivalenz von Ritualen in der Erziehung liegt also darin, daß sie dem Kind einerseits die Strukturen seiner Lebenswelt überschaubar und damit auch verfügbar machen. Da ihre Wirkung aber nicht rational ist, weil sie sich an die Empfindungs- und Erlebnisfähigkeit des Kindes richten, haben sie andererseits stark prägende Wirkungen, die letztlich nur über reflexive Prozesse bewußt eingesetzt werden, um das Lernen der Schülerinnen und Schüler zu unterstützen. Lehrerinnen sollten dabei aber auch stets das Lernziel im Blick haben, daß die Schüler Ritualen kritisch begegnen, sie hinterfragen und verändern lernen" (Schultheis 1998, S. 7).

Gerade die gemeinsame Planung von Ritualen macht den theatralisch-spielerischen Charakter aus und schafft die notwendige Beweglichkeit von Schule (Winkel 1993), die durch das klassische Ritual in seinen starren Formen eher behindert wird.

Wenn diese beiden konstituierenden Bedingungen von Ritualen eingehalten werden, gilt es, konkrete Inhalte zu finden, in und an denen die neu entwickelten schulpädagogischen Rituale entfaltet werden. Die Feste und Gedenktage – seien es weltliche oder religiöse (vgl. Übersicht Kap. 4.1) – bieten hierzu guten Anlass.

Rituale können nur dann sinnvoll sein, wenn sie über die sozial-emotionalen Aspekte hinaus, auch die wichtigsten Funktionen von zukünftigem Unterricht erfüllen können. Deshalb schlage ich vor, dass bei der Auswahl und dem Arrangement von Ritualen zumindest einem der drei folgenden Kriterien Rechnung getragen werden soll:

1. Die Rituale müssen die schulischen Abläufe strukturieren
2. Die Rituale müssen das Meta-Learning fördern
3. Die Rituale müssen kommunikative, soziale und moralische Kompetenzen fördern

Rituale neu erfinden – Erfindungstools

Neben diesen sehr komplexen Ritualen von Unterricht und Schulleben lassen sich allerdings auch weitere Rituale finden, die eher als Varianten von Entspannungsritualen aufzufassen sind. Besonders für die Entwicklung von Fantasiereisen gibt es vielfältige Möglichkeiten, schon einmal eingeführte Fantasiereisen zu variieren. Weich nennt dafür die folgenden Kriterien:

- „Alle angenehm empfundenen Aktivitäten können zum Gegenstand ... werden, z. B. Bootfahren auf einem seichten See, Fliegen auf dem fliegenden Teppich, Gehen im Sand am Meer, Schaukeln auf einer Blumenwiese etc." (Weich 1998, S. 15)
- „Auch Phantasiegeschichten von Dingen eignen sich als Thema zum 'Träumen', z. B. einzelne Wassertropfen am Himmel" (Weich 1998, S. 15)
- „Titelhelden aus Kinderbüchern und/oder Filmen können als positive Ratgeber, Helfer, Beschützer etc. ausgebaut werden" (Weich 1998, S. 15)
- Frei erfundene Figuren

Hier werden als Anregung für eigenes Erfinden von Ritualen noch einmal einige der in diesem Band vorgestellten Rituale nach diesen drei Hauptfunktionen beispielgebend zusammengestellt:

strukturierende Rituale	Gesprächsstein, Sprechstab, Sprechkarte o. ä. verwenden und sonst an einem festen Ort aufbewahren und besonders betonen, z. B. Glasschale mit Watte ausgepolstert oder wunderschönes Samtpolster für den Gesprächsstein, Glasvase für den Sprechstab, selbsterstelltes Körbchen für die Sprechkarten benutzen; die wichtigen Erinnerungsstücke von Exkursionen in das Aufbewahrungsgefäß für den Gesprächsstein hineinlegen

Rituale des Meta-Learning	• Gesprächsthemen – „Stocknagel" (Themen der problemzentrierten Gespräche am Schluss durch ein kleines Klebebild am Sprechstab kennzeichnen – analog den an Wanderstöcken befestigten „Stocknägeln") • Gesprächsthemen – Wandzeitung, mit Möglichkeiten ständiger weiterer Variationen • Positive Verstärkung nach vorher vereinbarten Regeln (z. B. alle klatschen, wenn jemand großen Mut hatte, eine Gegenmeinung zu begründen)

Förderung von Kommunikation und sozialer Kooperation	• Wer den Gesprächsstein / Sprechstab / die Sprechkarte in der Hand hat, darf reden, alle anderen müssen zuhören. • Es wird eine bestimmte Reihenfolge des Redens von vornherein festgesetzt, z. B. reihum, alphabetisch. • Es wird zwischen verschiedenen Meldetypen unterschieden, z. B. mit einer Hand = ich möchte dazu etwas sagen, mit zwei Händen = ich bin damit nicht einverstanden; 'mit einer geballten Faust' = Ich bin dagegen, mit nach unten gerichteter Handhaltung = Ich habe das nicht verstanden • Thematische Struktur, es darf z. B. nur zu einem Leitthema (Wochenenderlebnisse, Haustiere etc.) gesprochen werden • Ein Kind leitet die Runde als Präsidentin / Präsident / Lehrer • Nur Ich-Botschaften sind erlaubt • Redezeitbegrenzung nach vorheriger Vereinbarung • Mädchen-Jungen-Aufrufketten (abwechselnd ist ein Mädchen und ein Junge dran) • Jedes Kind darf nur einen Beitrag bringen

Diese Beispiele zeigen auch, dass nicht jedes Ritual jede pädagogische Funktion fördern kann, aber es wird auch deutlich, dass Rituale integrierbar sind in allgemeine pädagogische Ziele. Und gerade darin liegt der Sinn des Ritual-Erfindens: Immer mehr neue Rituale zu finden, die pädagogisch fruchtbar sein können.

Gleichzeitig müssen wir darauf achten, dass Lehrkräfte sich mit positiven pädagogischen Intentionen nicht überfordern. Denn die Wirksamkeit eines pädagogischen Ansatzes ist wesentlich damit verbunden, inwieweit auch noch personale Kräfte dahinter stehen.

Für die Lehrkraft erfordert eine Orientierung des Unterrichts an Ritualen mehrere Fähigkeiten: Sie muss nicht nur organisieren und Rituale strukturieren, sondern auch konsequent das nicht einfache Nein-Sagen (Korte 1992) bei Nicht-Einhaltung der vereinbarten Regeln leisten. Dies hat gerade heute bei Wahrnehmung der kindlichen Anspruchsexpansion einen hohen didaktischen Stellenwert. Gleichzeitig bringen Rituale auch eine Auflösung eines scheinbar konflikt-freieren freundschaftlichen Verhältnisses. Dies bringt implizit eine Hierarchisie-rung von gebender und fordernder Person mit sich. Gerade weiblichen Lehrkräf-ten fällt das aktive Grenzensetzen aufgrund ihrer Sozialisation besonders schwer[28]. Es muss aber eingeübt werden, um den Kindern in der notwendigen Grenzerfahrung bei Ritualen auch die Ich-Erfahrung zu ermöglichen.

---

[28] Übungen zum Grenzensetzen-Lernen sind zu finden in: Kaiser, Astrid: anders lehren lernen. Balt-mannsweiler 1999.

6 Perspektiven: Rituale und zukünftige Schulentwicklung

Viele sind sich gegegenwärtig einig, dass Schule sich zu entwickeln hat. Oft erschöpft sich diese Entwicklung darin, dass Papiere geschrieben werden, um nach außen zu zeigen: „Unsere Schule hat was Großartiges geleistet. Wir liegen voll im Trend." Wenn es gut geht, haben an diesen Papieren wenigstens die meisten Beteiligten einer Schule – zumindest der Lehrkräfte und gewählten Vertretung von Eltern und Schülerinnen sowie Schülern – mitdiskutiert. Wenn es nach dem Willen der Schulentwicklungsförderer gegangen ist, durften auch alle Beteiligten ihre Zettelchen von Ist-Zustand und Zielen ausfüllen. Aber wo ist dies dann tatsächlich bei den Schülerinnen und Schülern angekommen?

Wirksame Veränderung muss in der Realität geschehen und nicht auf Planungspapieren. Je mehr die gesamte Person von diesen Veränderungen in Gefühlen, Denken, Wahrnehmung, Einstellung und konkretem Handeln eingebunden ist, umso eher ist es möglich, dass die innovativen Programme auch zum Leben erweckt werden können.

Rituale sind eine Möglichkeit, dass Programmpunkte des Schulprogrammes in der Realität von Schule und Unterricht wieder erfahrbar werden.

„Rituale können aber nur dann als formaler Rahmen das soziale Miteinander regeln, Orientierung, Geborgenheit und Kommunikation stiften, wenn sie als liebevoller, demokratischer Baustein in unser Unterrichtskonzept integriert sind" (Wigger 2000, Typoskriptfassung). Dazu gehört, dass Rituale nicht nur gemeinsam geplant und positiv von den Beteiligten gesehen werden. Das zentrale Wesensmerkmal liegt dabei in einem emotionalen Bedeutungskern, der sich einer genauen Vorausplanung entzieht, aber durch ästhetische und soziale Arrangements lebendig gehalten wird. Rituale sind eine zutiefst soziale Form und haben nur dann ihre Berechtigung, wenn sie zur kulturellen Bereicherung aller Beteiligten beitragen. Deshalb sind die folgenden formalen Merkmale unerlässlich: „Rituale innerhalb eines Konzeptes „jungen- und mädchengerechter Grundschule" stützen sich auf verschiedene inhaltliche und formale Aspekte

Sie können gesehen werden als:

- Gemeinschaftserlebnisse, die identitätsstiftend sind
- Orientierungsmöglichkeiten für die Schülerinnen
- formaler Rahmen für soziales Miteinander und Kommunikation" (Wigger 2000).

Daneben gibt es allerdings auch Rituale aus den fachdidaktischen Bereichen, den lernförderlichen Strukturen und Prinzipien.

„Wichtig ist es jedoch, jede Gruppe ihre eigenen Strukturen entwickeln zu lassen und dabei die zahlreichen Ideen der Schülerinnen aufzugreifen. Dabei ist diese

Perspektiven: Rituale und zukünftige Schulentwicklung   165

Entwicklung ein dynamischer Prozess, bei dem viele Rituale nur für gewisse Zeit ihre Bedeutung haben und dafür neue an ihre Stelle treten dürfen" (Wigger 2000, Typoskriptfassung).

Andererseits enthalten Rituale auch produktive Momente eines neuen Zeitverständnisses, des Festhaltens von Situationen, die im Gegensatz zu expansiven, gegenstandserobernden Unterrichtsstrategien mehr Raum für die Entfaltung von Fähigkeiten der sozialen Situationsorientierung und des Abwägens von verschiedenen Seiten gibt. „Rituale können Haltepunkte im Unterrichtsalltag sein und so für einen anderen Umgang mit 'Zeit' sorgen." (Bichler 1997, S. 90). So betrachtet sind Rituale die Kulminierung wichtiger schulpädagogischer Prinzipien:

- Selbstbestimmung und Kommunikation
- Kreativität und Veränderung
- Gemeinsame Sinnfindung
- Strukturierung und Ordnungsstiften.

So wie bei jedem guten Mittel, sei es Heilmittel oder pädagogische Methode, kommt es auf die Dosierung an. Maria Wigger warnt vor einer schematischen Instrumentalisierung und Überbeanspruchung von Ritualen in der Schule. Durch derartige „Auswüchse karikieren die Rituale sich selber, erfinden eine künstliche Art der Kommunikation, die die Schülerinnen und Schüler einengt und ufern so fast zu Zwangshandlungen aus" (Wigger 2000, Typoskriptfassung).

„Trotz der pädagogischen Renaissance und Wertschätzung schulischer Rituale sollten die einstmals kritisierten Gesichtspunkte nicht vergessen werden. Auch in sogenannten offenen Lernkonzepten können Rituale zur Herrschaftskonsolidierung eingesetzt werden oder zu formal automatisierten Verhaltensmustern degenerieren, die längst als Selbstzweck inszenieren, sich so von ihrem eigentlichen Sinn losgelöst haben und dadurch hohl geworden sind. Deshalb muss der Sinn der Rituale immer wieder durchdacht und hinterfragt werden. Mit dem Bewusstsein, dass Rituale uminterpretiert, abgeschafft, neu erfunden werden können, sollten sie als liebgewonnene Traditionen der jeweiligen Klasse ein spezifisches kulturelles Profil verleihen" (Wigger 2000, Typoskriptfassung).

Um den Gefahren einer einseitigen Indoktrination oder normativen Beschränkung entgegen zu wirken, bedarf es immer einer ausgewogenen pädagogischen Entscheidung zwischen den Antinomien (vgl. Winkel 1987) emotionaler Einheitsstiftung und bewusster vielfältiger Reflexion. Der Weg dahin liegt in einer ständigen Reflexivität und demokratischen Kontrolle von Ritualen: „Wichtig ist dabei, immer wieder Rückmeldungen zu geben und einzufordern, ob die Rituale noch brauchbar sind, eingehalten und akzeptiert werden, so daß die Kinder sich stets mitverantwortete an der Organisation des Unterrichts fühlen" (Gerdes 1997, S. 56).

Wichtig ist für das Lebendig-Halten von Ritualen, dass alle daran Beteiligten einen für sie gemeinsam gültigen Kompromiss bilden. Dies ist nicht nur pädagogisch bezogen auf die Wirksamkeit der einzelnen Rituale von Bedeutung, sondern auch im Hinblick auf die mögliche Schulentwicklung als Teil der schuleigenen Autonomie. Denn didaktische Schulentwicklung (vgl. Koch-Priewe 2000) lässt sich nicht als externe Expertokratie voranbringen.

7 Übersicht: Rituale in der Grundschule

Schulforum
- Lernergebnisse
- Kunstpräsentation
- Theater
- Musik
- Projektergebnisse
- Große Versammlung

Wochenfeier / Monatsfeier
- Feste im Schulleben
- Begrüßung der Schulanfänger/innen bei der Schulanmeldung
- Begrüßungsfest für die Schulanfänger/innen

Jahreszeitfeier
- Frühlingsfest
- Herbstfest
- Weihnachten / Advent

Feste im besonderen Leben einer Schule
- Schulgeburtstagsfeier
- Jahreskunstausstellung
- Schnupperabend
- Kennenlernnachmittag
- Bücherbrücke

- interkulturelle Feste
- Sternsingertag
- Chinesisches Neujahrsfest u. a. Neujahrsfeste
- Japanisches Mädchenfest
- Pongal
- Rosch Haschana
- Purimfest
- Ramadan
- Fastenwochen
- Osterfest
- Japanisches Jungenfest
- Christi Himmelfahrt
- Pfingsten
- Holifest
- Passah
- Wesak

- O-Bon-Fest
- Schawuot
- Rosch Haschana
- Jom Kippur
- Mundshau Fest O-TUKI-MI
- Shichi-go-san = Fest für Kinder
- Laubhüttenfest
- Divali
- Halloween
- Chanukka-Fest
- Adventsfeier
- schwedisches Lucia-Fest
- Heiligabend und Weihnachten

Varianten für die Advents- und Weihnachtszeit:
- das russische Snegurotschka-Ritual
- vorweihnachtlicher Musikabend
- kreativer Umgang mit dem „Beiwerk" des Weihnachtsrituals
- Varianten zu Licht
- Varianten zu Feuer
- Varianten zu Adventskranz
- Varianten zu Äpfeln
- Varianten zu Nüssen
- Varianten zu Adventskalendern

Feiern im Jahreslauf christlicher Herkunft
- Martinsfest
- Nikolausfest
- Weitere Feiern durch das Kirchenjahr (Feste weiterer großer Heiliger in katholischen Gebieten)
- Marienfeste
- Advent
- Palmgottesdienst
- Österliche Meditationen
- monatliche Gottesdienste auf Klassenstufenebene
- „vorweihnachtliches Schulfest"

Allgemeine Feiern im Jahreslauf, z. T. christliche Wurzeln
- Fastnacht
- Herbstfest
- Ernte-Dank-Fest
- Silvester
- Aufnahmefeier der neuen Erst- und Fünftklässler

Übersicht: Rituale in der Grundschule 169

- Schülerkultur- und Spielefest am letzten Schultag vor den Sommerferien
- Eröffnung der Jahresarbeiten-Ausstellung
- Verabschiedung der Viert-, Neunt- und Zehnt-Klässler am Ende des Schuljahres
- Schulsymbol

Nationale und internationale Gedenktage im Jahreslauf
- Holocaust-Gedenktag
- Internationaler Frauentag
- Tag der Befreiung
- Independence Day
- Tag der französischen Revolution
- Hiroshima-Gedenktag
- Weltkindertag
- Tag der deutschen Einheit
- Besondere Geschenkrituale der Schule

Tagesbeginn
- Begrüßungsritual mit bestimmten Handzeichen [29]
- allgemeines Ruhezeichen als Bild
- Ruhezeichen mit der Hand
- Signal, Töne, Morgenklang
- Triangel
- Glocke
- Regenstab
- vom CD-Player abgespielte Musik, Morgentakte
- sich jeden Morgen in anderer Sprache begrüßen

Lied und ähnliche feste Morgenrituale
- Lied der Woche / des Monats
- Wunschkonzert
- Spielen einer freien Melodie (z. B. Gitarre) durch Lehrkraft
- gemeinsames Singen / Summen einer bekannten Melodie
- Sprechverse
- Anwesenheitsbuch
- Datum ermitteln und anschreiben
- Tagesansage
- Montagsbild
- Bücher vorstellen
- besonders gestaltete Morgenkreismitte (z. B. Decke, Duftlampe, Glasperlen, Rindenstücke, Nüsse o. a. Früchte)

---

[29] Handzeichen: Die erhobene Hand des Lehrers / der Lehrerin oder eines Schülers / einer Schülerin signalisiert, dass alle still werden und sich auf den Beginn des Unterrichts oder eine neue Phase im Unterricht konzentrieren sollen (Riegel 1994).

- Stunde der Möglichkeiten
- Montagsmurmeln
- Klassenzeitung
- Morgengruß täglich in einer anderen Sprache
- Morgenvers (z. B.: Halli-hallo-halla – alle sind heute da)
- Morgenblick-Augenblick
- Stumme Anregung
- Zeichensprache
- Langsame Enthüllung eines Gegenstandes
- Tagesstimmung
- Klassenbaum
- Klassentier-Beobachtung
- Tagesfarbe
- Wochenplan
- Morgenlicht
- KünstlerIn des Monats / der Woche
- Woher?-Wand ergänzen
- Viele Grüße
- NachrichtensprecherIn
- Guten-Morgen-1-2-3-4-Kanon
- Selbstritualisierung der Lehrkräfte

Morgenbewegung
- Übungen aus Edu- Kinästhetik
- Bewegungsspiele
- Edu-kinästhetische Übungen
- Bewegungsspiele
- Handzeichen

Begrüßungsritual für Mädchenstunden
- Ich bin. Ich bin. Begrüßungsritual: Namen Sing-stampf-Klatschkreis

Begrüßungsrituale für Jungenstunden
- Kreis wie us-amerikanisches Baseballteam
- Jungen haben Fragen
- Gong
- Anschlagen der tibetanischen Klangschale

Tages- und/oder Wochenabschluss bzw. Monatsabschluss
- Lehrkraft gibt jedem Kind persönlich die Hand
- Wochenabschlusskreis
- Streitbuch
- Tagebuch der Klasse
- Wer nimmt das Tagebuch der Klasse mit?
- Aus Montagsbildern ein gesammeltes Buch herstellen

Übersicht: Rituale in der Grundschule 171

- Buchtipp der Woche
- Das magische Wort
- Gesicht auf der Hand
- Musikausklang
- Abschlusstext
- Abschlussdenken der Lehrkraft
- Abschlussfest der Schulzeit

besondere Tage / Stunden / Minuten
- Klassentagebuch
- Geburtstag
- Kochtag oder Gibt's heute Pommes?
- Verwöhnstunde
- Traumreisen
- Körperübungen
- Ich-heiße-heute-Ritual
- Die Erinnerungskiste
- Minuten der Stille
- Postzeit

Besondere Ereignisse
Geburtstagsrituale:
- Geburtstagsstuhl o. a.
- Die Glückwunschleine
- Geburtstagsspruch
- Geburtstaglied oder -spiel
- Geburtstagsbild von allen
- Geburtstagsbewegung von allen
- Geburtstagskalender, für jedes Kind
- ein Blatt
- einen Anhänger eines langen Zuges
- ein Blütenblatt
- ein Kästchen an einem langen Band
- ein Stern am Klassenhimmel
- Geburtstagskerze in der Kreismitte wird vom Geburtstagskind selbst ange-zündet
- Geburtstagskerze vor Kalender
- Geschenkritual
- Geburtstagskerzenrauchsignal
- Leseratten-Treff
Krankheit:
- farbige Merk-Wäschklammer
- Genesungsbriefe /-bilder der Klasse

- Krankenpäckchen

Schulische Initiationsrituale

- Einschulung
- Übergang in die nächste Klasse
- Übergang zur weiterführenden Schule
- Fahrradführerschein in der 4. Klasse
- Lesenkönnenplakette
- Haushaltspass

Besondere bedeutungsvolle Plätze in der Klasse

- Thema der Woche
- Bild des Tages
- Fühlkiste zum Thema
- Woher?
- Wunschbaum
- Rechtemauer
- Klagemauer
- Anwesenheitsbuch
- Ich-Buch
- Namen für Klasse / Gruppen gemeinsam finden
- Klassengcheimnis

räumliche Strukturierung

- räumliche Strukturierung des Klassenzimmers in bestimmte Lernecken
- Glas, Polster, Kistchen zur Aufbewahrung für den Sprechstein / Sprechstab

Klassenraum ästhetisch gestalten

- Web-Lesehaus
- besondere Ecken
- Ausstellungstisch

Klassenraumtür

- Tür für alle
- Türbriefkasten
- Namensgebung der Klasse
- Inhaltsverzeichnis der Klasse

Nischen für uns

- Schulflure als atmosphärevolle Lernumgebung
- Klassenmuseum
- Eigentumsfächer
- Rückzugsplatz

Schulflurgestaltung

- Schulflure als atmosphärevolle Lernumgebung
- Schulflure als anregungsreiches Schul-Museum mit Ausstellungstischen
- Schulgebäude als Ort produktiven Gestaltens

Übersicht: Rituale in der Grundschule   173

- Stätten der Ästhetik
- Türvolants
- Blumentisch
- Stätten der Besinnung
- Ecke der Stille
- Drempel
- Stätten des Austauschs und der Dokumentation
- Symboltisch
- Ausstellungszentrum
- Zentrale Ausstellungsstellwände

Gestaltung von Schulhof und umliegendem Gelände
Schulhof als Ort produktiven Gestaltens
- Fußballplatz
- Ruhezone
- Kletterberg
- Schattenbaum zum Erholen
- Sandkiste
- Tunnelröhren zum Durchkriechen und Verstecken
- Gartenzone / Beete
- Geschicklichkeitsparcours
- Frühstücksgarten (z. B. mit Bänken und Holztischen)
- Wege zu den verschiedenen Zonen
- Hüpfecke
- Flaniermeile
- Bauspielplatz
- Labyrinth

Schulgelände und Nebengebäude als Ort produktiven Gestaltens
- Salatbar
- Brötchenkiosk
- Fleckentfernungsdienst
- Erste-Hilfe-Station

Schulumfeld als Ort produktiven Gestaltens
- Frühjahrskonzerte
- Altenhilfe im Schulumfeld
- Patenschaften für Kindergartenkinder im Schulumfeld
- Aktionen zur Müllvermeidung
- Verschönerungsaktionen
- Appelle, um Mitbürgerinnen und Mitbürger zum Nachdenken zu bringen

Besondere Prozessmerkmale
- Quotierung von Jungen und Mädchen bei interessanten Handlungsanlässen
- Bei interessanten Aufgaben wechseln sich Jungen und Mädchen immer ab

174   Übersicht: Rituale in der Grundschule

- Reißverschlussprinzip bei der Gesprächsführung
- Liste mit Namen aller Kinder für gerechte Verteilung besonderer Aufgaben
- Geburtstagskalender, für jedes Kind ein Präsentationsplatz (z. B. ein Anhänger eines langen Zuges)
- Klassenbriefkasten
- Rote und gelbe Karten
- Amulett vor Arbeiten
- Abschiednehmen
- Kummerkreis
- Klassengeheimnis
- Erinnerungskiste

Feste Frühstücksrituale:
- Platzdeckchen auslegen
- Für alle Tee kochen
- Festen Ausschenk- und Spüldienst
- Mittagspause
- Gemeinsamer Gang zum Essen
- Gebet oder gemeinsamer Anfangsspruch
- Gemeinsames Aufräumen
- Zeit der Stille
- Bücherecke
- Malzeit mit Stillebildern
- Mittagsruhe
- Angeleitetes autogenes Training
- Stilles Handauflegen
- Körperwahrnehmung
- Stille Aufgaben

Räumliche Rituale
- Die Warteklammer
- Wandzeitung der Klasse
- Ecken der Klasse
- Ausstellungstisch
- Der besondere Tisch
- Bitte Bedenkzeit!
- Platz für Sprechstein, Puppen oder Klassenmaskottchen

Besondere Merkmale / Höhepunkte von Stunden
- Puppen – Stofftiere – Klassenmaskottchen und andere
- Attraktive Identifikationsfiguren: Fu, Rabe ,Tobi u. v. a.
- Der Lesethron
- Thinking Chair: Schaukelstuhl

Übersicht: Rituale in der Grundschule

- Umweltbarometer
- Wandzeitung mit Titeln wie 'Ich kritisiere', 'Ich möchte gerne' …
- Klassenzeitung
- Ich-Buch
- Buchtipp der Woche
- Wanderbuch
- Pro-und Contra-Spiel
- Gerichtsspiel
- Talk-Show
- Rituale nachhaltiger Bildung
- Dauerstauden
- Baum der Klasse

Rituale im Unterricht
- Friedensgewebe
- Buch der Klasse
- Freie Texte und Schreibkonferenz

Freie Arbeit
- Helfer- Kärtchen für Flüsterkinder (fertig gewordene Kinder)
- Schulschuhe
- Der rote Kegel
- Die Tagesfarbe
- Karten für die Gruppenarbeit
- Reise in die Gruppen
- Karteikasten
- Wo bin ich gerade?
- Auszeit
- Gesprächszeit
- Lernzonen

Gruppenarbeitsrituale
- Karten für die Gruppenarbeit
- Gruppenspionage
- Reise in die Gruppen
- Methode 66
- Gruppenturnier

Projektrituale
- Morgenmeldung
- Projektboten
- Präsentationsenthüllung
- Tosender Beifall
- Jahreszeitentisch
- Blitzlicht-Runde

- Ideensalat

Gesprächskreis
- Morgenkreis
- Farbbänder für den Gesprächskreis
- Erzählstein
- Sprechstab
- Sprechkarte
- Die Zeitwächter
- Der Erzählteppich
- Der runde Tisch
- Ritual: Demokratie
- Karten zur Strukturierung des Gesprächskreises (Ideenkarten, Erinnerungskarten, Punktekarten, Fragekarten, Meinungskarten, Gedankenkarten)
- Gesprächsthemen – „Stocknagel"
- Gesprächsthemen – Wandzeitung
- Positive Verstärkung
- Selbstregulierung
- Fish-bowl
- Kreisfokus
- Strukturelle Projektrituale

Rituale des Gefühlsausdrucks
- Wie geht es dir? (Umhängen eines freundlichen bzw. traurigen Pappgesichts)
- Stimmungsbarometer / Gefühlsbarometer
- Das Wutkissen
- Streitbuch
- Streitbilder
- Versöhnungsritual
- Die freundlichen fünf Minuten
- Gefühlsbaum
- Wunschbaum
- Wortebrunnen
- „Gute-Wünsche-Decke"
- Freundschaftsbotschaften
- Unser Freundschaftsbuch

Imaginative Entspannungsrituale:
- Vorstellungsbilder
- Fantasiereisen
- Kapitän-Nemo-Fortsetzungsgeschichten
- Anti-Streit-Pulver
- Vampirspiel

Übersicht: Rituale in der Grundschule

Meditative Anregungen
- Meditative Musik
- Mandala-Bilder-Meditation
- wichtigstes Erlebnis vom Wochenende malen, (Leporello)
- Stiller Champignon

Stille-Rituale
- Mandala-Malen
- Musik-Malen
- Labyrinth-Meditation (z. B. das Labyrinth von Chartrés)
- Knuddelkopf

Psychomotorische Entspannungsrituale
- Körperstrecken – Körperhaltung – Körperbewegung
- Yogazyklus
- Partnermassage: Marslandung
- Pizzamassage
- Wettermassage
- Zauber-Atem
- Schlummertuch

Sensorische Entspannungsrituale
- Tastobjekte
- Schildkröten-Spiel
- Blindenführung

Rituale des Lernen-Lernens
- Bild hochstellen, um Thema der Gruppenarbeit zu visualisieren
- Karteikasten, um Stand des Lernens zu dokumentieren
- Ich denk' mit
- Bitte Bedenkzeit! Ein Schild
- Gesprächsthemen – „Stocknagel"
- Diverse Rituale zur Lernoptimierung
- Hilfesysteme unter Kindern
- Advance Organizer
- Mind-mapping
- Clustering

Rituale: Kinder lernen von Kindern
- Einzel-Patenschaften von Kindern höherer Klassen
- Feierliche Vorstellung und Begrüßung von Patenschaftspaaren
- Patenschaftsbuttons
- Partnerschaftshefte
- Patenschaftstag
- Patenschaften durch höhere Klassen
- Schultüte für die Einschulungsfeier

- Klassenschmuck
- Patenschaftswand
- Lerntandems
- Hilfekarte aufstellen
- Hilfesysteme unter Kindern
- Alarmstufe

Konkrete Praxisbeispiele

8 Konkrete Praxisbeispiele

RITUAL R 4.1.2.3 Divali, ein Hinduistisches Lichterfest

Rahmen (Wo?)	Klassenunterricht
Schuljahr	1. bis 6. Schuljahr
Konkrete Einsatzmöglichkeiten	Religionsunterricht, Sachunterricht, interkulturelles Schulleben
Wie sieht das Ritual aus?	Divali ist eines der beliebtesten Feste in Indien. Es wird in ganz Indien um den 15. November gefeiert. Es wird zu Ehren der Götter Vishnu und Lakshmi zelebriert, die in Indien für Reichtum, Schönheit und Glück stehen. An Divali werden tausende von Lichtern entzündet. Dies geschieht traditionell durch das Anzünden von in Öl getränkten Lampendochten an Messingleuchtern oder Tonleuchten. Während des Festes besucht man Freunde, bietet Süßigkeiten an, tätigt Geschäftsabschlüsse und schenkt den Familienmitgliedern und Bediensteten neue Kleidung.
Erforderliches Material	Öllampen, selbst hergestellte Öllampen aus Dosen, Dochte, Reißzwecken o. a. zum Befestigen der Dochte auf dem Boden der Dose, Lampenöl (Vorsicht beim Anzünden, Aufsicht der Lehrkraft ist dringend erforderlich).
Sinn / Ziel / Bedeutung	Den Kindern soll gezeigt werden, wie in Indien das wichtigste Fest gefeiert wird. Verständnis für spezifische Rituale anderer Kulturen soll geweckt werden. So werden Gemeinsamkeiten, aber auch Unterschiede zwischen Divali und Weihnachten deutlich. Es wird den Kindern gleichzeitig vermittelt, dass in verschiedenen Kulturen unterschiedlich gefeiert wird.
Erforderliche Voraussetzungen	Hilfreich ist es, wenn die Klasse sich vorher ein wenig mit dem Thema Indien oder überhaupt anderen Kulturen beschäftigt hat. Um alles genau nachvollziehen zu können, wäre es optimal, einen oder mehrere Inder bzw. Inderinnen aus dem Schulumfeld in die Vorbereitungen und zum Fest einzubeziehen.
Einführung	Gesprächskreis über Feiern in anderen Ländern oder aktueller Anlass
Konkrete Durchführung	Am Morgen werden die Kinder mit dem traditionellen indischen Empfangsritus begrüßt (Süßigkeiten und aromatisiertes Wasser), folgende Aktivitäten könnten sein: ■ Rangoolis malen, ■ Divali-Lichter aus Ton modellieren, ■ Musik hören oder ■ indisch kochen. ■ Außerdem kann auf der Weltkarte gezeigt werden, wo Indien liegt. ■ Aufschlussreich zum Erschließen des Kontextes kann auch das Vorführen eines Filmes oder von Dias über das Leben in Indien sein.

180   Konkrete Praxisbeispiele

RITUAL R 4.2.1.12 Montagsbilder

Rahmen (Wo?)	Klassenunterricht
Schuljahr	1. bis 4. Schuljahr
Konkrete Einsatz-möglichkei-ten	Erste Stunde nach dem Wochenende
Wie sieht das Ritual aus?	Jeweils montags malt jedes Kind in der ersten Stunde ein wichtiges Erlebnis seines Wochenendes auf. Auf die Rückseite wird der Name des Kindes und das Datum geschrieben. Am Ende eines Schuljahres können die Kinder ihre Bilder in Form eines Buches zurückbekommen.
Erforderliches Material	Karteikarten oder Zettel, die jedesmal dasselbe Format besitzen und bunte Stifte.
Sinn / Ziel / Bedeutung	Durch das Zeichnen eines schönen, wichtigen oder interessanten Erlebnisses können sich die Kinder noch einmal in Ruhe mit dem Erlebten auseinandersetzen. Außer einem materiellen Resultat, gibt es den Kindern die Gelegenheit zur biografischen Selbstreflexion.
Erforderliche Voraussetzungen	Bei diesem Ritual sind keine besonderen Voraussetzungen nötig. Eventuell sollten die Kinder darüber in Kenntnis gesetzt werden, dass ihre Bilder am Ende des Schuljahres zu einem Buch zusammengefasst werden.
Einführung	Das Montagsbild sollte einfach am ersten Montag des ersten Schuljahres eingeführt werden.
Konkrete Durchführung	Die Lehrkraft gibt am Montag bekannt, dass jedes Kind ein wichtiges Erlebnis vom vergangenen Wochenende malen soll. Man könnte die Bilder danach besprechen, oder im Klassenzimmer aufhängen. Am nächsten Montag wird wieder gemalt und die Bilder an der Wand werden ausgetauscht.
Konkrete Variationen	Andere Montagsrituale, wie z. B. die Stunde der Möglichkeiten oder das Montagsmurmeln. Hier werden keine Bilder gemalt, aber die Kinder haben die Möglichkeit, am Wochenende Erlebtes durch Erzählen zu verarbeiten.

Konkrete Praxisbeispiele 181

RITUAL R 4.2.1.16 Tagesmischung	

Rahmen (Wo?)	Klassenunterricht
Schuljahr	1. bis 4. Schuljahr
Konkrete Einsatzmöglichkeiten	Jeweils in der ersten Unterrichtsstunde des Tages
Wie sieht das Ritual aus?	Auf einer wieder beschreibbaren Fläche unterhalb der „Gefühlsbilder" tragen die Kinder jeden Morgen ihren Namen ein.
Erforderliches Material	Verschiedene „Gefühlsbilder": Aus Zeitschriften, Zeitungen und Katalogen werden Gesichter herausgesucht. Die einzelnen Emotionsbilder werden nach Gefühlszuständen, z. B. traurig, fröhlich, schlecht gelaunt, unruhig, ängstlich und hibbelig gruppiert und in diesen Gruppen auf einen Fotokarton geklebt. Unter jedes Bild wird eine Folie geklebt. Mit einem non-permanenten Folienschreiber kann nun jedes Kind jeden Morgen das Bild, welches seinen Gefühlszustand repräsentiert, mit seinem Namen versehen.
Sinn / Ziel / Bedeutung	Durch das Eintragen unterhalb der Gefühlsbilder ist sofort ersichtlich, wer welche Laune hat. Die Stimmung jedes einzelnen Kindes wird zu Beginn des Tages bildlich signalisiert. Jedes Kind muss sich jeden Morgen mit sich selbst beschäftigen und herausfinden, wie es sich fühlt. Dadurch wird es mit sich selbst konfrontiert und die Kommunikation untereinander wird erleichtert.
Erforderliche Voraussetzungen	Kurze Erklärung der Handhabung.
Einführung	Die Tagesmischung kann zum Beginn eines Schuljahres, nach den Ferien oder einfach zwischendurch eingeführt werden, wenn die Klasse gerade das Thema Gefühle, Angst oder Ähnliches behandelt.

Konkrete Durchführung	Die Lehrkraft fragt die Kinder nach ihren Gefühlen. Sie kann andeuten, dass man manchmal die Gefühle der anderen nicht erkennen kann und sie so vielleicht falsch behandelt, oder man sich manchmal traurig fühlt und jemanden braucht, der einen tröstet. Die Lehrkraft lässt die Kinder verschiedene Gefühle ermitteln und fragt dann nach Vorgehensweisen um mit ihnen umzugehen. Später lässt sie die Kinder Gesichter mit unterschiedlichen Gefühlen heraussuchen, ausschneiden und aufkleben.
Konkrete Variationen	• Kurze Handskizzen der Kinder zur Tagesstimmung anhand einer Vorlagentafel • Smily-Bilder, Stimmung mit Mundstellung ausgedrückt
Beispiele aus der Praxis	Tagesstimmung als Anfangsritual Tagesstimmung zu Beginn der differenzierten Arbeitszeit Tagesstimmung vor der großen Pause und nach der Pause

Konkrete Praxisbeispiele   183

RITUAL R 4.2.5.4 Brief an das kranke Kind

Rahmen (Wo?)	Klassenunterricht
Schuljahr	1. bis 4. Schuljahr
Konkrete Einsatzmöglichkeiten	Jederzeit bei aktuellem Anlass
Wie sieht das Ritual aus?	Wenn ein Kind aus gesundheitlichen Gründen zu Hause bleiben muss, schreibt die Klasse ihm einen Brief oder malt Bilder um ihm gute Besserung zu wünschen. Gemeinsam wird dann entschieden, wer die Botschaft dem kranken Kind überbringen darf.
Erforderliches Material	Papier, Stifte, farbige Aufkleber für den Brief
Sinn / Ziel / Bedeutung	Die gemeinsame Botschaft zeigt, dass der Rest der Klasse an das kranke Kind denkt. Es wird nicht vergessen und fühlt sich beachtet, obwohl es nicht beim Rest der Klasse sein kann.
Erforderliche Voraussetzungen	Das kranke Kind, mit dem dieses Ritual beginnt, muss positiv in die Klasse integriert sein.
Einführung	Sobald das erste Kind krank ist, kann die Lehrkraft dieses Ritual einführen. Sie kann den Schülerinnen und Schülern erklären, dass jemand fehlt, weil er/sie krank ist. Vielleicht macht sie zu diesem Thema sogar einen Sitzkreis und lässt die Kinder erzählen, wie sie sich gefühlt haben als sie krank waren. Dann können alle zusammen den ersten Brief schreiben, schreiben lassen oder Bilder malen. Abschließend wird noch jemand ausgewählt, der/ die den Brief überbringen darf.
Konkrete Durchführung	Nachdem festgestellt worden ist, dass ein Kind seit drei Tagen wegen Krankheit fehlt, setzt sich die Klasse zusammen, spricht über das fehlende Kind, entscheidet, wer den Brief überbringt und schreibt den Brief.

Konkrete Variationen	Kinder aus der ersten Klasse können den Brief auch ihrer Lehrkraft diktieren oder sie malen Bilder. Natürlich können auch fortgeschrittenere Kinder Bilder malen.
Beispiele aus der Praxis	Liebe Annika, wie geht es dir? In der Computergruppe wissen wir alle nicht mehr, wie das mit dem neuen Malprogramm geht. Das konntest du so gut. Jetzt machen wir die Geschichten für das Klassentagebuch ohne Bilder. Hoffentlich kommst du bald wieder. Dann musst du uns zeigen, wie das mit dem Malprogramm gestartet wird. Bei uns kommt immer das Fehlerfenster, wenn wir die CD starten wollen.

Konkrete Praxisbeispiele 185

RITUAL R 4.5.1 Farbbänder für den Gesprächskreis

Rahmen (Wo?)	Klassenunterricht, Schulforum
Schuljahr	2. bis 6. Schuljahr
Konkrete Einsatz-möglichkei-ten	Jeder Gesprächskreis
Wie sieht das Ritual aus?	In jedem Gesprächskreis liegen in der Mitte von jeder Farbe viele Bänder – maximal so viele wie Kinder im Kreis sind; jedes Kind darf sich als Ersatz für das Melden im Laufe des Gespräches ein Band nehmen, es in die Hand nehmen und damit ausdrücken, dass es einen Wortbeitrag von bestimmtem Stellenwert für den Gesprächsverlauf einbringen will.
Erforderliches Material	Verschiedenfarbige Bänder auf ca. 20 cm Länge geschnitten, u. a. Geschenkband, dicke Wollfäden.
Sinn / Ziel / Bedeutung	Die Kinder sollen in Form des Monitoring ihren eigenen Gesprächsverlauf einschätzen und den Stellenwert des eigenen Beitrages einschätzen; dadurch kann besser ein „roter Faden" des Gesprächsverlaufs beibehalten werden und strukturierter entweder Beispielsammlung oder Argumentationsfortführung oder kontroverse Diskussion vorangebracht werden. Mit diesem Ritual wird den Kindern erleichtert, den eigenen Gesprächsverlauf zu reflektieren.
Erforderliche Voraussetzungen	Nach Einführung grundlegender Gesprächsregeln ist es eine Voraussetzung: generelle Melderegeln im Kreis sind fest vereinbart Der Unterschied zwischen Frage, eigener Meinung, Gegenargument, Beispiel ist bereits ansatzweise thematisiert worden, eventuell mit der Vorform durch bestimmte Meldetypen den anderen mitzuteilen, ob es sich um einen weiteren Gesprächsbeitrag oder eine direkte Aussage auf den Beitrag eines anderen Kindes bezogen handelt.

Einführung	Aus aktuellem Anlass, wenn ein Kreis etwas „durcheinander" geraten ist, wird zunächst eine Regel des Meldens (z. B. „Ich möchte auch ein Beispiel dazu bringen" oder „Ich habe dazu noch eine Frage" oder „Ich möchte etwas dazu sagen, was XY gesagt hat" eingeführt; als besondere Gesprächsregel wird schrittweise für jede Farbe ein Meldetyp zugeordnet; die Einführung beginnt zunächst mit einer Farbe, die formalen Varianten sich am Gesprächskreis zu beteiligen werden schrittweise gesteigert.
Konkrete Durchführung	Lehrkraft begründet aus aktuellem Anlass, den Gesprächskreis strukturierter durchzuführen. Die verschiedenen Typen, sich im Gesprächskreis zu melden, werden aus den Erfahrungen der Klasse heraus gesammelt; die wichtigsten werden gemeinsam herausgesucht und mit einer Farbe verknüpft. In der ersten Proberunde werden zu einem Meldetyp viele Farbbänder in die Kreismitte gelegt, die von den Kindern zum bevorzugten „Drankommen" gelegt werden können. Wenn ein Meldetyp im Verhalten der Klasse fest etabliert ist, kann die nächste Variation eingeführt werden.
Konkrete Variationen	• Ich habe eine Frage • Ich sehe das anders • Ich will dazu noch etwas sagen • Ich will dieser Aussage widersprechen • Ich möchte das erst mal näher kennen lernen • Ich verstehe das nicht • Ich möchte nicht im Kreis mitmachen
Beispiele aus der Praxis	Farbbänder in Sitzkreisen mit kontrovers diskutierter Pro- und Contra-Thematik, z. B. Tierhaltung im Zimmer oder Freilassen in die Natur? Oder: Problemlösungsgespräch: Was tun wir in der Klasse, damit nicht immer wieder Rangeleien in der Leseecke vorkommen?

Konkrete Praxisbeispiele 187

RITUAL R 4.5.2 Erzählstein	

Rahmen (Wo?)	Gesprächskreis, Morgenkreis, Schulforum
Schuljahr	1. bis 4. Schuljahr
Konkrete Einsatz-möglichkei-ten	Jeder Gesprächskreis
Wie sieht das Ritual aus?	Jeder Gesprächskreis, bzw. Montagskreis wird durch den Einsatz des Erzählsteins geregelt. Es gibt hierbei nur eine Regel: Nur wer den Erzählstein in der Hand hält, hat die Berechtigung zum Reden. Alle anderen hören während dieser Zeit zu.
Erforderliches Material	Der Erzählstein kann ein schöner Stein sein, ein kleiner Ball, ein Stab oder irgendetwas anderes in der Art. Oder man bastelt zusammen in der Klasse irgendein Objekt.
Sinn / Ziel / Bedeutung	Der Erzählstein soll im Mittelpunkt des Interesses stehen, damit jedem Kind klar ist, was er bedeutet. Durch diesen Erzählstein soll erreicht werden, dass Kinder erkennen, dass immer nur eine Person zu einer bestimmten Zeit reden kann. Wer erzählt hat, muss danach auch zuhören können. Der Erzählstein soll diesen Lernprozess unterstützen.
Erforderliche Voraussetzungen	Die Einführung der einzigen und sehr leichten Regel: Nur eine Person kann reden, die anderen müssen zuhören.
Einführung	Aus aktuellem Anlass, wenn die Kinder durcheinander reden, wird der Erzählstein eingeführt. Wichtig ist es dabei, dass dem Erzählstein besondere Bedeutung beigemessen wird. Dazu zählt, dass der Gesprächsstein einen Namen bekommt oder dass alle ihn ausführlich ertasten oder dass alle Kinder der Klasse eine Geschichte erzählen, was der Stein in seinem Leben wohl alles schon erlebt haben mag. Ein weiterer sinnvoller Einstieg ist es, beginnend mit der Unterrichtseinheit „Steine" (schon in den ersten Schulwochen im ersten Schuljahr gut durchführbar, vgl. Kaiser, Praxisbuch handelnder Sachunterricht Band 1, Baltmannsweiler 2000, 7. Aufl., S. 156ff.)

Konkrete Durchführung	Die Lehrkraft erklärt, dass der Gesprächskreis zu chaotisch ist und dass sie etwas Besonderes habe, um das zu ändern. Dann holt sie den Stein oder irgendeinen anderen Gegenstand heraus. Nachdem der Gegenstand von allen betrachtet werden konnte, wird erklärt, was es mit dem Erzählstein auf sich hat. Wer kein Interesse am Erzählen hat, darf den Stein weiterreichen.
Konkrete Variationen	Man kann aber auch den Gegenstand, z. B. einen Sprechstab mit der Klasse zusammen basteln. Der Stab kann etwas Besonderes im Inneren haben oder die Klasse schreibt die Namen aller Schülerinnen und Schüler drauf. Eine besonders ästhetische Gestaltung erhöht den Aufforderungscharakter.
Beispiele aus der Praxis	Der Erzählstein liegt in der Kreismitte. Jedes Kind, das erzählen will, was es am Wochenende erlebt hat, muss leise in die Kreismitte gehen und sich den Erzählstein holen und ihn anschließend wieder in die Mitte legen. Die zweite Variante ist es, den Stein an eines der Kinder, die sich melden weiter zu geben. Dies ist besonders bei themenzentrierten Gesprächskreisen sinnvoll.

Konkrete Praxisbeispiele   189

RITUAL R 4.6.2.1 Fantasiereisen

Rahmen (Wo?)	Klassenunterricht
Schuljahr	1. bis 10. Schuljahr
Konkrete Einsatzmöglichkeiten	Jede Unterrichtsstunde, besonders zu Beginn oder in ersten Stunden, wenn die Aufmerksamkeit größer ist.
Wie sieht das Ritual aus?	Bei Fantasiereisen können sich die Kinder entweder gemütlich auf den Boden legen, oder einfach nur am Tisch sitzen bleiben und den Kopf auf die Arme legen. Auf jeden Fall sollte es eine entspannte Position sein. Die Kinder schließen die Augen und hören der Lehrkraft zu, die mit ruhiger Stimme eine Geschichte erzählt. Vorteilhaft ist der Einsatz von entspannender Musik. Die Geschichte sollte nur offene, positiv formulierte Wendungen enthalten und Spielraum für das eigene Fantasieren eröffnen. Bei Fantasiereisen dürfen die Grenzen der Logik außer Kraft gesetzt werden. Am Schluss einer Fantasiereise sollte in umgekehrter Richtung die Geschichtenspannung abgeschlossen, die Sprache wieder schneller, tief ein- und aus geatmet und die Augen wieder geöffnet werden. Abschließend sollte jedes Kind die Möglichkeit haben, von seiner Reise erzählen zu dürfen. Die Lehrkraft kann Fragen stellen, wie bestimmte Sachen, (z. B. der Baum, das Haus) ausgesehen haben, oder was für ein Tier auf der Wiese war: war es ein Hund, eine Katze, ein Reh oder vielleicht sogar ein Elefant?
Erforderliches Material	Die Lehrkraft benötigt auf alle Fälle eine Geschichte. Diese kann frei erzählt werden, oder abgelesen werden. Wichtig ist hierbei allerdings, dass sie flüssig und ohne zu stocken erzählt wird. Zusätzlich kann man noch entspannende Musik mit 60 Schlägen pro Minute einsetzen, was zwar von Vorteil, aber nicht zwingend notwendig ist. Auch Duftlampen, bestimmte Klänge (Gong) oder Tücher können die Stimmung intensivieren.

Sinn / Ziel / Bedeutung	Fantasiereisen ermöglichen es dem Kind, sich auf eine kindgerechte Art und Weise zu entspannen. Da bei vielen Kindern Stress-Symptome erkennbar sind, können Fantasiereisen einen Freiraum bieten, um sich zu erholen, zum Träumen und Entspannen. Durch das Außerkrafttreten der logischen Gesetze, wie z. B. das Reden mit unsichtbaren Wesen oder der Besitz von übernatürlichen Kräften stärkt die Fantasie und eventuell auch das Selbstbewusstsein des Kindes. Durch die körperlichen Veränderungen bei Fantasiereisen, wie z. B. das verlangsamte Atmen oder die Entspannung der Skelettmuskulatur, werden Veränderungen im emotionalen Erleben hervorgerufen. Aufgewühlte, nervöse und angespannte Kinder sollen durch diese Reisen entspannter, ruhiger und wieder aufnahmefähiger werden. Wesentlich neben der Entspannungsfunktion ist allerdings auch die Seite der inhaltlichen Anregung. Denn durch die Fantasiereisen bekommen Kinder Impulse, sich in andere inhaltliche Kontexte hinein zu versetzen und Utopien zu fantasieren.
Erforderliche Voraussetzungen	Es sollte den Kindern vorher erklärt werden, dass eine Geschichte erzählt wird und dass sie die Augen schließen und versuchen sollten, sich die Geschichte vorzustellen. Auch sollte ihnen klar gemacht werden, dass sie während der Traumreise leise sein sollten, um andere in ihrer Reise nicht zu stören. Der Umgang mit Fantasiereisen sollte schrittweise aufgebaut werden, um zunächst an einfachen Inhalten die Form einzuführen.
Einführung	Traumreisen können jederzeit ohne Probleme in der Klasse eingeführt werden. Diese Einführung sollte jedoch schrittweise erfolgen.
Konkrete Durchführung	Wenn die Kinder einmal besonders unruhig sind, kann die Lehrkraft z. B. alle in die Mitte des Klassenraums rufen und ihnen mitteilen, dass die Klasse heute eine Traumreise unternimmt. Sie könnte fragen, wer von den Kindern schon einmal eine solche Reise gemacht hat, und was die Kinder sich unter einer Traumreise so vorstellen. Danach erklärt sie die einfachen Regeln und lässt sich die Kinder auf Decken gemütlich hinlegen. Wenn alle bequem liegen, kann mit der Traumreise begonnen werden.

Konkrete Variationen	Die Traumreisen können mit oder ohne Musik erzählt werden. Jede Geschichte sollte sich von den anderen, bisher schon erzählten, unterscheiden. Auch kann man diese Reise im Kunstunterricht machen und die Kinder das Erlebte dann aufmalen lassen: Was hat man in der gefundenen Truhe gefunden? Wie sah der Baum aus, der mitten auf der Wiese stand? Eine weitere Variation von Fantasiereisen besteht darin, Kindern neue inhaltliche Erfahrungen zu ermöglichen, sich in neue Räume wie Regenwald oder Wüste, in andere soziale und historische Kontexte, als armes Kind in Indien oder als Handwerkerkind im mittelalterlichen „ganzen Haus" oder in besondere konkrete Umstände hineinzuversetzen.
Beispiele aus der Praxis	Die Lehrkraft fängt mit einer ruhigen und langsamen Stimme an zu erzählen: „Stell Dir vor, wie du in deinem Zimmer auf dem Boden liegst und die Decke anguckst. Du atmest tief ein und langsam aus. Nun siehst du, wie sich an deiner Zimmerwand eine Tür bildet. Du stehst auf und gehst zu der Tür und öffnest sie langsam. Hinter der Tür ist eine wunderschöne Wiese mit vielen Blumen drauf. Du schließt deine Zimmertür, betrittst die Wiese und gehst auf einen Baum zu. Der Baum steht mitten auf der Wiese und du gehst zu ihm. Wenn du angekommen bist, legst du dich unter seine Äste und beobachtest die Zweige, wie sie sich im Wind bewegen. Nach einer Weile bemerkst du einige Tiere, die sich mit dir auf der Wiese befinden. Du beobachtest sie eine Zeitlang und stehst dann auf, um sie zu streicheln. Du spürst die Wärme, die von ihnen ausgeht. Die Tiere vertrauen dir und lassen sich berühren. Irgendwann wenden sich die Tiere von dir ab, um nach Hause zu gehen. Du verabschiedest dich von ihnen, drehst dich um und gehst zu deiner Tür zurück. Wenn du vor deiner Tür stehst, öffnest du sie und gehst wieder in dein vertrautes Zimmer zurück, um dich wieder auf den Boden zu legen und die Decke anzugucken. Und nun öffnest du deine Augen und bist in deiner Klasse. Du setzt dich auf, räkelst dich ein bisschen und wartest bis auch die anderen von ihrer Reise zurück sind."

RITUAL R 4.2.8.1 Ämter

Rahmen (Wo?)	Klassenunterricht
Schuljahr	1. bis 6. Schuljahr
Konkrete Einsatzmöglichkeiten	1–2 Mal in der Woche – z. B. in der ersten oder der letzten Stunde – werden feierlich die neuen Ämter verliehen.
Wie sieht das Ritual aus?	Jede Schülerin und jeder Schüler hat wenigstens ein Amt, wie z. B. die Blumen giessen, in der Klasse vorhandene Tiere füttern, die Tafel zu wischen oder Ähnliches.
Erforderliches Material	Plakatkarton, Stifte, um deutlich sichtbare Ämterliste für die Klasse anzufertigen
Sinn / Ziel / Bedeutung	Kinder haben ein „Tätigkeitsbedürfnis" und vor allem ein Bedürfnis nach persönlicher Bedeutung gerade im letztlich anonymen Verbund einer Schulklasse, das durch diese Aufgaben gestillt wird. Sie empfinden dieses Amt als etwas Besonderes und versuchen dadurch gewissenhaft zu arbeiten. Verstärkt wird dies noch, wenn die Lehrperson die Ämter mit jeder Schülerin bzw. jedem Schüler bespricht und sie feierlich öffentlich vergibt. Außerdem bekommt so jedes Kind eine Art „Lobstelle". Die Lehrperson kann die Fähigkeiten der Kinder geeignet einsetzen bzw. kompensatorisch die Herausbildung bestimmter Fähigkeiten fördern, denen sich das einzelne Kind von seinem bisherigen Können nicht so leicht annähert.
Erforderliche Voraussetzungen	Die Ämter müssen gerecht verteilt werden, für jedes Kind muss schließlich ein Amt zur Verfügung stehen und die Kinder müssen sich ihrer Verantwortung bewusst sein.

Einführung	Dieses Ritual kann zu jeder Zeit eingeführt werden. Besonders geeignet sind allerdings Zeitpunkte mit auffälligem Einschnittcharakter, wie der Beginn eines neuen Schuljahres.
Konkrete Durchführung	Die Lehrkraft tritt mit dem „Problem" an die Klasse, dass sie zu viele Aufgaben hat und die Klasse ihr welche abnehmen möge. Dabei kann sie die verschiedenen Ämter aufzählen und/oder nach weiteren Ideen fragen. Anschließend werden die Ämter verteilt.
Konkrete Variationen	Wenn sich in einer Klasse mehrere Kinder für ein bestimmtes Amt interessieren, kann man die Ämter auch nach einem bestimmten Zeitplan rotieren lassen. So kommt jeder mal an die begehrten Ämter.
Beispiele aus der Praxis	Ämterliste der 1c: Blumendienst: Marcel, Patrick Projektordienst: Annika, Julia Kakaodienst: Semiha, Sarah Mäusedienst: Lars, Jannick Sofadienst: Christian, Marvin Tafeldienst diese Woche: Patricia, Ayhan

9 Literatur

Adorno, Theodor W.: Minima Moralia. Frankfurt 1971.

Alberts, Wolfgang / Bosch, Doris / Schier, Norbert: Schule formen durch Rituale. Münster: Lit-Verlag 1991.

Altrichter, Herbert / Messner, Elgrid: Geliebte ungelöste Konflikte. Ritualisierte Konflikte und was man daraus über die Schule lernen kann. In: Pädagogik 4/1999, S. 28–33.

Baer, Ulrich u. a. (Hg.): Spielzeit. Spielräume in der Schulwirklichkeit. Jahresheft XIII. Seelze: Erhard Friedrich Verlag 1995.

Bahlmann, Mechthild: Geld riecht nicht? In: Kaiser, Astrid (Hg.): Praxisbuch handelnder Sachunterricht Band 3. Baltmannsweiler: Schneider-Verlag 2000.

Bambach, Heide: Den Kindern beim Aufwachsen helfen. Tageslauf statt Stundenplan in der Bielefelder Laborschule. In: Die Grundschulzeitschrift 6. Jg., 1992, H. 51, S. 34–38.

Bambach, Heide: Erfundene Geschichten erzählen es richtig. Konstanz 1989.

Basle, Brigitte / Maar, Nele: Alte Rituale, neue Rituale. Geborgenheit und Halt im Familienalltag. Freiburg: Herder 1999.

Bäuml-Rossnagl, Maria-Anna (Hg.): Lebenswerte in einer neuen Schulkultur. Braunschweig 1996.

Beck, Erwin / Guldimann, Titus / Zutavern, Michael: Eigenständig lernende Schülerinnen und Schüler. In: Beck, Erwin / Guldimann, Titus / Zutavern, Michael (Hg.): Eigenständig lernen. St. Gallen 1996, S. 15–58.

Beck, Ulrich (Hg.): Kinder der Freiheit. Frankfurt: Suhrkamp 1997.

Beck, Ulrich: Risikogesellschaft. Auf dem Weg in eine andere Moderne. Frankfurt: Suhrkamp 1986.

Becker, Gerold: „Das dritte R oder: Über die Gliederung der Zeit in der Schule. In: Westermanns pädagogische Beiträge 38/1987, H. 6, S. 18–19.

Bennack, Jürgen: Schulproblem: Erziehung. Neuwied: Luchterhand 1999.

Benner, Dietrich / Ramseger, Jörg: Wenn die Schule sich öffnet. München 1981.

Bichler, Cordula: „Meditative Formen im Unterricht", in: Grundschule 29/1997, H. 7–8, S. 90.

Biermann, Christine / Schütte, Marlene: Liebe, Freundschaft, Sexualität. Reihe Impuls Band 27. Laborschule Bielefeld. Bielefeld 1995.

Biermann, Christine: Kampfkunst, Klettern, Kochen: Konkrete Jungenarbeit an Beispielen. In: Kaiser, Astrid (Hg.): Koedukation und Jungen – Soziale Jungenförderung in der Schule. Weinheim: DSV 1997, S. 139–145.

Biskup, Claudia u. a.: Konflikte aus der Sicht von Schülerinnen und Schülern. In: Hempel, Marlies (Hg.): Grundschulreform und Koedukation. Weinheim: Juventa 1996, S. 155–172.

Bönsch, Manfred: Das demokratische Klassenzimmer. Regeln und Rituale für offenen Unterricht. In: Förderschulmagazin 12/1995, S. 5–7.

Bönsch, Manfred: Das demokratische Klassenzimmer – Regeln und Rituale für offenen Unterricht. In: NDS Niedersachsen 1996, H. 9, S. 15–16.

Bönsch, Manfred: Gute Schule. In: Kaiser, Astrid (Hg.): Lexikon Sachunterricht. Baltmannsweiler: Schneider-Verlag 1997.

Bönsch, Manfred: Intelligente Unterrichtsstrukturen. Eine Einführung in die Differenzierung. Baltmannsweiler: Schneider-Verlag 2000.

Literatur 195

Bönsch, Manfred: Wochenplanarbeit – eine Form offenen Unterrichts. In: Die deutsche Schule 82. Jg. 1990, H. 3, S. 358–367.

Bonsen, Matthias zur: Mit der Konferenzmethode Open Space zu neuen Ideen. In: Harvard Business Manager 1998, H. 3, S. 19–25.

Bühler, Hans: Riten und Rituale- cui bono? In: Zeitschrift für internationale Bildungsforschung und Entwicklungspädagogik (ZEP) 19/1996, H. 4, S. 6–10.

Bundesvereinigung Evangelischer Tageseinrichtungen für Kinder e. V. (Hg.): Rituale. Elternbrief Nr. 33, Stuttgart 1998.

Butters, Christel / Gerhardinger, Rita: Die Kraft der Rituale. In: Grundschulmagazin 2/1996, S. 34–37.

Carle, Ursula: „Mein Lehrplan sind die Kinder". Eine Analyse der Planungstätigkeit von Lehrerinnen und Lehrern an Förderschulen. Weinheim: DSV 1995, 2. Aufl. als CD-Rom bei Duehrkohp & Radicke, Göttingen 2000.

Carle, Ursula: Was bewegt die Schule? Baltmannsweiler: Schneider-Verlag 2000.

Cebul, Oliver: Die EGG als Lebens- und Erfahrungsschule. In: Päd. Forum 28./13. Jg. 2000, H. 2, S. 100–101

Claussen, Claus (Hg.): Wochenplan- und Freiarbeit. Braunschweig: Westermann 1993.

Combe, Arno: Wie tragfähig ist der Rekurs auf Rituale? In: Pädagogik 1/1994, S. 22–25.

Dennison, Paul / Dennison, Gail: Das Handbuch der Edu-Kinestetik für Eltern, Lehrer und Kinder jeden Alters. Freiburg 1995 (11).

Dieck, Margarete: Montagsbilder. In: Grundschule 30/1998, H. 7–8, S. 84–85.

Doormann, Lottemie: Die starken Mütter von Sumatra. In: GEO 1990, H. 11, S. 16–36.

Dreier, Anette: Was tut der Wind, wenn er nicht weht?. Berlin: Fipp-Verlag 1993.

Eckstein, Andreas: Rituale verwenden? Statt einer direkten Antwort: Erzählungen und Reflexionen aus drei Perspektiven. In: Pädagogik 4/1999, S. 14–17.

Erikson, Eric: Kinderspiel und politische Phantasie. Stufen in der Ritualisierung der Realität. Frankfurt 1978.

Fend, Helmut: Schulkultur und Schulqualität. In: Die Institutionalisierung von Lehren und Lernen. Weinheim: Beltz 1996, S. 85–97.

Freudenberger-Lötz, Petra: 'Du, ich trau dir was zu!' Überlegungen zur Lehrerrolle in der freien Arbeit. In: Grundschule 28/1996, H. 6, S. 61–63.

Friedrichs, Birte: Nicht gleich von Null auf Hundert. Ein Bericht über die Versammlung am Wochenanfang. In: Pädagogik 4/1999, S. 10–13.

Garlichs, Ariane: Alltag im offenen Unterricht. Frankfurt: ndschule 1990.

Gaudig, Hugo: Die Schule im Dienste der werdenden Persönlichkeit. Bd. 1. Leipzig 1922 (2).

Geiling, Ute / Heinzel, Friederike: Erinnerungsreise – Kindheit in der DDR. In: Grundlagen der Schulpädagogik. Band 32. Baltmannsweiler: Schneider-Verlag 2000.

Geiling, Ute / Heinzel, Friederike: Wendekindheit – was bleibt von kulturellen Erfahrungen in der DDR. In: Astrid Kaiser / Charlotte Röhner (Hg.): Kinder im 21. Jahrhundert. Münster: Lit. Verlag 2000b, S. 23–38.

Gerdes, Susanne: Rituale im Unterricht. In: Grundschule 29/1997, H. 10, S. 55–56.

Gillespie, John K.: A Bilingual Handbook on Japanese Culture. Yoichi Sugiura 1999.

Gläser, Eva: Demokratie lernen: Mit Schulordnungen, Klassenregeln und Ritualen. In: Carle, Ursula / Kaiser, Astrid: Rechte der Kinder. Baltmannsweiler: Schneider-Verlag 1998, S. 123–132.

Göhlich, Michael: Reggiopädagogik – Innovative Pädagogik heute. Zur Theorie und Praxis der kommunalen Kindertagesstätten von Reggio Emilia. Schriften zur Soziologie der Erziehung 3. Frankfurt 1990.

Hasse, Jürgen: Steine. In: Die Grundschulzeitschrift 8. Jg. 1994, H. 80, S. 30–34.

Heinzel, Friederike: Der Kreis: Die demokratische Sozialform der Grundschule. In: Hempel, Marlies (Hg.): Grundschulreform und Koedukation. Weinheim – München: ta 1996, S. 195–206.

Hempel, Marlies (Hg.): Lernwege der Kinder. Baltmannsweiler: Schneider-Verlag 1999.

Hentig, Hartmut von: Die Schule neu denken. München – Wien 1993.

Hinz, Alfred: Schulkultur ist Lebenskultur. Ein Plädoyer für Rituale in der Schule. In: Pädagogik 4/1999, S. 18–22.

Holzkamp, Klaus: Lernen. Subjektwissenschaftliche Grundlegung. Frankfurt a. M. 1993.

Huschke, Peter: Grundlagen des Wochenplanunterrichts. Weinheim: Beltz 1996.

Jackel, Birgit: Rituale als Helfer im Grundschulalltag. Dortmund: Borgmann Verlag 1999.

Kaiser, Astrid (Hg.): Koedukation und Jungen – Soziale Jungenförderung in der Schule. Weinheim: DSV 1997.

Kaiser, Astrid (Hg.): Praxisbuch handelnder Sachunterricht Bd. 3. Baltmannsweiler: Schneider-Verlag 2000.

Kaiser, Astrid / Röhner, Charlotte: Wege der sozialen Jungenförderung im niedersächsischen Modellversuch „Soziale Integration in einer jungen und mädchengerechten Grundschule". In: Kaiser, Astrid (Hg.): Koedukation und Jungen – Soziale Jungenförderung in der Schule. Weinheim: DSV 1997.

Kaiser, Astrid / Stefanie Zierke: Kinderrechte – Rechte für Kinder?. In: Kaiser, Astrid (Hg.): Praxisbuch handelnder Sachunterricht Band 3. Baltmannsweiler: Schneider-Verlag 2000a, S. 147–160.

Kaiser, Astrid: Anders lehren lernen. Baltmannsweiler: Schneider-Verlag 1999c.

Kaiser, Astrid: aussiedeln, einsiedeln, ansiedeln, umsiedeln. Heinsberg: Dieck 1989.

Kaiser, Astrid: Einführung in die Didaktik des Sachunterrichts. Baltmannsweiler: Schneider-Verlag 1995.

Kaiser, Astrid: Geschichtsbuch für Aussiedlerkinder. In: päd. extra & demokratische erziehung. 2. Jg. 1989, Heft 10, S. 11–15.

Kaiser, Astrid: Hausarbeit in der Schule? Pfaffenweiler: Centaurus 1992.

Kaiser, Astrid: Mädchen und Jungen in einer matrilinearen Kultur – Interaktionen und Wertvorstellungen bei Grundschulkindern im Hochland der Minangkabau auf Sumatra. Hamburg: Verlag Dr. Kovac 1996.

Kaiser, Astrid: Praxisbuch handelnder Sachunterricht Bd. 1. Baltmannsweiler: Schneider-Verlag 2000 (7. Aufl.). Baltmannsweiler: Schneider-Verlag 1996 (1. Aufl.).

Kaiser, Astrid: Praxisbuch handelnder Sachunterricht Bd. 2. Baltmannsweiler: Schneider-Verlag 1999 (2. Aufl.).

Kaiser, Astrid: Snegurotschka – das Schneemädchen als Weihnachtsritual. In: Grundschule 23. Jg. 1991, H. 12, S. 25–27.

Kaiser, Astrid: Wollen wir Freundschaft haben? In: Kaiser, Astrid (Hg.): Praxisbuch handelnder Sachunterricht Band 3. Baltmannsweiler: Schneider-Verlag 2000b.

Kaiser, Astrid / Wigger, Maria und andere: Beispiele für die Arbeit in einer mädchen- und jungengerechten Grundschule. Hildesheim: NLI 2000.

Literatur

Kampmann, Bärbel / Gerunde, Harald: Die Bedeutung von Ritualen im multikulturellen Lernprozeß. In: Zeitschrift für internationale Bildungsforschung und Entwicklungspädagogik (ZEP) 19/1996, H. 4, S. 6–10.

Kiper, Hanna: Selbst- und Mitbestimmung in der Schule. Das Beispiel Klassenrat. Baltmannsweiler 1997.

Kiper, Hanna: Vom „Blauen Engel" zum „Club der toten Dichter". Literarische Beiträge in der Schulpädagogik. Baltmannsweiler: Schneider-Verlag 1998.

Klafki, Wolfgang: Zum Bildungsauftrag des Sachunterrichts in der Grundschule. In: Grundschulunterricht 40. Jg. 1993, H. 1, S. 3–6.

Koch-Priewe, Barbara / Latta-Büscher, Sigrid: Modelle – Methoden - Mut. NLI-Berichte Band 60. Hildesheim o. J. (1997).

Koch-Priewe, Barbara: Schulpädagogisch-didaktische Schulentwicklung. Grundlagen der Schulpädagogik. Band 36. Baltmannsweiler: Schneider-Verlag 2000.

Korte, Jochen: Faustrecht auf dem Schulhof. Weinheim – Basel: Beltz 1992.

Kosiek, Brigitte: Eine Schule 'erfindet' ihre Rituale. In: Pädagogik 4/1999, S. 24–27.

Krieg, Elsbeth (Hg.): Hundert Welten entdecken. Essen: Neue Deutsche Schule. Essen 1993.

Kükelhaus, Hugo / Zur Lippe, Rudolf: Entfaltung der Sinne. Frankfurt: Suhrkamp 1982.

Laging, Ralf (Hg.): Altersgemischtes Lernen in der Schule. Grundlagen der Schulpädagogik. Band 28. Baltmannsweiler: Schneider-Verlag 1999.

Lichtenstein-Rother, Ilse: Die Kinder in einer inneren und äußeren Ordnung bergen ... Fragen an Ilse Lichtenstein-Rother. In: Die Grundschulzeitschrift 33/1990, S. 31–33.

Lintzen, Brigitte / Middendorf-Greife, Hedwig: Die Frau in ihrem Körper. Baltmannsweiler 1998.

Maschwitz, Rüdiger: Rituale für Lehrer und Lehrerinnen. In: Praxis Grundschule, 21/1998, H. 1, S. 47–49.

Mayer, Werner G.: Riten, Regeln, Rituale. In: Kohls, Eckhard (Hg.): Grundbegriffe zur Erziehung, zum Lernen und Lehren in der Grundschule. Heinsberg: Agentur Dieck 1994.

Meier, Richard: Rituale rund um den Körper. In: Grundschule 25/1993, H. 5, S. 28–30.

Metje, Ute: Die starken Frauen. Gespräche über Geschlechterbeziehungen bei den Minangkabau in Indonesien. Frankfurt – New York: Campus 1995.

Meyer, Ernst: Gruppenunterricht. 9. neubearb. Aufl. von Gerhard Meyer. Baltmannsweiler 1996.

Microsoft (Hg.): Encarta 99. Microsoft Corporation 1998.

Miller, Reinhold: Lehrerinnen und Lehrern zugeschaut. Ein Ideenmosaik für Rituale im Schulalltag. In: Pädagogik 1/1994, S. 13–17.

Müller, Doris: Phantasiereisen im Unterricht. Braunschweig: Westermann 1994.

Müller, Jürgen: „Die Montags-Bewegungszeit als Einstieg in die Woche". In: Grundschule 30/1998, H. 1, S. 41–42.

Müller, Klaus: Die bessere und die schlechtere Hälfte. Frankfurt New York 1989.

Müller-Bardoff, Helga: Rituale im Jahresablauf. Pädagogische und religionspädagogische Überlegungen. In: Grundschule 29/1997, H. 11, S. 53–54.

Pech, Detlef u. a.: Kinderkummer. In: Kaiser, Astrid / Röhner, Charlotte (Hg.): Kinder im 21. Jahrhundert. Münster: Lit Verlag 2000b.

Pech, Detlef: GefühlsLeben. Ein Projekt mit Jungen. In: Kaiser, Astrid / Wigger, Maria u. a.: Beispiele für eine mädchen- und jungengerechte Grundschule. Hildesheim: NLI 2000a (Typoskriptfassung).

Petermann, Ulrike: Entspannung. In: Borchert, Johann (Hg.): Handbuch Sonderpädagogische Psychologie. Göttingen 2000, S. 607–617.

Petermann, Ulrike: Ruherituale und Entspannung mit Kindern und Jugendlichen. Baltmannsweiler 1996.

Petersen, Susanne: Rituale im Unterricht. Beispiele für den Tag und die Woche. In: Grundschulmagazin 7–8/1997, S. 31–34.

Peterßen, Wilhelm: Kleines Methoden-Lexikon. München: Oldenbourg Verlag 1999.

Petillon, Hanns: Das Sozialleben des Schulanfängers. Die Schule aus der Sicht des Kindes. Weinheim 1993.

Pfütze, Hermann: „Ohne Rand und Band" Zur nachlassenden Bestätigungskraft von Ritualen. In: Schäfer, Alfred / Wimmer, Michael (Hrsg.): Rituale und Ritualisierungen. Opladen: Leske & Budrich 1998, S. 95–108.

Piper, Hauke: Rituale im Aufwind. In: Grundschule 28/1996, H. 11, S. 48–49.

Prengel, Annedore: Pädagogik der Vielfalt. Opladen: Leske & Budrich 1993.

Prengel, Annedore: Vielfalt durch gute Ordnung im Anfangsunterricht. Opladen: Leske & Budrich Verlag 1999.

Rauschenberger, Hans: Der blaue Fleck. Die Geburt eines Rituals. In: Westermanns pädagogische Beiträge 38/1987, H. 7–8, S. 20–22.

Reichwein, Adolf: Schaffendes Schulvolk – Film in der Schule. Kommentierte Neuausgabe. Weinheim: Beltz 1993.

Richter, Sigrun / Brügelmann, Hans (Hg.): Mädchen lernen anders lernen Jungen. Geschlechtsspezifische Unterschiede beim Spracherwerb. Konstanz: Libelle 1994.

Riegel, Enja: Rituale oder: Die Kultur des Zusammenlebens. In: Pädagogik 1/1994, S. 6–9.

Risse, Erika: Rituale in der Schule: Wahrnehmungen und Überlegungen. In: Pädagogische Führung 6/1995, H. 1, S. 9–12.

Röbe, Edeltraud: Rituale – ein ABC sozialer Formsprache in der Schule. In: Die Grundschulzeitschrift 33/1990, S. 7–11.

Röhner, Charlotte / Skischus, Gabriele / Thies, Wiltrud (Hg.): Was versuchen Versuchsschulen? Grundlagen der Schulpädagogik. Band 27. Baltmannsweiler: Schneider-Verlag 1998.

Röhner, Charlotte: Abschiednehmen von der Grundschulklasse. In: Grundschule 17 (1985),7/8, S. 50–53.

Röhner, Charlotte: Der Morgenkreis und sein Protokoll. In: Röhner, Charlotte u. a. (Hg.): Was versuchen Versuchsschulen. Baltmannsweiler: Schneider-Verlag 1998, S. 42–51.

Röhner, Charlotte: Kinder erfahren sich selbst im Umgang mit Wut und Aggression, Vertrauen und Zuneigung. In: Grundschule 16. Jg. 1984, H. 6, S. 42–45.

Röhner, Charlotte: Kindertexte im reformorientierten Anfangsunterricht. Baltmannsweiler: Schneider Verlag 1997.

Rosenberg, Monika: Die Monatsfeier – Ort des Austauschs und der Präsentation. In: Röhner, Charlotte u. a. (Hg.): Was versuchen Versuchsschulen. Baltmannsweiler: Schneider-Verlag 1999, 141–145.

Rosenbusch, Heinz / Schober, Otto (Hg.): Körpersprache in der schulischen Erziehung. Baltmannsweiler: Schneider-Verlag 2000 (3).

Literatur 199

Saint- Exupéry, Antoine de: Der kleine Prinz, Düsseldorf 1990.

Schäfer, Alfred / Wimmer, Michael (Hrsg.): Rituale und Ritualisierungen. Opladen: Leske & Budrich 1998.

Scheiblich, Wolfgang: Bilder – Symbole – Rituale. Dimensionen der Behandlung Suchtkranker. Freiburg: Lambertus 1999.

Schinder, Margarethe: Heute schon geküßt? Paare brauchen Rituale. Freiburg: Herder 1998.

Scholz, Gerold: Kinder lernen von Kindern. Baltmannsweiler: Schneider-Verlag 1996.

Schomaker, Claudia: „Ich mach dich gesund", sprach der Bär. In: Kaiser, Astrid (Hg.): Praxisbuch handelnder Sachunterricht Band 3. Baltmannsweiler: Schneider-Verlag 2000, S. 95–110

Schösser, Jutta: Rituale rund um's Bücherlesen. In: Die Grundschulzeitschrift 12/1998 (113), S. 21–22.

Schultheis, Klaudia: Rituale als Lernhifen. In: Grundschulmagazin 10/1998, S. 4–9.

Schulz, Johannes: Beispiele und Erfahrungen mit Ruheritualen in der Grundschule. In: Päd Forum 24. Jg. 1996, S. 29–37.

Schuster-Brink, Carola: Regeln und Rituale im Kinderalltag. Ravensburg: Maier Verlag 1998.

Seydel, Otto: Die Postmütze. Oder: Rituale sind klüger als Menschen. In: Pädagogik 1994, H. 1.

Spitta, Gudrun: Fördern Schreibkonferenzen selbständiges (Sprach-)Handeln von Grundschulkindern? In: Praxis Deutsch 23 (1996) 136, S. 19–21.

Spitta, Gudrun: Schreibkonferenzen in Klasse 3 und 4. Frankfurt: Scriptor 1992.

Spitta, Philipp: Mobilitätserziehung. Neue Konzepte einer umweltorientierten Verkehrserziehung. In: Baier, Hans u. a. (Hg.): Umwelt, Mitwelt, Lebenswelt im Sachunterricht. Bad Heilbrunn: Klinkhardt 1999, S. 213–228

Stegmaier, Hans / Wedel-Wolff Annegret von: Ein unruhige Klasse sammeln. In: Grundschule 29/1997, H. 1, S. 8–11.

Steinig, Wolfgang: Ritualisierte Kommunikation im Unterricht. In: Neue Sammlung 1/ 1995, S. 19–34.

Streck, Bernhard: Ritual und Fremdverstehen. In: Schäfer, Alfred / Wimmer, Michael (Hg.): Rituale und Ritualisierungen. Opladen: Leske & Budrich 1998, S. 49–60.

Sustek, Herbert: Rituale im Schulalltag. In: Realschule in Deutschland 2/1997, S. 12–17.

Sustek, Herbert: Rituale in der Erziehung. In: Erziehen heute 46/1996, H. 1, S. 2–7.

Sustek, Herbert: Rituale in der Schule. In: Pädagogische Welt 1/1996, S. 33–38.

Sustek, Herbert: Schulische Rituale. In: Schulmagazin 5–10, 10/1995, H. 6, S. 4–7.

Terhart, Ewald: Interpretative Unterrichtsforschung. Stuttgart: Klett 1978.

Theunert, Helga: Zwischen Vergnügen und Angst – Fernsehen im Alltag von Kindern: Eine Untersuchung zur Wahrnehmung und Verarbeitung von Fernsehinhalten durch Kinder aus unterschiedlichen soziokulturellen Milieus in Hamburg. Hamburg 2. überarb. Aufl. 1994.

Thies, Wiltrud / Röhner, Charlotte: Erziehungsziel Geschlechterdemokratie. Weinheim: Juventa 2000.

Thurn, Susanne: Unsere Schule ist ein Haus des Lernens. Reinbek: rororo 1997.

Tiarks, Thorsten: „Glück ist eine Extra-Portion Pommes"? (Snoopy). In: Kaiser, Astrid (Hg.): Praxisbuch handelnder Sachunterricht Band 3. Baltmannsweiler: Schneider-Verlag 2000a, S. 111–129.

Tiarks, Thorsten: Luftschlösser und andere Bauwerke. In: Kaiser, Astrid (Hg.): Praxisbuch handelnder Sachunterricht Band 3. Baltmannsweiler: Schneider-Verlag 2000b, S. 16–32.

Tiarks, Thorsten: Wann ist ein Junge ein richtiger Junge? In: Kaiser, Astrid / Wigger, Maria und andere: Beispiele für die Arbeit in einer mädchen- und jungengerechten Grundschule. Hildesheim: NLI 2000c, Typoskriptfassung.

Viehöfer, Lothar: Schulangst und autoritärer Charakter. Weinheim: Beltz 1980.

Von der Groeben, Annemarie: Was sind und wozu brauchen Schulen „gute" Rituale? In: Pädagogik 1999, H. 4, S. 6–9.

Von der Weijden, Gera: Indonesische Reisrituale. Basel 1981.

Vopel, Klaus: Die Reise mit dem Atem: Seufzen. Salzhausen 1994.

Vopel, Klaus: Kinder ohne Stress. Teil 1–5. Isko Press. Hamburg 1992.

Vopel, Klaus: Phantasiereisen. Salzhausen: isko-press 1996 (4).

Wagenknecht, Helga: Sozialformen für ein konstruktives Miteinander. Ein Weg der kleinen Schritte. In: Grundschule 28/1996, H. 12, S. 24–28.

Wahl, Roswitha: Vier Jahre Klassentagebuch. Biografie einer Schulklasse. In: Grundschule 29/1997, H. 12, S. 18–19.

Weich, Angelika: Entspannungsformen und Fantasiereisen. In: Lernchancen 6/1998, S. 12–16.

Wellendorf, Franz: Schulische Sozialisation und Identität. Weinheim: Beltz 1973.

Wermke, Michael (Hg.): Rituale und Inszenierungen in Schule und Unterricht. Münster: Lit-Verlag 1997.

Wigger, Maria: Da sind wir mal ganz unter uns. Mädchenarbeit in der Grundschule. In: Kaiser, Astrid / Wigger, Maria u. a.: Beispiele für die Arbeit in einer mädchen- und jungengerechten Grundschule. Hildesheim: NLI 2000.

Wigger, Maria: Rituale des Schullebens. In: Kaiser, Astrid (Hg.): Lexikon Sachunterricht. Baltmannsweiler: Schneider-Verlag 1997.

Wigger, Maria: Rituale einer jungen- und mädchengerechten Grundschule. In: Kaiser, Astrid / Wigger, Maria u. a.: Beispiele für die Arbeit in einer mädchen- und jungengerechten Grundschule. Hildesheim: NLI 2000, Typoskriptfassung.

Wigger, Maria: Von Erzählstein und Co: Rituale im schulischen Alltag. In: Praxis Schule 5–10. 10. Jg. 1999, H. 4, S. 14–15.

Wimmer, Michael / Schäfer, Alfred: Zur Aktualität des Ritualbegriffs. In: Schäfer, Alfred / Wimmer, Michael (Hg.): Rituale und Ritualisierungen. Opladen: Leske & Budrich 1998, S. 9–47.

Winkel, Rainer: Antinomische Pädagogik und kommunikative Didaktik. Düsseldorf: Schwann 1986.

Winkel, Rainer: Offener oder Beweglicher Unterricht? In: Grundschule 25. Jg. 1993, H. 2, S. 12–14.

Winkel, Rainer: Theorie und Praxis der Schule. Baltmannsweiler: Schneider-Verlag 1997.

Winkler, Ameli: Rituale in der Grundschule. Erfundene Wirklichkeiten gestalten. In: Pädagogik 1/1994, S. 10–12.

Wollring, Bernd: Animistische Vorstellungen von Vor- und Grundschulkindern in stochastischen Situationen. In: Journal für Mathematik-Didaktik 1994, S. 1–2, S. 3–34.

Zierke, Stefanie: „Knackt die Schale, springt der Kern, Weihnachtsnüsse ess ich gern" – Weihnachten handelnd erfahren. In: Kaiser, Astrid (Hg.): Praxisbuch handelnder Sachunterricht Band 3. Baltmannsweiler: Schneider-Verlag 2000, S. 220–232.

Astrid Kaiser

Anders lehren lernen
Ein Übungskurs für emotional fundierte Lehrkompetenz
1999. VI, 150 Seiten mit zahlr. Abb. Kt. ISBN 3896761447. € 13,—

Viele fragen sich: „Warum hat sich bislang so wenig in der Schule geändert?"

Fast alle wissen, wie bedeutsam die **Persönlichkeit der Lehrerin oder des Lehrers** für eine gute Schule ist.

Und doch ist bislang die Qualifizierung von Lehrkräften weitgehend über den Kopf statt auch „mit Herz und Hand" gelaufen. Es wird Unterricht geplant und arrangiert, aber die Persönlichkeit vieler Lehrkräfte bleibt auf einem unterentwickelten Stadium stehen. Sie bevorzugen bestimmte Kinder, drohen bei Unruhe, entmotivieren anstelle zu motivieren – und das, obgleich sie selbst es von der Theorie her eigentlich anders wollen.

Dieses Buch bietet nun vielfältige Übungen, um die emotionalen Fähigkeiten von Lehrkräften zu entwickeln. Die Übungen entstammen aus verschiedenen Ansätzen zur **Selbsterfahrung**, wie Gestaltpädagogik, Interaktionspädagogik, Psychodrama, Verhaltenstraining oder kognitiv gesteuerter Selbstreflexion.

Zu jedem der insgesamt fünfzehn Übungskapitel gibt es eine kurze Einführung in die theoretischen Grundlagen, damit sich alle Beteiligten die Übungen bewußt machen können.

Abgerundet wird dieser Band durch Checklisten **„Bin ich geeignet für den LehrerInnenberuf?"** und viele andere Hilfen für veränderte Praxis.

Die Fülle an Übungen und die theoretischen Erläuterungen erlauben es, das Buch in Seminaren, Fortbildungskursen aber auch in selbstorganisierten Gruppen einzusetzen.

Praxisbuch Mädchen- und Jungenstunden
Hrsg. von **Astrid Kaiser**
2001. IV, 299 Seiten. Kt. ISBN 3896764403. € 19,—

Die Koedukationsdebatte hat gezeigt, dass etwas getan werden muss, wenn wir Jungen und Mädchen gerecht werden wollen. Denn beide Geschlechter kommen verschieden in die Schule und bilden dort weitere Differenzen aus.

Kaum jemand will allerdings den Fortschritt der Koedukation aufgeben.

Auch die Autorinnen und Autoren dieses Bandes stellen die Koedukationsschule nicht in Frage. Aber sie suchen nach Wegen, wie Mädchen und Jungen in teilweise separaten Gruppen besser in ihrer Persönlichkeit entwickelt werden können.

Denn von einer gleichberechtigten Schule, in der allein die individuellen Unterschiede zählen, sind wir noch weit entfernt.

Deshalb ist hier zur weiteren Erprobung in vielen Schulen die folgende Sammlung von didaktischen Bausteinen und Handlungsideen für Mädchenstunden und Jungenstunden zusammengestellt worden. Sie sind nicht als Vorschriften, sondern als Anregungen für die eigene kreative weitere Entwicklung in der jeweiligen Lerngruppe gemeint. Die Beispiele reichen vom Kindergarten bis zur Sekundarstufe. Sie sind für verschiedene Fächer, Projektunterricht und Einzelstunden geeignet. Wichtig ist, dass Mädchen und Jungen in ihrer schulischen Biografie auch mal unter sich lernen können.

Wissenschaftliche Ergebnisse zu Mädchen- und Jungenstunden zeigen, dass diese Form außerordentlich beliebt ist und dass gerade in dieser Form Mädchen und Jungen eher in der Lage sind, sich weniger stereotyp zu verhalten.

Schneider Verlag Hohengehren
Wilhelmstr. 13; D-73666 Baltmannsweiler

Astrid Kaiser

Arbeitsbuch zur Didaktik des Sachunterrichts

2001. X, 205 Seiten. Kt. ISBN 3896764497. FPr. € 16,—

Das Wissen um die Didaktik des Sachunterrichts ist außerordentlich vielschichtig und komplex. Eine orientierende Hilfe zur Unterscheidung der vielfältigen Konzepte und historischen Wurzeln stößt auf große Nachfrage.

Dieses Arbeitsbuch kann diese Lücke füllen. Es soll vor allem Studierenden und LehramtsanwärterInnen helfen, die in der „Einführung in die Didaktik des Sachunterrichts" dargelegten Inhalte und Probleme durch Übungen besser zu verstehen.

Die Übungen umfassen ein breites Spektrum von der Geschichte des Sachunterrichts seit dem Mittelalter bis hin zur Reformphase um 1970, die verschiedenen didaktischen Bedingungsfelder, wie die Lernvoraussetzungen der Kinder, gesellschaftliche Einflüsse auf den Sachunterricht oder Fragen des Zuschnittes des „Sache des Sachunterrichts". Alle wesentlichen Konzeptionen der Gegenwart von der Erfahrungsorientierung über Wissenschaftsorientierung und Handlungsorientierung bis hin zur Projektorientierung werden in übersichtlichen Übungen unterschieden. Zu den Wissensaufgaben gibt es in diesem Band auch gleich die richtigen Lösungen mitgeliefert. Fragen zur Selbsteinschätzung der eigenen Lehrperson und ein Abschlusstest zur Selbstkontrolle runden diesen Band ab.

Astrid Kaiser

Praxisbuch handelnder Sachunterricht Band 3

3. unveränd. Aufl., 2003. IV, 240 Seiten mit zahlr. Abb. Kt. ISBN 3896766325. € 16,—

Dies ist das dritte Praxisbuch von Astrid Kaiser nach den großen Erfolgen von **Praxisbuch handelnder Sachunterricht Band 1 und Band 2**. Wieder gibt es eine Fülle an konkreten Hilfen für einen zeitgemäßen Sachunterricht. Lebendiges, handelndes Lernen soll durch vielfältige Tips und Anleitungen erleichtert werden. In diesem Band werden Anregungen für andere wichtige Themen gegeben, die Kindern Spaß machen, u. a. Behindertsein, Bauwerke, Bauernhof, Bodenlos, Freundschaft, Frühlingserwachen, Geld, Gesundheit, Glück, Inuit, Rad ..

Zu diesen Themen wird gezeigt, wie dazu **Handlungsmaterial** mit einfachen Mitteln kreativ hergestellt werden kann. Vor allem die Kinder sollen, anstelle belehrenden Worten zuzuhören, durch das Herstellen von Materialien sinnlich-anschauliche Erfahrungen sammeln und differenziert tätig sein. Dieses Buch eignet sich deshalb besonders für Integrationsschulen jeder Art – überhaupt: für die pädagogische Arbeit zu Zeiten **„veränderter Kindheit"**.

Klare Materiallisten, kurze Unterrichtsskizzen, präzise Anregungen für die Kinder zum selbständigen Umgang mit den Handlungsanregungen und viele Tips erleichtern die Vorbereitungsarbeit für handelnden Sachunterricht. Dieses Buch ist ein Anti-Buch zu Kopiervorlagen. Es ist aber eine wahre Fundgrube für alle Schulen, die selbst eine Lernwerkstatt aufbauen wollen.

Hier finden diejenigen, die Sachunterricht schon lange anschaulicher und mit konkreten Materialien gestalten wollen, endlich wichtige Hinweise zum Selbermachen.

Schneider Verlag Hohengehren
Wilhelmstr. 13; D-73666 Baltmannsweiler